Bestechung und Bestechlichkeit im geschäftlichen Verkehr

# Criminalia

Herausgegeben von Klaus Volk

Band 52

Peter Lang

Frankfurt am Main · Berlin · Bern · Bruxelles · New York · Oxford · Wien

Maximilian Heiß

# Bestechung und Bestechlichkeit im geschäftlichen Verkehr

## Die strafrechtliche Erfassung in Deutschland und England

Ein Vergleich

Peter Lang
Internationaler Verlag der Wissenschaften

**Bibliografische Information der Deutschen Nationalbibliothek**
Die Deutsche Nationalbibliothek verzeichnet diese Publikation in der Deutschen Nationalbibliografie; detaillierte bibliografische Daten sind im Internet über http://dnb.d-nb.de abrufbar.

Zugl.: München, Univ., Diss., 2011

Umschlaggestaltung:
Pierre Mendell

Gedruckt auf alterungsbeständigem,
säurefreiem Papier.

D 19
ISSN 0945-1811
ISBN 978-3-631-61965-0



www.peterlang.de

**Criminalia**

Abhandlungen aus den gesamten Strafrechtswissenschaften

Der Herausgeber der Reihe ist Vorstand des "Instituts für die gesamten Strafrechtswissenschaften" der Universität München. Das Programm der Reihe ist im Untertitel genannt. In ihr werden veröffentlicht Schriften zum Strafrecht und Strafverfahrensrecht, zu Kriminologie und Kriminalpolitik, zu den rechtstheoretischen und rechtssoziologischen Grundlagen des Strafrechts und zu seiner Geschichte. Die Reihe läßt deutsche und ausländische Wissenschaftler zu Wort kommen und will dazu einladen, an der Fortentwicklung aller Bereiche des Strafrechts über die Grenzen hinaus mitzuwirken.

Für Steffi, Wolfgang, Felicitas und Laura

# Vorwort

Die vorliegende Arbeit lag im Wintersemster 2010/2011 der Ludwig-Maximilians-Universität München als Dissertation vor. Die Fertigstellung der Arbeit erfolgte im Juni 2010.

Ganz besonders herzlich möchte ich mich bei meinem Doktorvater, Herrn Professor Dr. Dr. h.c. Klaus Volk bedanken.
Dieser leistete mir wertvollste Hilfestellung bei der Auswahl des Themas. Darüber hinaus gewährte er mir im Rahmen der Erstellung der Arbeit alle Freiheiten und stand bei Bedarf immer mit bestem Rat zur Seite.
Ohne Herrn Professor Dr. Dr. h.c. Volk wäre es schlicht nicht möglich gewesen, die Arbeit auf die geschehene Art und Weise fertigzustellen.

Ebenso gilt mein besonderer Dank Frau Professorin Dr. Pertra Wittig, die so freundlich war, sich der Mühe zu unterziehen und das Zweitgutachten zu erstellen.

Besonderns hervorzuheben sind auch meine Eltern. Denn ohne deren Unterstützung wäre es nie zu dieser Arbeit gekommen.
Für diesen langjährigen unermüdlichen Beistand möchte ich von Herzen meiner Mutter sowie meinem Vater danken.

Für das aufwändige Korrekturlesen der Arbeit darf ich mich neben meinen Eltern vor allem auch bei meiner Schwester Felicitias sowie Fräulein Laura Hörmann bedanken. Letzterer gilt darüber hinaus mein ganz spezieller Dank für die stets aufmunternden Worte, die Ermutigungen und ihren Beistand auch in schwierigsten Phasen, was für die Fertigstellung dieser Arbeit von essentieller Bedeutung gewesen ist.

München, im Mai 2011 Maximilian Heiß

# Inhaltsverzeichnis

# Abkürzungsverzeichnis

1889 Act ........ Public Bodies Corrupt Practices Act 1889
1906 Act ........ Prevention of Corruption Act 1906
1916 Act ........ Prevention of Corruption Act 1916

a.A. ........ andere Auffassung
Abs. ........ Absatz
AC ........ Appeal Case
a.F. ........ alte Fassung
All ER ........ The All England Law Reports
Alt. ........ Alternative
AO ........ Abgabenordnung
ARA ........ Assets Recovery Agency
Art. ........ Artikel
A&R ........ Arzneimittel und Recht
AT ........ Allgemeiner Teil
ATCSA 2001 ........ Anti-Terrorism, Crime and Security Act 2001
Aufl. ........ Auflage
AnwBl ........ Anwaltsblatt
A-G ........ Attorney General

BB ........ Betriebs Berater
BB 2009 ........ Bribery Bill 2009
Bd. ........ Band
BFH ........ Bundesfinanzhof
BGB ........ Bürgerliches Gesetzbuch
BGBl. ........ Bundesgesetzblatt
BGH ........ Bundesgerichtshof
BGHSt ........ Entscheidung des Bundesgerichtshofes in Strafsachen
BGHZ ........ Entscheidungen des Bundesgerichtshofes in Zivilsachen
BR-Drs. ........ Drucksachen des Deutschen Bundesrates
BT ........ Besonderer Teil
BT-Drs. ........ Bundestagsdrucksache
BVerfG ........ Bundesverfassungsgericht
BVerfGE ........ Entscheidungen des Bundesverfassungsgerichtes
bzw. ........ beziehungsweise

CA ........ Court of Appeal
CCC ........ Canadian Criminal Cases
Ch ........ Chancery Division
Ch D ........ Law Reports, Chancery Division
CJA 1987 ........ Criminal Justice Act 1987
CPS ........ Crown Prosecution Service
Crim LR ........ Criminal Law Review
Cr App R ........ Criminal Appeal Review

DDP ........ Director of Public Prosecutions
Ders. ........ Derselbe
d.h. ........ das heißt
Dies ........ Dieselbe

DJT ........................................................ Deutscher Juristentag
DStR ........................................................ Deutsches Steuerrecht
DStZ ........................................................ Deutsche Steuer-Zeitung

ed ........................................................ Editor
edn ........................................................ Edition
East ........................................................ East´s Term Reports, King´s Bench
EGV ........................................................ Vertrag zur Gründung der Europäischen Gemeinschaft
Einf. ........................................................ Einführung
Einl. ........................................................ Einleitung
EStG ........................................................ Einkommensteuergesetz
etc. ........................................................ et cetera
EU ........................................................ Europäische Union
EWCA ........................................................ England and Wales Court of Appeal
Exch ........................................................ Exchequer Cases

f. ........................................................ folgende
ff. ........................................................ fortfolgende
FN ........................................................ Fußnote
FS ........................................................ Festschrift

GA ........................................................ Goltdammer Archiv für Strafrecht
GG ........................................................ Grundgesetz
GRUR ........................................................ Gewerblicher Rechtsschutz und Urheberrecht (Zeitschrift)
GS ........................................................ Gedächtnisschrift
GVG ........................................................ Gerichtsverfassungsgesetz

HGB ........................................................ Handelsgesetzbuch
HL ........................................................ House of Lords
HL Cas. ........................................................ Clark & Finnely´s House of Lords Reports New Series
h.M. ........................................................ herrschende Meinung
Hrsg. ........................................................ Herausgeber
Hs ........................................................ Halbsatz

i.E. ........................................................ im Ergebnis
i.V.m. ........................................................ in Verbindung mit

JuS ........................................................ Juristische Schulung
JR ........................................................ Juristische Rundschau
JZ ........................................................ Juristenzeitung

KB ........................................................ King´s Bench Division
krit. ........................................................ kritisch
KrV ........................................................ Die Krankenversicherung
KStG ........................................................ Körperschaftssteuergesetz

lit. ........................................................ litera
LJ ........................................................ Law Journal Newspaper
LQR ........................................................ Law Quarterly Review
LR ........................................................ (The) Law Reports
LT ........................................................ Law Times Reports

MedR ........................................................ Medizinrecht
m.w.N. ........................................................ mit weiteren Nachweisen

n.F. ............................................................ neue Fassung
NJW ............................................................ Neue Juristische
No ............................................................ Number
Nr. ............................................................ Nummer
NStZ ............................................................ Neue Zeitschrift für Strafrecht

OECD ............................................................ Organisation for Economic Co-operation and Development
OLG ............................................................ Oberlandesgericht
O´M.&H. ............................................................ O´Malley & Hardcastle Election Cases
OWiG ............................................................ Ordnungswidrgkeitengesetz

POCA 2002 ............................................................ Proceeds of Crime Act 2002

QB ............................................................ Queen Bench Division

R ............................................................ Regina
RGSt ............................................................ Entscheidung des Reichsgerichts in Strafsachen
RIW ............................................................ Recht der Internationalen Wirtschaft
Rn ............................................................ Randnummer

S. ............................................................ Seite
SALJ ............................................................ South African Law Journal
SCA 2007 ............................................................ Serious Crime Act 2007
Sch. ............................................................ Schedule
SC LR ............................................................ Scottish Law Review
SFO ............................................................ Serious Fraud Office
SOCA ............................................................ Serious and Organised Crime Agency
StraFo ............................................................ Strafverteidiger Forum
StGB ............................................................ Strafgesetzbuch
StPO ............................................................ Strafprozessordnung
StV ............................................................ Strafverteidiger

u.a. ............................................................ unter anderem
UK ............................................................ United Kingdom
UKHL ............................................................ United Kingdom House of Lords
UWG ............................................................ Gesetz gegen den unlauteren Wettbewerb

v ............................................................ versus
Var. ............................................................ Variante
vgl. ............................................................ vergleiche
Vol. ............................................................ Volume
VR ............................................................ Victorian Reports

wistra ............................................................ Zeitschrift für Wirtschafts- und Steuerstrafrecht
WiVerw ............................................................ Wirtschaft und Verwaltung
WLR ............................................................ Weekly Law Reports
WRP ............................................................ Wettbewerb in Recht und Praxis

z.B. ............................................................ zum Beispiel
Ziff. ............................................................ Ziffer
ZIS ............................................................ Zeitschrift für Internationale Strafrechtsdogmatik
ZRP ............................................................ Zeitschrift für Rechtspolitik
ZStW ............................................................ Zeitschrift für die gesamte Strafrechtswissenschaft

# Einleitung

Korruption. Ein stets gegenwärtiger, doch gerade in den letzten Jahren immer weiter in den Fokus der Öffentlichkeit gerückter Begriff.
Zwar wird bei den Worten Korruption und Bestechung meist zunächst an die Bestechung von Beamten gedacht,[1] doch insbesondere der „Siemens-Skandal" hat die Gegenwärtigkeit und das Ausmaß von „Schmiergeldzahlungen" in der Privatwirtschaft offengelegt. Waren es früher noch DM 10.000,- bis 20.000,-, die zur Bestechung einzelner Personen ausreichten[2], so sollen seitens Siemens dubiose Zahlungen in Höhe von über 1 Milliarde Euro getätigt worden sein, um so an Aufträge zu gelangen.[3]
Klar ist jedoch auch, dass der „Siemens-Skandal" kein Einzelfall ist. Gerade die Dunkelziffer in diesem Bereich der Wirtschaftsstrafsachen darf als enorm hoch eingeschätzt werden.[4] Denn sofern ein Unternehmen Kenntnis von korrupten Handlungen eines Mitarbeiters erlangt, wird häufig eine interne Klärung solcher Dinge bevorzugt, um nicht in das Visier der Strafverfolgungsbehörden zu gelangen. Es kann durchaus sein, dass sich dieser Mitarbeiter zwar bestechen ließ oder bestochen hat, das Ergebnis seiner Tätigkeit aber ein durchaus attraktiver gewinnbringender Auftrag war, dessen Bestehen nicht gefährdet werden soll.
So geht die Weltbank davon aus, dass jährlich weltweit über eine US $ 1 Billion in Form von Bestechungsgeldern gezahlt werden.[5] Um sich dieses Ausmaß überhaupt noch ansatzweise vorstellen zu können, muss man sich klar machen, dass eine Billion auch als 1,000,000,000,000 bzw. $10^{12}$ oder 1000 Milliarden wie auch 1 Million Millionen dargestellt werden können. So wurde, um es noch anschaulicher zu machen, errechnet, dass es 32.000 Jahre dauern würde, um bis zu einer Billion zu zählen, sofern man bei Eins startet, im Sekundentakt zählt und dies Tag und Nacht durchführt.[6]
In Anbetracht dieser Zahlen wird klar, dass „Korruption" weder in finanzieller noch sozialer Art und Weise unterschätzt werden darf.

---

1 Der Schwerpunkt der polizeilich bekannt gewordenen Fälle der Korruption betrifft in der Praxis auch tatsächlich die allgemeine öffentliche Verwaltung. Vgl. hierzu: Bundeskriminalamt, Bundeslagebericht 2008, S. 9.

2 Greeve/Dörr, in: Volk, § 19 Rn 7.

3 http://www.sueddeutsche.de/wirtschaft/237/415005/text/.

4 Bundeskriminalamt, Bundeslagebericht 2007, S. 9; Bannenberg, Korruption in Deutschland und ihre strafrechtliche Kontrolle, 2002.

5 „The Cost of Corruption" (8. April 2004); http://web.worldbank.org/ WBSITE/ EXTERNAL/NEWS/0,,contentMDK:20190187~menuPK:34457~pagePK:34370~ piPK:34424~theSitePK:4607,00.html.

6 In: Sagan, Billions and Billions.

Genauso wenig darf aber „Korruption" lediglich als ein nationales Problem gesehen werden, sondern diese ist vielmehr als eine globale Erscheinung zu charakterisieren.[7] Durch die immer weiter fortschreitende Globalisierung machen Bestechungsgelder schon lange keinen Halt mehr an den Grenzen der Länder. Im Gegenteil: Bei international agierenden Firmen geht es häufig um größere, eben internationale Aufträge, welche dementsprechend hohe Gewinnsummen abwerfen und wodurch folglich die Versuchung zur Zahlung von Schmiergeldern besonders groß wird. Damit wächst auch die Bereitschaft die Grenzen der Legalität zu überschreiten.

Nicht umsonst heißt es im Volksmund: „Die Marktwirtschaft ist wie ein Motor. Er muss geschmiert werden, damit er rund läuft."

Natürlich kann eine solche Ansicht in keiner Weise überzeugen. Zu groß sind die Gefahren für die Unternehmen, dass Entscheidungen einzelner Mitarbeiter auf sachfremden Erwägungen basierend getroffen werden oder schlicht der gesamte gewollte wirtschaftliche Wettbewerb zwischen konkurrierenden Unternehmen untergraben wird. Es kann und darf nicht sein, dass eine Auftragsverteilung frei nach dem Motto, „wer schmiert, gewinnt", stattfindet.

Vor diesem Hintergrund stellt sich zwangsläufig in Deutschland, aber ebenso in anderen Ländern, die Frage, in welcher Art und Weise gegen „Korruption" in strafrechtlicher Hinsicht vorgegangen wird und inwieweit die bestehenden Regelungen tatsächlich zu einer Bekämpfung bzw. Eindämmung geeignet sind.

Selbstverständlich muss sich die Arbeit hierbei auf bestimmte Rechtsordnungen begrenzen. Es wird daher im Folgenden ein Vergleich der deutschen und englisch walisischen Regelungen[8] erfolgen.

Diese beiden Rechtsordnungen wurden aufgrund der einschlägigen Korruptionsskandale und der bedeutenden weltweiten wirtschaftlichen Stellung der Länder ausgewählt.

Während in Deutschland der schon erwähnte „Siemens-Skandal" weltweit für Furore sorgte, füllte der englische „Al- Yamamah – Skandal"[9] global die Zeitungen.

---

7 Daniel Kaufmann (früherer Direktor der Welt Bank im Bereich von Governance und Anti-Korruption), in: Interview with Daniel Kaufmann on Corruption - Can It Ever Be Controlled? http://discuss.worldbank.org/content/interview/detail/1196/.

8 Sofern im Folgenden von „englischen" Regelungen, etc., die Rede ist, ist stets das englisch walisische Recht gemeint.

9 Am 6. Juni 2007 strahlte der Britische Sender BBC einen sensationellen Bericht aus, durch den enthüllt wurde, dass der britische Rüstungskonzern BAE Systems über einen Zeitraum von 22 Jahren mehr als 2 Milliarden US $ an Schmiergeldern an den Sicher-

Ferner stehen gerade die englischen Vorschriften sowohl im Inland als auch im Ausland in der Kritik[10], sodass ein Rechtsvergleich auch über den Standort des aktuellen deutschen Rechts in einem internationalen Vergleich Aufschluss geben kann.
Grundsätzlich sollen keine Amtsdelikte in die Betrachtung einbezogen werden, so dass sich die Arbeit auf Bestechlichkeit und Bestechung im geschäftlichen Verkehr beschränkt. Dies lässt sich aber im Hinblick auf die englische Rechtslage nicht vollständig umsetzen, da gerade bei dieser aus dem Nebeneinander von Amtsdelikten und den anderen Bestechungsdelikten rechtliche Probleme resultieren, die der näheren Darstellung bedürfen.
Auf dieser Grundlage soll untersucht werden, inwiefern sich grundsätzliche Probleme in den Rechtsordnungen wiederfinden und auf welche Art und Weise solche beseitigt werden könnten.

Da sich in England eine grundlegende Reform der Bestechungsdelikte abzeichnet, muss ebenfalls auf diese eingegangen werden. Dabei soll der aktuelle Diskussionsstand vorgestellt, sowie ein hierauf basierender Rechtsvergleich gegeben werden. Ebenfalls wird die in Deutschland zuletzt stattgefundene Reformbemühung hinsichtlich der Bestechungsdelikte kurz dargestellt und in einen rechtsvergleichenden Ausblick gesetzt werden.

---

heitschef und langjährigen Botschafter Saudi Arabiens in Washington, Prinz Bandar bin-Sultan, gezahlt hat.

10 Hierzu im Detail später.

# Teil 1: Vergleich der aktuellen Rechtslagen hinsichtlich der Strafbarkeit von Bestechlichkeit und Bestechung im geschäftlichen Verkehr in Deutschland und in England/Wales

## Kapitel 1: Die gegenwärtige Rechtslage in Deutschland

### A. Die rechtshistorische Entwicklung

Die Tatbestände der Bestechung und Bestechlichkeit sind heute in § 299 StGB geregelt. Dieser wurde durch das Gesetz zur Bekämpfung der Korruption vom 13.08.1997[11] in das Kernstrafrecht eingefügt. Bis dahin war die Strafvorschrift in § 12 UWG a.F. angesiedelt, welche bereits 1909 geschaffen worden ist.[12] Hintergrund für die Verlagerung der Norm war die Ansicht des Gesetzgebers, dass hierdurch das Bewusstsein dafür geschärft werden sollte, dass auch Korruptionen im Geschäftsverkehr ein nicht nur die Wirtschaft betreffendes Unrecht darstellen, sondern allgemein sozialethisch zu missbilligen sind.[13]
Die Übernahme von § 12 UWG a.F. in das Strafgesetzbuch erfolgte inhaltlich fast ohne Veränderungen.
§ 12 UWG a.F. wurde in struktureller Hinsicht an die §§ 331 ff. StGB, welche die Fälle der Amtsbestechlichkeit bzw. -bestechung erfassen, angepasst. Dies bedeutet, dass nun, im Gegensatz zu § 12 UWG a.F., in § 299 Abs. 1 StGB die Strafbarkeit aufgrund Bestechlichkeit geregelt ist, während Absatz 2 spiegelbildlich den Fall der Bestechung erfasst.
Zudem wurde auch eine Erweiterung auf Drittzuwendungen vorgenommen, sodass es nun ausreicht, wenn Dritte Empfänger von Vorteilen sind.
Des weiteren ist der Strafrahmen angehoben und ein besonders schwerer Fall, geregelt in § 300 StGB, eingeführt worden.
Außerdem ermöglicht § 301 StGB eine Strafverfolgung von Amts wegen bei besonderem öffentlichem Interesse, was nach § 12 UWG a.F. nicht möglich war, da dieser ein zwingendes Strafantragserfordernis beinhaltete.

---

11 BGBl. 1997 I, S. 2038.

12 Zur Rechtsentwicklung des § 12 UWG a.F. vgl. Fuhrmann, in: Erbs/Kohlhaas, § 12 UWG Rn 1, Otto, GK-UWG, § 12 Rn 1 f.

13 BT-Drs. 13/5584, S. 15.

## B. Das geschützte Rechtsgut

Nach ganz herrschender Meinung ist das von § 299 StGB primär geschützte Rechtsgut der faire Wettbewerb.[14]
Daneben sind auch die Mitbewerber und ihre Vermögensinteressen mitgeschützt.[15] Ob auch der Geschäftsherr in den Schutzbereich des § 299 StGB fällt, ist umstritten, wobei die überwiegende Auffassung dies bejaht, da dieser vor Treuepflichtverletzungen seiner Angestellten zu schützen sei.[16] Dies spielt vor allem auch dann eine Rolle, wenn es um die Frage geht, wer nach § 301 StGB strafantragsberechtigt ist, da es sich hier um ein relatives Antragsdelikt handelt.
Lediglich mittelbar werden Kunden des Unternehmens gegen Verteuerung der Ware, Erhalt schlechter Ware und unrichtige Beratung geschützt.[17] Selbiges gilt für Verbraucher.

Der Schutzbereich ist dabei nicht auf Interessen deutscher Mitbewerber oder den inländischen Markt begrenzt. Während dies früher noch umstritten war,[18] wurde durch die Einfügung des § 299 Abs. 3 StGB vom 22.08.2002[19] ausdrücklich der Schutz des weltweiten Marktes normiert.[20] Bei der strafrechtlichen Beurteilung einer solchen grenzüberschreitenden Tat sind die Vorschriften der §§ 3 ff. StGB zu beachten.

---

14 Diemer/Krick, in: MK, § 299 Rn 2; Fischer, § 299 Rn 2; Lackner/Kühl, § 299, Rn 1; Heine, in: Schönke/Schröder, § 299, Rn 2; Tiedemann, in: LK, § 299, Rn 5; Wessels/Hillenkamp, Rn 702; Arzt/Weber, § 49 Rn 51; Volk, Verh. 61. DJT S. L 52; Walter, wistra 2001, 321, 323; aA Pfeiffer, der in erster Linie die Mitbewerber und erst in zweiter Linie den redlichen Wettbewerb geschützt sieht (Pfeiffer, in: v. Gamm-FS, S. 131).

15 Greeve/Dörr, in: Volk, § 19 Rn 203; Heine, in: Schönke/Schröder, § 299 Rn 2; Diemer/Krick, in: MK, § 299 Rn 2; Haft/Schwoerer, in Weber-FS, S. 367, 372 f.

16 Diemer/Krick, in: MK, § 299 Rn 2; BGHSt 31, 207 (211); Tiedemann, in: LK, § 299 Rn 6; Lackner/Kühl; § 299 Rn 1; Wessels/Hillenkamp, Rn 702; krit: Volk, 61. DJT, Bd. II L 46; gegen den Schutz des Geschäftsherren: Bürger, wistra 03, 130, 133.

17 Tiedemann, in: LK, § 299 Rn 7; BGHZ NJW 1968 1572, 1574; Pfeiffer, in: v. Gramm Festschrift, S. 131.

18 Randt BB 2002, 2252 ff.; demgegenüber Walter wistra 2001, 321 ff., m.w.N.

19 BGBl. I, S. 3387.

20 Heine, in: Schönke/Schröder, § 299 Rn 2; BT-Drs. 14/ 8998 S. 9.

Da es nicht auf den Eintritt eines Vermögensvorteils oder eines konkret gefährlichen Zustandes ankommt, handelt es sich bei § 299 StGB um ein abstraktes Gefährdungsdelikt.[21]

## C. Die einzelnen Tatbestandvoraussetzungen

### I. Bestechlichkeit

#### *1. Der Täter nach § 299 Abs. 1 StGB*

Wie der Wortlaut des § 299 Abs. 1 StGB deutlich zeigt, ist der Kreis potentieller Täter auf Angestellte oder Beauftragte eines geschäftlichen Betriebes beschränkt. Daraus ergibt sich, dass es sich bei § 299 Abs. 1 StGB um ein Sonderdelikt handelt, welches sich über die Beziehung des Täters zum Betrieb definiert.[22]

##### a) Geschäftlicher Betrieb

Der Begriff des geschäftlichen Betriebes umfasst jede auf gewisse Dauer betriebene Tätigkeit im Wirtschaftsleben, die sich durch Austausch von Leistungen und Gegenleistungen vollzieht.[23] Dabei findet aber keine Begrenzung auf den im Handelsgesetzbuch geltenden Begriff des Handels- und Gewerbebetriebes statt,[24] sodass eine Gewinnerzielungsabsicht[25] hierbei nicht erforderlich ist.[26] Demzufolge werden von § 299 Abs. 1 StGB auch rein gemeinnützigen, sozialen oder kulturellen Zielen dienende Betriebe erfasst, wie auch Krankenhäuser und andere medizinische Einrichtungen.[27]

---

21 Lackner/Kühl, § 299 Rn 1; Fischer § 299 Rn 2; Heine, in: Schönke/Schröder, § 299 Rn 2; Dannecker, in: NK, 11, 48; Pelz, StrafFo 2000, 300; für die Qualifizierung als Verletzungsdelikt Hellmann/Beckemper, WiStrR, § 5 Rn 527; Tiedemann, in: LK, § 299 Rn 10.

22 So auch Heine, in: Schönke/Schröder, § 299 Rn 5; Fischer, § 299 Rn 3.

23 Vgl. BGH 2, 396; 10, 366.

24 BGHSt 2, 369, 401.

25 Zu den divergierenden Meinungen hinsichtlich dem Erfordernis einer Gewinnerzielungsabsicht im Rahmen des HGB vgl. BGHZ 74, 273, 276; 83, 382, 386; Canaris, Handelsrecht, § 2Rn 14; K. Schmidt, Handelsrecht, S. 288 ff.

26 RG 50, 118; 68, 70; Tiedemann in: Schönke/Schröder, § 299 Rn 6; Diemer/Krick, in: MK, § 299 Rn 7.

27 So auch Diemer/Krick, in: MK, § 299 Rn 7; Greeve/Dörr, in: Volk, § 19 Rn 209.

Ebenfalls unter dieses Tatbestandsmerkmal sind die freiberuflichen Tätigkeiten wie beispielsweise Ärzte, Rechtsanwälte oder Architekten zu subsumieren.[28]
Nicht erfasst wird dagegen eine ausschließlich illegale oder sittenwidrige geschäftliche Betätigung, da § 299 StGB den Wettbewerb nicht vor einer solchen schützt.[29]
Ebenso wenig ist die Tätigkeit öffentlicher Behörden ein geschäftlicher Betrieb in diesem Sinne.[30] Etwas anderes gilt jedoch im Falle von fiskalischem Handeln.[31]
Rein privates wirtschaftliches Handeln fällt dagegen nie unter den Begriff des geschäftlichen Betriebes, da dieses „außerhalb von Erwerb und Berufsausübung"[32] geschieht.[33]

b) Angestellter oder Beauftragter

aa) Der Angestellte

Grundsätzlich ist der Begriff des Angestellten weit auszulegen.[34] Er geht über den des Arbeitsrechts hinaus.[35]
Angestellter ist, wer in einem mindestens faktischen Dienstverhältnis zum Geschäftsinhaber steht und Weisungen des Geschäftsherren unterworfen ist.[36] Auf die Dauer des Dienstverhältnisses kommt es ebenso wenig an, wie auf eine etwaige Entgeltlichkeit.[37] Dagegen muss im Rahmen der Tätigkeit auf die geschäftliche Betätigung des Betriebs Einfluss genommen werden können, sodass eine lediglich untergeordnete Stellung als Hilfskraft nicht ausreicht.[38]
Ausschlaggebend ist, ob das Vertragsverhältnis bereits bzw. noch begründet ist. Denn das Angestelltenverhältnis muss zum Tatzeitpunkt bestehen, sodass noch nicht Angestellte und bereits ausgeschiedene Angestellte als Täter ausscheiden.[39]

28 Fischer, § 299 Rn 4.
29 Fischer, § 299 Rn 5; Tiedemann, in: LK § 299 Rn 18.
30 Fischer, § 299 Rn 6.
31 BGHSt 2 396, 403; 10 358, 365; Tiedemann, in: LK, § 299 Rn 18.
32 BGHSt 2, 396, 403.
33 Lackner/Kühl, § 299 Rn 2; Heine, in: Schönke/Schröder, § 299 Rn 6; Otto, GK , 341.
34 Baumbach/Hefermehl, 19. Aufl. 1996, § 12 UWG Rn 4; Köhler/Piper, 1. Aufl., § 12 Rn 4; Greeve/Dörr, in: Volk, § 19 Rn 210.
35 Fischer, § 299 Rn 8.
36 Diemer, in: Erbs/Kohlhaas, § 12 UWG a.F. Rn 12; Fischer, § 299 Rn 9; Pfeiffer, v. Gramm Festschrift, S. 133.
37 Tiedemann, in: LK, § 299 Rn 14; Fischer, § 299 Rn 9.
38 Greeve/Dörr, in: Volk, § 19 Rn 211; Bay NJW 1996, 268.
39 Tiedemann, in: LK, § 299 Rn 16; Greeve/Dörr, in: Volk, § 19 Rn 211.

Grundsätzlich kann auch ein Beamter bei rein fiskalischem Handeln öffentlich-rechtlicher Körperschaften, wenn also die Behörde am allgemeinen Wirtschaftsleben teilnimmt und dabei nicht hoheitlich tätig wird, als Angestellter im Sinne des § 299 StGB in Frage kommen.[40]
In diesem Fall können sich aber Überschneidungen mit §§ 331 ff. StGB ergeben, da dieser dann Amtsträger und zugleich Angestellter eines staatlichen Unternehmens ist.
Die Lösung dieses Problems ist umstritten, wobei nach einer Ansicht die §§ 331 ff. StGB im Rahmen eines Exklusivitätsverhältnisses § 299 StGB verdrängen,[41] während die wohl überwiegende Ansicht aufgrund unterschiedlicher Schutzrichtungen der Delikte von Tateinheit ausgeht.[42]

Bei der Bewertung, ob eine Amtsträgereigenschaft gegeben ist, ist jedoch § 11 Abs. 1 Nr. 2 StGB und insbesondere § 11 Abs. 1 Nr. 2 c StGB zu berücksichtigen, wonach Amtsträger auch derjenige ist, der „sonst" dazu bestellt ist, bei einer Behörde [...] Aufgaben der öffentlichen Verwaltung wahrzunehmen, unbeschadet der zur Aufgabenerfüllung gewählten Rechtsform.[43] Sofern demnach ein privates Unternehmen Aufgaben zur Verwirklichung öffentlicher Interessen wahrnimmt[44] und dabei unter einer Gesamtbetrachtung als verlängerter Arm des Staates erscheint[45], liegt eine hoheitliche Tätigkeit vor, sodass ausschließlich die §§ 331 ff. StGB einschlägig sind.
Sind dagegen Private an dem Unternehmen in der Form beteiligt, dass diese durch eine Sperrminorität wesentliche Entscheidungen mitbestimmen können, so stellt das Unternehmen keine „sonstige Stelle" dar, sodass § 299 StGB einschlägig ist.[46]

---

40 Heinrich, Der Amtsträgerbegriff im Strafrecht, 2001, S. 607; Fischer, § 299, Rn 9; Arzt/Weber § 49 Rn 57.

41 BGHSt 43, 96, 105; 2, 396, 403; Tiedemann, in: LK, § 299 Rn 18, 52.

42 Diemer/Krick, in: MK, § 299 Rn 31; Heine, in: Schönke/ Schröder, § 299, Rn 32; Dannecker, in: NK, § 299 Rn 90; Fischer, § 299 Rn 25.

43 Vgl. Blessing, in: MG, S. 1378 f.; Tiedemann, in LK, § 299 Rn 15; Eser, in: Schönke/Schröder, § 11 Rn 21.

44 Fischer, § 11 Rn 22; BGHSt 49, 214, 219.

45 BGHSt 43, 370, 377; 45, 16, 19; 49, 214, 219; aA Radtke, NStZ 2007, 57, 60 ff.

46 NStZ 2006, 210, 211f. – Kölner Müllskandal; zustimmend: Saliger NJW 2006, 3377, 3379 f.

bb) Der Beauftragte

Beauftragter ist, wer ohne Angestellter zu sein, befugter maßen für einen Betrieb handelt und auf die betrieblichen Entscheidungen Einfluss nehmen kann.[47]
Auch dieser Begriff ist weit auszulegen und hat Auffangfunktion.[48] Bei der Beurteilung des Auftragsverhältnisses sind nicht zivilrechtliche Grundsätze, sondern rein faktische Maßstäbe anzulegen.[49]
Demzufolge kommen auch faktische Geschäftsführer, Aufsichtsratsmitglieder, Unternehmensberater, Architekten wie auch Anwälte in Betracht.[50] Ob auch niedergelassene Ärzte, die Patienten im Rahmen der gesetzlichen Krankenversicherung behandeln und ihre Leistungen mit dieser abrechnen, erfasst werden, ist umstritten.[51]

cc) Der Geschäftsinhaber

Der Geschäftsinhaber selbst kann demzufolge nicht Täter im Sinne des § 299 Abs. 1 StGB sein, auch wenn dies rechtspolitisch zweifelhaft erscheint.[52] Dieses Ergebnis ist aber aufgrund des Gesetzeswortlautes zwingend. Darüber hinaus wird angeführt, dass ein Betriebsinhaber schon deshalb nicht als Täter in Betracht komme, da dieser in seiner Entscheidung über den Bezug von Waren und Leistungen prinzipiell frei sei und sich daher beim Geschäftsabschluss auch von unsachlichen Motiven leiten lassen dürfe.[53] Dies gilt auch dann, wenn sich der

47 Bay ObLG NJW 1996, 268, 270; BGH 2, 401; Schramm, JUS 1999, 339; Lackner/Kühl, § 299 Rn 2; Gössel/Dölling, Strafrecht BT 1 , § 55 Rn 7.

48 Lackner/Kühl, § 299 Rn 10.

49 Dannecker, in: NK, § 299 Rn 27; Rudolphi, in: SK, § 299 Rn 4; Tiedemann, in: LK, § 299 Rn 17.

50 BGHSt, 2, 396 ff.; BayOLG wistra 1996, 28 ff.; Wittig, wistra, 1998, 7 ff. ; Tiedemann, in: LK, § 299 Rn 17; Heine, in: Schönke/Schröder, § 299, Rn 8; Greeve/Dörr, in: Volk, § 19 Rn 212.

51 Pragal, NStZ 2005, 133, 134 f.; Pragal/Apfel, Arzneimittel & Recht 2007, 10, 11ff.; Schmitz-Elvenich, Die Krankenversicherung 2007, 240; Böse/Mölders, MedR 2008, 585 ff.; aA Taschke, StV 05, 406 ff., Geis, wistra, 2005, 369 ff.; Schmidl, wistra, 2006, 286, 288; Sahan, ZIS 2006, 69, 70ff.; Klötzer, NStZ 2008, 12.

52 Dieser Umstand ist allerdings Gegenstand weitreichender Kritik. Der Gesetzgeber hat die bisher gemachten Vorschläge den Tatbestand zu erweitern, dennoch nicht aufgenommen. Vgl. Volk, 61. DJT, L 35 [47 ff.]; Volk, Zipf-GS [1999] 419, 427, Bürger, wistra 2003, 130 ff.; Tiedemann, Wirtschaftsstrafrecht BT, Rn 213; aA Dölling, 61. DJT, C 86 f.

53 So Dölling DJT 61 DJT, C 86 f.

Betriebsinhaber eines Strohmannes ohne eigene Entscheidungsbefugnis bedient.[54]
Dennoch ist eine etwaige Strafbarkeit weiter in Diskussion.[55]

### *4. Handeln im geschäftlichen Verkehr*

Die Tathandlung muss im „geschäftlichen Verkehr" erfolgen. Darunter sind alle Kontakte, die sich auf den geschäftlichen Betrieb beziehen, zu verstehen[56], also solche Maßnahmen, die der Förderung eines beliebigen Geschäftszweckes dienen und in der Teilnahme am Wettbewerb zum Ausdruck kommen.[57] Zwar genügt hierbei bereits ein Zusammenhang mit dem Betrieb, welcher allerdings auch erforderlich ist.[58]
Hiervon erfasst werden u.a. freiberufliche Tätigkeiten, aber auch künstlerische oder wissenschaftliche Aktivitäten, sofern diese zu Wettbewerbs- bzw. Erwerbszwecken erfolgen.[59]
Eine Abgrenzung hat demzufolge gegenüber rein privaten Tätigkeiten[60] ebenso stattzufinden wie gegenüber hoheitlichen[61] oder ausschließlich betriebsinternen[62] Handlungen.

### *5. Der Vorteilsbegriff*

Unter Vorteil ist jede unentgeltliche Leistung materieller oder immaterieller Art, welche die wirtschaftliche, rechtliche oder persönliche Lage des Vorteilsempfängers objektiv verbessert und auf die er keinen Anspruch hat, zu verstehen.[63]
Hierunter fallen also sowohl Geldzuwendungen, welche den klassischen Fall des

---

54 Tiedemann, in; LK, § 299, Rn 15; Wessels/Hillenkamp, Rn 702; Lampe, in: Stree/Wessels-FS, S. 465; Winkelbauer, in: Weber-FS 386, 393 f.; kritisch zu der Nichterfassung des Geschäftsinhabers durch § 299 Büger, wistra 2003, 130 ff.

55 Vgl. FN 52, 53 und 54, sowie Tiedemann, in: LK, § 299 Rn 13 m. w. N.

56 Greeve/Dörr, in: Volk, § 19 Rn 218.

57 Köhler/Piper, 3.Aufl., UWG Einf. Rn 194.

58 Heine, in: Schönke/Schröder, § 299 Rn 9 f. m. w. N.

59 Vgl. Ekey/Meckel, WettbewR, Einl. Rn 6, 36.

60 Dannecker, in: NK, § 299 Rn 28; BGHSt 10, 366.

61 Dannecker, in: NK, § 299 Rn 28; Gloy, Handbuch des Wettbewerbsrechts, § 11 Rn 5; Lackner/Kühl, § 299 Rn 3.

62 Vgl. Köhler/Piper, 3. Aufl., UWG Einf. Rn 197; Ekey/Meckel, WettbewR, Einl. Rn 7.

63 Vgl. BGH NJW 2003, 2997 f., 31, 279, 35, 133; Pfeiffer, in: Gramm-FS S. 134; Heine, in: Schönke/Schröder, § 299 Rn 11; Kienle/Kappel NJW 2007, 3530, 3532.

Schmiergeldes darstellen dürften, wie auch Provisionen und Rabatte oder die Überlassung von Wohnraum und Urlaubsreisen.[64]
Ebenso sind die sogenannten „Kick-Back"-Zahlungen in diesem Zusammenhang zu nennen, im Rahmen derer für diverse Leistungen überhöhte Rechnungen gestellt werden, um sodann den überschießenden Betrag an den Bestochenen, der in der Regel für das Zustandekommen des dem Geschäft zugrundenliegenden Vertrages verantwortlich sein wird und ein Angestellter oder Beauftragter des Leistungsempfängers ist, zurückzuführen.[65]

Rein tatbestandlich betrachtet kommt es bei der Feststellung, ob ein Vorteil im Sinne des § 299 StGB gegeben ist, nicht auf den Wert der Aufmerksamkeit bzw. des Geschenks an, sodass grundsätzlich auch bereits kleinere Vorteile unter den Tatbestand des § 299 StGB fallen.[66]
Problematisch und noch nicht abschließend geklärt ist die sich hieran anschließende Frage, bis zu welchem Zeitpunkt die Gewährung eines Vorteils als noch sozialadäquat betrachtet werden muss und ab wann eine Bestrafung nach § 299 StGB mangels eines die Beeinflussung auslösenden Anreizes und demzufolge nicht gegebener sachwidriger Entscheidung entfällt.
Übereinstimmend werden lediglich bagatellartige Zuwendungen als nicht geeignete Tatobjekte eingestuft.[67]
Bei darüber hinaus gehenden „Vorteilen" fragt die Rechtsprechung danach, ob diese gelegentlich oder anlässlich einer Gegenleistung gegeben wurden und ob bei dem Vorteilsgeber eine unlautere Absicht festgestellt werden kann.[68] Diese Bewertungen sind jedoch einer allgemeinen Gültigkeit nicht zugänglich, sondern müssen vielmehr im Einzelfall beurteilt werden.[69] Hierbei sind die Grenzen aber grundsätzlich weiter zu ziehen, als dies im Bereich der §§ 331 ff. StGB der Fall ist.[70]

Hinsichtlich der dogmatischen Einordung sind Greeve/Dörr der Meinung, dass ein sozialadäquater Vorteil ein tatbestandsmäßiges Handeln ausschließen müsste. Zudem verweisen sie auf die sich ergebenden schwierigen Irrtumsfragen, so-

64 Greeve/Dörr, in: Volk, § 19 Rn 219.
65 Vgl. zu dieser Problematik ausführlich Szebrowski.
66 Greeve/Dörr, in: Volk, § 19 Rn 220.
67 Heine, in: Schönke/Schröder, § 299 Rn 29; Diemer/Krick, in: MK, § 299 Rn 20; Tiedemann, in: LK, § 299 Rn 49; Fischer, § 299 Rn 16.
68 Vgl. Greeve/Dörr, in: Volk, § 19 Rn 221; Tiedemann, in: LK, § 299 Rn 27.
69 Dannecker, in: NK, § 299 Rn 39.
70 Fischer, § 299 Rn 16; Heine, in: Schönke/Schröder, § 299 Rn 19.

fern dieser als Rechtfertigungsgrund eingeordnet werden würde. Von der Rechtsprechung ist diese Thematik kaum behandelt.[71]

### *6. Drittzuwendung*

Drittzuwendungen sind, im Gegensatz zu § 12 UWG a.F., welcher solche nur dann erfasste, wenn diese den Angestellten oder Beauftragten zumindest mittelbar besser stellten,[72] nun vollumfänglich miteinbezogen worden.
Als Dritter kommen nach herrschender Meinung auch der Betriebsinhaber oder der Betrieb als Drittbegünstigter in Betracht.[73]

### *7. Die Tathandlung*

Gemäß § 299 Abs.1 StGB sind mögliche Tathandlungen das Fordern, Sich-Versprechen-Lassen oder Annehmen eines Vorteils durch den Angestellten oder Beauftragten eines geschäftlichen Betriebes.

In allen Fällen ist eine ausdrückliche Erklärung der Beteiligten nicht erforderlich, sondern stets schlüssiges Handeln ausreichend.[74]

Das „Fordern" setzt weder eine Übereinkunft von Geber und Nehmer voraus noch ist ein Erfolg notwendig.[75] Vielmehr reicht bereits der Zugang bzw. die Kenntnisnahme der zumindest konkludenten Handlung aus.[76]
Hierdurch wird die Strafbarkeit weit in das Vorfeld der Rechtsgutverletzung gerückt, da bereits untaugliche Anbahnungsversuche ein vollendetes tatbestandsmäßiges Handeln darstellen.[77]

Dagegen ist für die 2. und 3. Variante eine Übereinkunft dahingehend erforderlich, dass der Vorteil als Gegenleistung für eine zukünftige unlautere Bevorzugung hingegeben werden wird.[78]

---

71 Vgl. Greeve/Dörr, in: Volk, § 19 Rn 221.
72 Nachweis bei Baumbach/Hefermehl, Wettbewerbsrecht, 22. Aufl. 2001, § 12 Rn 6.
73 Tiedemann, in: LK, § 299 Rn 25; Fischer, § 299, Rn 11, 11a.
74 Fischer, § 299 Rn 17.
75 Heine, in: Schönke/Schröder, § 299 Rn 14.
76 Tiedemann, in: LK, § 299 Rn 41.
77 Fischer, § 299 Rn 17; K. Meyer/ Möhrenschlager, WiVerw 1982, 32.
78 Fischer, § 299 Rn 17.

Ein pflichtwidriges Verhalten gegenüber dem Prinzipal ist im Falle des Absatzes 1 nicht erforderlich.[79] Ebenso wenig kommt es auf eine etwaige Kenntnis dessen von den Handlungen des Täters an.[80]

### *8. Unrechtsvereinbarung*

Eine Unrechtsvereinbarung ist gegeben, wenn der Täter darauf abzielt, dass er oder ein von ihm begünstigter Dritter einen Vorteil als Gegenleistung für eine unlautere Bevorzugung beim Bezug von Waren oder gewerblichen Leistungen im Wettbewerb künftig erhält.[81]

Zwar ist das Tatbestandsmerkmal der Unrechtsvereinbarung nicht ausdrücklich im Tatbestand genannt, doch es wird durch die Formulierung, dass der Vorteil „dafür" hingegeben werden muss, „dass er (ihn oder) einen anderen bei dem Bezug von Waren oder gewerblichen Leistungen... unlauter bevorzuge", deutlich gemacht, dass es existiert.[82]

Ferner wird durch das „dafür" ersichtlich, dass nur eine zukünftige unlautere Bevorzugung tatbestandsmäßig sein kann.[83]
Lediglich nachträgliche Belohnungen oder ähnliches fallen folglich nicht unter den Tatbestand[84], wenn diese nicht ihrerseits Gegenstand einer Unrechtsvereinbarung waren, da nachträglich weder Interessen von Mitbewerbern betroffen sein können, noch solche die Eignung aufweisen, sachwidrige Marktentscheidungen zu begünstigen.[85]

---

79 Fischer, § 299 Rn 18; Leo, WRP 1966, S. 153; Fezer BB 1971, S. 807; ablehnend: Odenthal, wistra 2005, S. 170, 171 f.

80 Fischer, § 299 Rn 18; Hiersemann, WRP 1964, S. 222, 226; Bürger, wistra 2003, S. 130, 133.

81 Vgl. Heine, in: Schönke/Schröder, § 299, Rn 18; NJW 2003, 2996.

82 So auch Tiedemann, in LK, § 299 Rn 28; Rönnau, in: Achenbach/Ransiek, Kapitel 3 Rn 27; aA Pragal, S. 171.

83 So auch Wittig, wistra 1998, S. 7, 8; Bannenberg, in: Wabnitz/Janovsky, Kapitel 10 Rn 99; Fischer, § 299 Rn 13.

84 Bannenberg, in: Wabnitz/Janovsky, Kapitel 10 Rn 99; Fischer, § 299 Rn 13; RGSt 66, 81, 84; 68, 70, 76; BGHZ NJW 1968, 1572, 1574; anders jedoch dann, wenn sich vergangenheitsbezogene Belohnungen zusätzlich auf eine künftige Bevorzugung beziehen, vgl. Diemer/Krick, in: MK, § 299 Rn 16 mit Rechtsprechungsnachweisen in Fn 155.

85 Wessels/Hillenkamp, Rn 702; Wittig, wistra 1998, S. 7, 8; BGH, NJW, 1968, 1573; Pfeiffer, in: Gramm-FS, S. 137.

Ebenso wenig sind Zuwendungen, die lediglich der „Klimapflege“ bestimmt sind, ausreichend, sofern es hier an einer konkretisierten Gegenleistung fehlt.[86] Denn die durch das Korruptionsbekämpfungsgesetz vom 17.08.1997 erfolgte Lockerung der Unrechtsvereinbarung im Rahmen des § 331 StGB, wonach die Diensthandlung nicht mehr konkret bestimmt sein muss,[87] fand bei § 299 StGB gerade keinen Niederschlag.

In den Varianten des „Sich-Versprechen-Lassens“ und des „Annehmens“ ist die Unrechtsvereinbarung Bestandteil des objektiven Tatbestandes, da in diesen Fällen eine entsprechende Vereinbarung getroffen sein muss.[88]

Die Handlungsmodalitäten des „Forderns“ und solche des Absatzes 2 sind grundsätzlich subjektiviert, d.h. es liegt bereits dann ein tatbestandliches Handeln vor, wenn der Täter den Abschluss einer Unrechtsvereinbarung anbietet.[89] Dabei ist es aber zugleich erforderlich, dass die Handlung des Täters objektiv geeignet ist, seine eigene unlautere Bevorzugung oder die eines Dritten zu veranlassen.[90]
Demzufolge reicht es aus, wenn der Dritte den eigentlichen Sinn der Erklärung nicht versteht, diese objektiv aber geeignet war eine unlautere Bevorzugung zu veranlassen und zudem in diesem Sinne verstanden werden sollte.[91]

Darüber hinaus fordert *Heine* im Falle des „Gewährens“ das tatsächliche Zustandekommen einer Unrechtsvereinbarung in Anlehnung an die „Annahme“ in Abs. 1.[92]
Dieser Ansicht ist jedoch nicht zuzustimmen, da sie nicht von dem Wortlaut des Gesetzes getragen wird, welcher dahingehend angelegt ist, dass der Täter eine bestimmte Zielrichtung verfolgt.[93]

86 Tiedemann, in: Wirtschaftsstrafrecht, 2. Aufl., Rn 205; Pragal, ZIS 2006, 63, 79; Dannecker, in: NK, § 299 Rn 47.
87 Heine, in: Schönke/Schröder, § 331 Rn 26.
88 So auch Diemer/Krick, in: MK, § 299 Rn 21; Heine, in: Schönke/Schröder, § 299 Rn 16.
89 Vgl. Diemer/Krick, in: MK, § 299 Rn 21, 26.
90 Vgl. Heine, in: Schönke/Schröder, § 299 Rn 16; Diemer/Krick, in: MK, § 299 Rn 26.
91 Vgl. Heine, in: Schönke/Schröder, § 299 Rn 16.
92 Heine, in: Schönke/Schröder, § 299 Rn 28.
93 So auch Diemer/Krick, in: MK, § 299 Rn 26.

### *9. Unlautere Bevorzugung bei Bezug von Waren oder gewerblichen Leistungen im Wettbewerb*

a) Das Wettbewerbsmodell

Es wird, wie der Gesetzeswortlaut zeigt, eine zukünftige unlautere Bevorzugung eines anderen bei dem Bezug von Waren oder gewerblichen Leistungen im Wettbewerb vorausgesetzt. Damit ist bereits äußerlich klar erkennbar, dass § 299 StGB das sogenannte „Wettbewerbsmodell" zugrunde liegt, da ein Vorteil *„für eine unlautere Bevorzugung im Wettbewerb"* angenommen bzw. gewährt wird.[94]

Unter einer Bevorzugung ist jede anvisierte Besserstellung des Täters oder eines von ihm begünstigten Dritten, auf die er oder der Dritte keinen Anspruch hat, zu verstehen.[95]

b) Unlauterkeit

Während die Bedeutung des Merkmals „der Unlauterkeit" im wesentlichen einheitlich definiert wird, ist die Rolle dessen im Tatbestand im Einzelnen umstritten. Dabei geht es vor allem um die Frage, ob diesem eine eigenständige Bedeutung zuzusprechen ist oder es lediglich „deskriptiven Charakter" aufweist, sodass es bereits durch das Vorliegen anderer Tatbestandsmerkmale als erfüllt angesehen werden muss.

**aa)** Eine Bevorzugung ist unlauter, wenn sie gegen die Grundsätze eines redlichen Geschäftsverkehrs verstößt[96] und geeignet ist, Mitbewerber durch die Verletzung der Regeln des fairen Wettbewerbs auszuschalten.[97]
Zu untersuchen ist folglich stets die Relation zwischen Leistung und Gegenleistung, in deren Rahmen etwaige sachwidrige von sachgerechten Motiven der Bevorzugung abzugrenzen sind.[98]
Dabei ist das Merkmal „Unlauterkeit" in dem hier verwendeten Sinn nicht mit § 138 BGB oder § 3 UWG gleichzusetzen.[99] Die entgegenstehende Auffassung geht fehl.[100] Denn richtigerweise muss ein tatsächlich bestehendes Gegenleistungsverhältnis in dem hier besprochenen Sinn stets als unlauter bezeichnet

94 So i.E. auch Vogel, in: Weber-FS, S. 396, 404.
95 Heine, in: Schönke/Schröder, § 299 Rn 18 m. w. N.
96 Diemer/Krick, in: MK, § 299 Rn 29.
97 Greeve/Dörr, in: Volk, § 19 Rn 228.
98 Vgl. Fischer, § 299 Rn 16.
99 Heine, in: Schönke/Schröder, § 299 Rn 19.
100 BGHSt GRUR 1977, 619, 620; auch Tiedemann, in: LK, § 299 Rn 38 m. w. N.

werden. Die Frage, ob es an der „Sittenwidrigkeit“ und damit an der Unlauterkeit fehlt, beispielweise aufgrund von lediglich bagatellartigen Zuwendungen, ist dagegen kein Prüfungspunkt innerhalb der Unlauterkeit, sondern muss im Rahmen des Vorteils erörtert werden, da dann bereits das an sich entscheidende Gegenleistungsverhältnis abgelehnt werden kann.
Auch eine Pflichtwidrigkeitsverletzung gegenüber dem Geschäftsherren ist nicht erforderlich, um eine Unlauterkeit bejahen zu können.[101] Dies ist schon alleine damit zu begründen, dass ansonsten das geschützte Rechtsgut, nämlich der faire Wettbewerb, dem Angestellten-Prinzipal-Verhältnis untergeordnet werden würde.[102]
Denn vor dem Hintergrund der geschützten Interessen geht es um die Erhaltung der Sachgerechtigkeit, wobei sachwidrige Entscheidungen dazu geeignet sind, das Allgemeininteresse am Wettbewerb zu beeinträchtigen und Interessen von Mitbewerbern und Geschäftsherren zu gefährden.[103]
Ob dabei im Einzelfall Bestechungen in den einzelnen Branchen üblich sind, ist ohne Bedeutung und steht der Unlauterkeit nicht entgegen.[104]
Ebenso sind lediglich kleinere Aufmerksamkeiten nicht geeignet, dieses Merkmal zu begründen[105], da diesen bereits der erforderliche Anreiz fehlt, um eine sachwidrige Entscheidung herbeizuführen.[106]

**bb)** Problematisch ist die Frage, ob dem Merkmal der „Unlauterkeit“ auch tatsächlich eine eigenständige Bedeutung zukommt.[107]
Eine solche verneint jedenfalls auch *Fischer*, da nach dieser Auffassung die Unlauterkeit lediglich das Verhältnis von Leistung (Vorteil) und Gegenleistung (Bevorzugung) im Gefüge der Unrechtsvereinbarung beschreibe, bereits durch

---

101 So aber insbesondere Arzt/ Weber § 49 Rn 58.

102 So i. E. auch: Tiedemann, in: LK, § 299 Rn 37; Fischer, § 299 Rn 16; Bannenberg, in: Wabnitz/Janovsky, Kapitel 10, Rn 102; Diemer/Krick, in: MK, § 299 Rn 19.

103 Heine, in: Schönke/Schröder, § 299 Rn 19.

104 Vgl. Köhler/Piper, 1. Aufl., §12 UWG Rn 13; Lackner/Kühl, § 299 Rn 5; Walter, wistra 2001, 321, 327.

105 AA Fischer, der dem Merkmal „Unlauterkeit“ eine eigenständige Bedeutung abspricht und es bereits durch die kausale Verknüpfung von Vorteil und Bevorzugung als erfüllt ansieht; vgl. Fischer, § 299 Rn 16 m. w. N.

106 So auch Greeve/Dörr, in: Volk, § 19 Rn 230; Lackner/Kühl, § 299 Rn 5.

107 Verneinend: Tiedemann, in: LK, § 299 Rn 39; Tiedemann, Wirtschaftsstrafrecht II, S. 40; Tiedemann ZStW 86 (1974) 1030; Baumbach/Hefermehl, UWG, § 12 Rn 12; Fischer, § 299 Rn 16; Mitsch II/2 § 3, 237; aA Rudolphi, SK, § 299 Rn 8, welcher ein „gesamttatbewertendes Merkmal“ annimmt.

die kausale Verknüpfung von Vorteil und Bevorzugung erfüllt sei und deshalb keine eigenständige Bedeutung habe.[108]

Allerdings sind die Ausführungen widersprüchlich, da *Fischer* ebenfalls der Ansicht zu sein scheint, dass die Kenntnis des Geschäftsherren von der unlauteren Bevorzugung nicht selten eine Unlauterkeit gegenüber den Mitbewerbern des Vorteilsgebers entfallen lassen wird.[109] Wenn die Unlauterkeit jedoch „entfallen können soll“, so muss sie zwangsläufig eine eigenständige Bedeutung haben, da das Entfallen ansonsten konsequenzenlos wäre, was sicherlich nicht gemeint ist.

Dennoch liegt *Fischer* im Ergebnis richtig mit der Annahme, dass der Unlauterkeit keine eigenständige Bedeutung zukommt.[110] Denn die Einordung als selbständiges Tatbestandsmerkmal hätte schier unauflösbare Beweisprobleme zur Folge. Während nämlich relativ einfach festgestellt werden kann, ob ein Vorteil und eine Bevorzugung im Einzelfall vorliegen, ist es beweistechnisch mehr als schwierig nachzuweisen, dass die Bevorzugung zudem unsachlich motiviert war.[111]

Zusammenfassend kann daher festgehalten werden, dass das Merkmal der Unlauterkeit keine eigenständige Bedeutung hat, aber im Rahmen der Auslegung des Tatbestandes normativ Beachtung finden muss.[112]
Etwaige Bagatellverstöße können über die Merkmale des Vorteils oder der Sozialadäquanz reguliert werden.

c) Im Wettbewerb

Die Bevorzugung muss im Wettbewerb des Vorteilsgebenden mit seinen Konkurrenten erfolgen. Dies zeigt schon der Wortlaut der Norm, wonach die Bevorzugung „beim Bezug von Waren oder gewerblichen Leistungen im Wettbewerb“ (§ 299 Abs.1 StGB) zu geschehen hat.[113] Es ist allerdings auch möglich bei dem Wettbewerbsverhältnis anstelle auf den Vorteilsgeber auf denjenigen abzustellen, zu dessen Gunsten der Vorteil gewährt wird.[114]

---

108 Fischer, § 299 Rn 16.
109 Fischer; § 299 Rn 18.
110 So auch Tiedemann, in: LK, § 299 Rn 39; Tiedemann, Wirtschaftsstrafrecht II, S. 40; Baumbach/Hefermehl, UWG, § 12 Rn 12; Fischer, § 299 Rn 16; Mitsch II/2 § 3, 237.
111 So auch Tiedemann, in: LK, § 299 Rn 39.
112 Das Ergebnis bestätigend: u.a. Tiedemann, in: LK, § 299 Rn 39.
113 So auch im Ergebnis: Greeve/Dörr, in: Volk, § 19 Rn 226; Fischer, § 299 Rn 15.
114 Vgl. insb. Rosenthal/Leffmann, § 12 Rn 33.

Der verwendete Begriff der „Bevorzugung im Wettbewerb“ ist subjektiviert und als Folge ist es ausreichend, wenn nach der Vorstellung des Täters ein bestehender oder zukünftiger Wettbewerb unlauter beeinflusst werden soll.[115]
Dabei ist unter Wettbewerb ein Konkurrenzverhältnis zwischen dem Begünstigten und seinen Mitbewerbern zu verstehen.[116] Mitbewerber sind alle Gewerbetreibenden, die Waren oder Leistungen gleicher oder verwandter Art herstellen oder in den geschäftlichen Verkehr bringen.[117]
Nicht notwendig ist, dass der Mitbewerber bereits konkret bekannt ist.[118]
Voraussetzung ist aber, dass der Bezug von Waren oder Leistungen von einem Konkurrenzunternehmen überhaupt möglich ist.[119] Fehlt es hieran, so scheidet auch eine Bestrafung aus.

d) Bezug von Waren oder gewerblichen Leistungen

Die Bevorzugung darf sich ausschließlich auf den Bezug von Waren oder gewerblichen Dienstleistungen beziehen.

Dabei umfasst der Begriff des Bezugs den gesamten wirtschaftlichen Vorgang von der Bestellung, über die Lieferung und Entgegennahme der Ware bzw. Leistung, bis hin zur Zahlungsabwicklung und zu Gewährleistungsfragen.[120]

Die Bedeutung der Begriffe Waren und gewerbliche Leistungen ergibt sich grundsätzlich aus dem Wettbewerbsrecht.[121]
Als Waren sind folglich alle wirtschaftlichen Güter, die Gegenstand des Handels sein können, anzusehen.[122]
Der Begriff der gewerblichen Leistungen ist weit auszulegen.[123] Er umfasst alle geldwerten Leistungen des gewerblichen und geschäftlichen Lebens[124] und damit auch die der freien Berufe.[125]

---

115 So auch Fischer § 299 Rn 15; Lackner/Kühl, § 299 Rn 5.
116 So auch Lackner/Kühl, § 299 Rn 5; Greeve/Dörr, in: Volk, § 19 Rn 226.
117 BGHSt 10, 358, 368.
118 Vgl. NJW, 1991, 367, 370; wistra 2003, 385, 386.
119 Diemer/Krick, in: MK, § 299 Rn 18; Fischer § 299 Rn 15.
120 BGHSt 10, 269 ff, 270.
121 Tiedemann, in: LK, § 299 Rn 29; Heine, in Schönke/Schröder, § 298 Rn 5.
122 Fuhrmann, in: Erbs/Kohlhaas, § 4 UWG Rn 28.
123 Baumbach/Hefermehl, 19. Aufl. 1996, § 12 UWG Rn 8; Greeve/Dörr, in: Volk, § 19 Rn 231.
124 Vgl. Heine, in: Schönke/Schröder, § 298 Rn 5; Lackner/Kühl, § 298 Rn 2.

*10. Subjektiver Tatbestand*

Der Täter muss grundsätzlich zumindest mit bedingtem Vorsatz hinsichtlich aller objektiven Tatbestandsmerkmale handeln.[126]

Nicht unstreitig ist aber die Frage, inwiefern darüberhinaus dolus directus 1. Grades hinsichtlich bestimmter Merkmale vorliegen muss und welche Merkmale hierbei umfasst werden.[127]

So muss der Täter in der Variante des „Forderns" nach § 299 Abs. 1 StGB mit Absicht handeln.[128] Dies bedeutet, dass es diesem darauf ankommen muss, dass der andere den erstrebten Vorteil als Gegenleistung für eine Bevorzugung versteht.[129]

Dagegen genügt bei den Tathandlungen des „Sich-Versprechen-Lassens" und bei der „Annahme" des Vorteils bedingter Vorsatz,[130] d.h. dass es ausreicht, wenn sich der Täter der Unrechtsvereinbarung bewusst ist und es für möglich hält, dass der Vorteilsgeber den versprochenen oder vereinbarten Vorteil als Gegenleistung für die Bevorzugung versteht.[131]

## II. Bestechung

Der Tatbestand der Bestechung nach § 299 Abs. 2 StGB ist spiegelbildlich zu dem der Bestechlichkeit abgefasst, so dass die bereits gemachten Ausführungen

125 So auch Fischer, § 299 Rn 14; Lackner/Kühl, § 298 Rn 2; Heine, in Schönke/Schröder, § 299 Rn 5; Diemer/Krick, in: MK, § 299 Rn 17; Lesch, AnwBl. 2003, 261, 263; aA Tiedemann, in LK, § 299 Rn 29, LG Magdeburg wistra 2002, 156, 157.

126 Dannecker, in: NK, § 299 Rn 56, 68; Otto, GK, 343; Fischer, § 299 Rn 22.

127 Vgl. zu den unterschiedlichen Ansätzen, Pragal, Korruption, S. 174 ff.

128 So auch Diemer/Krick, in: MK, § 299 Rn 22; Lackner/Kühl, § 299 Rn 8; Rönnau, in: Achenbach/Ransiek, Kapitel 3 Rn 36; Fischer, § 299 Rn 22; aA Mitsch, BT II/2, § 3 Rn 239, wonach keine überschießende Innentendenz erforderlich ist.

129 Tiedemann, in: LK, § 299 Rn 46; RGSt 58, 429, 431.

130 So auch Diemer/Krick, in: MK, § 299 Rn 22; Heine, in: Schönke/Schröder, § 299 Rn 29; Dannecker, in: NK, § 299 Rn 58; aA Fischer, § 299 Rn 22, wonach auch hier Absicht erforderlich ist; ebenso: Pfeiffer, in: FS-Gamm, S. 129, 139.

131 Vgl. Heine, in: Schönke/Schröder, § 299 Rn 29; Diemer/Krick, in: MK, § 299 Rn 22; Tiedemann, in: LK, § 299 Rn 46; aA wohl Fischer, § 299 Rn 22, wonach es dem Täter in allen Fällen des Abs. 1 darauf ankommen muss, dass der andere den geforderten usw. Vorteil als Gegenleistung für eine Bevorzugung versteht.

auch auf diesen anzuwenden sind, wobei folgenden Modifikationen Beachtung geschenkt werden muss.

*1. Der Täter nach § 299 Abs. 2 StGB*

Wie sich bereits aus dem Wortlaut der Vorschrift ergibt, ist der Täterkreis im Falle des § 299 Abs. 2 StGB nicht begrenzt. Folglich könnte man zunächst meinen, dass jedermann Täter sein könnte. Da der Täter jedoch „zu Zwecken des Wettbewerbs“ handeln muss, ergibt sich hieraus eine Begrenzung der tauglichen Täter auf Mitbewerber und solche Personen, die im Interesse eines Mitbewerbers handeln.[132] Ein Handeln „zu Zwecken des Wettbewerbs“ kann bejaht werden, wenn die Tat objektiv dazu geeignet ist, den eigenen Absatz oder den des begünstigten Dritten zu fördern bzw. den eigenen oder fremden Kundenkreis auf Kosten von Mitbewerbern zu erweitern.[133]
Dagegen kommen private Dritte, die nicht im Interesse eines Mitbewerbers handeln, nicht als Täter in Betracht.[134]
Sofern Bestechungsmittel durch private Dritte zur Verfügung gestellt werden, kommt bei diesen eine Beihilfe oder Anstiftung in Betracht.[135]

*2. Handeln im geschäftlichen Verkehr*

Die Tathandlung muss wie bei § 299 Abs. 1 StGB auch im Fall der Bestechung nach § 299 Abs. 2 StGB im „geschäftlichen Verkehr“ erfolgen.
Wie schon erläutert, sind hierunter alle Kontakte, die sich auf den geschäftlichen Betrieb beziehen, zu verstehen,[136] wobei bereits ein Zusammenhang mit dem Betrieb ausreicht[137] und rein private Tätigkeiten[138] ebenso wie hoheitliche[139] ausscheiden.

---

132 Tiedemann, in: LK, § 299, Rn 19, Heine, in: Schönke/Schröder, § 299 Rn 25; Lackner/Kühl, § 299 Rn 6.

133 Diemer/Krick, in: MK, § 299 Rn 24; Heine, in: Schönke/Schröder, § 299 Rn 25.

134 Heine, in: Schönke/Schröder, § 299 Rn 23; Otto, GK, 344.

135 BGH NStZ 2000, 430.

136 Greeve/Dörr, in: Volk, § 19 Rn 218.

137 Heine, in: Schönke/Schröder, § 299 Rn 9 f. m. w. N.

138 Dannecker, in: NK, § 299 Rn 28; BGHSt 10, 366.

139 Dannecker, in: NK, § 299 Rn 28; Gloy, Handbuch des Wettbewerbsrechts, § 11 Rn 5; Lackner/Kühl, § 299 Rn 3.

### *3. Handeln zu Zwecken des Wettbewerbs*

Wie sich bereits aus dem Wortlaut von § 299 Abs. 2 StGB ergibt, muss im Falle der aktiven Bestechung diese zudem *„zu Zwecken des Wettbewerbs"* vorgenommen werden. Erforderlich ist demnach, dass die Tat objektiv dazu geeignet ist, den Absatz des Täters oder den des begünstigten Dritten zu fördern bzw. den tätereigenen oder -fremden Kundenkreis auf Kosten von Mitbewerbern zu erweitern.[140]
Zudem wird ein bestehendes oder bevorstehendes wirtschaftliches Konkurrenzverhältnis zwischen Begünstigtem und Benachteiligtem vorausgesetzt.[141]

### *4. Die Tathandlung*

Spiegelbildich zu Absatz 1 sind im Falle der Bestechung im Sinne des Absatzes 2 das Anbieten, Versprechen oder Gewähren eines Vorteils die Tathandlungen.

Dabei ist unter Anbieten das Inaussichtstellen, dem Versprechen die Zusage und dem Gewähren die tatsächliche Verschaffung eines Vorteils zu verstehen.[142] Auch hier kann die Tathandlung konkludent erfolgen. Ein Erfolg ist im Rahmen der beiden ersten Varianten ebenfalls nicht erforderlich.
Allerdings sind nicht ernst gemeinte Angebote nicht ausreichend, um eine Strafbarkeit zu begründen.[143]

### *5. Subjektiver Tatbestand*

Auch in dieser Variante muss zumindest bedingter Vorsatz hinsichtlich aller objektiven Tatbestandsmerkmale vorliegen.

Wie im Falle des Forderns nach Absatz 1 muss es dem Täter beim Anbieten im Sinne des § 299 Abs. 2 StGB darauf ankommen, dass der andere den erstrebten Vorteil als Gegenleistung für eine Bevorzugung versteht.[144]

Ferner hat der Täter mit „Wettbewerbsabsicht" zu handeln.[145] Dies bedeutet, dass er bei der Tat darauf abzielen muss, den eigenen Absatz oder den eines

---

140 Vgl. Heine, in: Schönke/Schröder, § 299 Rn 25; Blessing, in: MG, 1395.

141 Vgl. Heine, in: Schönke/Schröder, § 299 Rn 25.

142 Fischer, § 299 Rn 17.

143 Tiedemann, in: LK, § 299 Rn 42.

144 Vgl. Heine, in: Schönke/Schröder, § 299 Rn 29.

Dritten auf Kosten des Mitbewerbers zu fördern.[146] Das bloße Bewusstsein, sein Handeln werde den Absatz fördern, reicht folglich nicht aus.[147]

## D. Auslandstaten

Gemäß § 299 Abs. 3 StGB gelten die Absätze 1 und 2 auch für Handlungen im ausländischen Wettbewerb. Dieser Absatz ist durch Artikel 1 Nr. 4 des Gesetzes zu dem Zweiten Protokoll vom 19. Juni 1997 zum Übereinkommen über den Schutz der finanziellen Interessen der Europäischen Gemeinschaften vom 22.08.2002 (BGBl. I 3387) am 21. 10. 2002 in Kraft getreten.
Damit wurde nach ganz überwiegender Auffassung der strafrechtliche Schutzbereich des § 299 auf ausländische Rechtgüter ausgedehnt.[148] Eine Begrenzung auf den europäischen Raum erfolgte hierbei nicht, sodass diese Regelung weltweit gilt.[149]

---

145 Fischer, § 299 Rn 22; Lackner/Kühl, § 299 Rn 8; Rönnau, in: Achenbach/Ransiek, Kapitel 3 Rn 44; aA wiederum Mitsch, BT II/2, § 3 Rn 249 f., wonach dolus enventualis genügen soll.

146 So auch Diemer/Krick, in: MK, § 299 Rn 27.

147 BGHZ 3, 270, 277; Tiedemann, in: LK, § 299 Rn 45 m. w. N.

148 Pars pro toto Dannecker, in: NK (2.Aufl. 2005), § 299 Rn 74; Tiedemann, in: LK, § 299 Rn 65 ; vor der Reform von 2002 durch welche Absatz 3 eingefügt worden ist, war es umstritten, ob sich § 299 StGB auch auf Auslandssachverhalte bezieht. Durch Absatz 3 ist dieser Streit nun hinsichtlich von Taten ab der Einführung obsolet geworden. Bedeutung hat er dagegen nach wie vor für „Altfälle, die sich also vor dem 30.08.2002 ereignet haben. Die überwiegende Meinung im Schrifttum sah § 299 StGB a.F. bzw. § 12 UWG a.F. als nicht einschlägig an, wenn deutsche Wettbewerbsinteressen nicht beeinträchtigt waren (vgl. Behr, in: Offerhaus-FS, S. 345, 355f.; Haft/Schwoerer, in: Weber-FS, 2004, S. 367, 377; Kiesel, DStR 2000, 949, 950; Möllering, WRP 1997, 933, 936; Schmitz, RIW 2003, 189, 194; Volk, in: Holz/Kulessa (Hrsg.), Korruption als Entwicklungshindernis?, Teil I, 1995, S. 17, 2; Vorbaum, in: Schroeder-FS, 2006, S. 649, 658 f.; Weidemann, DStZ 2002, 329, 332). Nach einer anderen Ansicht ist dagegen § 299 Abs. 2 StGB schon vor 2002 auf Auslandssachverhalte anwendbar gewesen, sofern die Bestechung gegenüber Geschäftspartnern aus der Europäischen Union erfolgte, da dies aus der durch Art. 10 EGV gebotenen gemeinschaftskonformen Auslegung des Wettbewerbsbegriffes folge (so Tiedemann, in: LK, § 299 Rn 64; Androulakis S. 429). Der Gesetzgeber ist wohl der Meinung, dass § 299 StGB schon immer auch auf das Ausland anwendbar gewesen ist, da er laut der Gesetzbegründung nur hat „klären“ wollen, dass auch Beeinträchtigungen nicht-inländischen Wettbewerbs erfasst sind (BT-Drs. 14/998, S. 7).

149 So auch Diemer/Krick, in: MK, § 299 Rn 28; Fischer, § 299 Rn 2a; vgl. auch BT-Dr. 14/8998/10; aA Tiedemann, in: LK, § 299 Rn 64 m. w. N.

Trotz § 299 Abs. 3 StGB bemisst sich der räumlich-personale Anwendungsbereich weiter nach den §§ 3 ff. StGB.[150]

In dem Fall, dass deutsche Angestellte oder Beauftragte ausschließlich im Ausland handeln, ist bei der Beurteilung der Strafbarkeit das Augenmerk auf § 7 StGB zu richten, welcher die Strafbarkeit von der Frage abhängig macht, ob die Tat auch am Tatort mit Strafe bedroht ist.[151]
Hierdurch soll verhindert werden, dass sich das deutsche Strafrecht auch für solche Gebiete Geltung anmaßt, in denen der territorial zuständige Auslandsstaat strafrechtlichen Schutz für nicht geboten hält.[152] Grundsätzlich ist es aber nicht notwendig, dass sich der deutsche Straftatbestand mit dem ausländischen Tatbestand deckt.[153] Vielmehr reicht es aus, dass es sich bei den verletzten ausländischen Normen um untreueähnliche Straftatbestände handelt.[154] Es muss demzufolge eine Tatidentität und nicht eine Identität der anzuwendenden Strafnormen vorliegen.[155]
Sofern das „Schmieren" im Ausland allerdings sozialadäquat oder sogar ökonomisch notwendig und daher ein solches dort als Tatbestandsauschluss- oder Rechtfertigungsgrund anerkannt ist, ist dies ebenfalls für das deutsche Strafrecht beachtlich.[156] Hierbei ist jedoch genau zu differenzieren, ob tatsächlich eine die Strafbarkeit ausschließende Sozialadäquanz gegeben ist oder es sich lediglich um eine zwar strafbare, aber regelmäßig nicht weiter verfolgte Tat handelt.[157] In letzterem Fall kann sich dieser Umstand nicht günstig für den Täter auswirken.

Als Tatort im Sinne von § 9 StGB kommen dabei sowohl der Ort in Betracht, an welchem die Erklärung, die auf die Unrechtsvereinbarung abzielt, erfolgt oder zugeht, wie auch der Ort, an dem der Vorteil gewährt oder angenommen wird.[158]

---

150 Vgl. Rönnau, JZ 2007, 1084, 1085; Greeve/Dörr, in: Volk, § 19 Rn 234.

151 Hierzu ausführlich: Eser, JZ 1993, 875ff.

152 Vgl. Eser, in: Schönke/Schröder, § 7 Rn 7.

153 Werle/Jeßberger, in: LK, § 7 Rn 30.

154 Werle/Jeßberger, in: LK, § 7 Rn 30 m. w. N.

155 Vgl. Niemöller, JZ 1993, 171.

156 Vgl. Rönnau, in: JZ 2007, 1084, 1086; Tiedemann, in: LK, § 299 Rn 65; dabei ist aber der „Ordre-Public-Vorbehalt" zu beachten, wonach die ausländischen Rechtfertigungs- und Entschuldigungsgründe dort keine Geltung haben können, wo sie mit universal anerkannten Rechtsgrundsätzen in Widerspruch geraten; vgl. Eser, in: Schönke/Schröder, § 7 Rn 9; Arzt, ScheizJurTg-FS 419; vgl. Nowakowski, JZ 1971, 636.

157 Vgl. Rönnau, in: JZ 2007, 1084, 1086; Tiedemann, in: LK, § 299 Rn 65.

158 Vgl. Diemer/Krick, in: MK, § 299 Rn 28; Walter, wistra 2001, 321 ( 323, 324).

Sofern die Tathandlung oder der Taterfolg in Deutschland vorgenommen wurde bzw. eintrat, ist nicht mehr auf § 7 StGB, sondern auf die §§ 3, 9 StGB abzustellen, auch wenn das Delikt ansonsten Auslandsbezug hatte.[159] Zu beachten ist dann aber, dass die §§ 3 und 9 StGB im Gegensatz zu § 7 StGB kein „Einfallstor" für ausländische Maßstäbe besitzen und sich die Strafbarkeit folglich ausschließlich nach deutschem Recht zu beurteilen hat.[160]

Im Falle einer Teilnahme kommen der Ort, an dem die Tat begangen wurde, oder derjenige an welchem die Teilnahmehandlung erfolgte, in Betracht, § 9 Abs. 2 S. 1 StGB.

Ferner ist § 9 Abs. 2 S. 2 StGB zu beachten, wonach die Teilnehmerstrafbarkeit losgelöst von einer etwaigen Strafandrohung unter der ausländischen Rechtsordnung zu beurteilen ist.[161] Dies kann zu der Situation führen, dass deutsche Angestellte bzw. Beauftragte, die eine Bestechung durch Vermittler ausschließlich im Ausland vornehmen lassen, sich auch dann wegen Anstiftung oder Beihilfe strafbar machen, wenn die Vermittler am Tatort aufgrund von Sozialadäquanz gerechtfertigt und gemäß § 7 Abs. 2 Nr. 1 Var. 1 StGB nicht strafbar sind. Um unbillige Härten auszugleichen, bleibt als Korrektiv nur der verfahrensrechtliche Weg über das Opportunitätsprinzip nach § 153c Abs. 1 S. 1 Nr. 1 StPO.[162]

## E. Besonders schwere Fälle gemäß § 300 StGB

§ 300 StGB enthält Regelbeispiele, wonach bei Vorliegen der Voraussetzungen ein besonders schwerer Fall der Bestechung und Bestechlichkeit vorliegt.

Als Regelbeispiel gilt, wenn sich die Tat auf einen Vorteil großen Ausmaßes bezieht, § 300 Satz 2 Nr. 1 StGB. Bei der Erörterung der Frage, ob ein solches großes Ausmaß gegeben ist, ist dieser Begriff tatbestandmäßig[163] auszulegen

159 Vgl. Fischer, § 9 Rn 2.

160 So auch Rönnau, in: JZ 2007, 1084, 1086.

161 So bereits BGH 4, 335; Schleswig, wistra 1998, 31 m. Anm. Döllel, wistra 1998, 70.

162 Werle/Jeßberger, in: LK, § 9 Rn 52, 110 ff.; Scholten, Das Erfordernis der Tatortstrafbarkeit in § 7 StGB, 1995, S. 164 f.

163 Vgl. Wittig, wistra 1998, 7 f.; Heine, in: Schönke/Schröder, § 300 Rn 4; Wolters, JuS 1998, 1100, 1103.

und nach den Umständen im Einzelfall anhand der jeweiligen geschäftlichen Beziehungen und der Wettbewerbssituation zu entscheiden.[164]
Nicht unkritisiert ist der Umstand, dass sich das Ausmaß nur auf den Vorteil und nicht den gesamten Umfang der unlauteren Bevorzugung bezieht.[165]
Eine anderweitige Auslegung ist aber speziell im Hinblick auf § 335 Abs. 2 Nr. 2 StGB nicht möglich, da hier neben dem gleichlautenden Fall des „Vorteils großen Ausmaßes"[166] zudem die Konstellation der „Annahme von fortgesetzten Vorteilen, die als Gegenleistung dafür gefordert wurden, dass eine Diensthandlung künftig vorgenommen werde", geregelt wird.[167]

Ferner ist auch dann ein besonders schwerer Fall gegeben, wenn der Täter gewerbsmäßig oder als Mitglied einer Bande handelt, die sich zur fortlaufenden Begehung solcher Taten verbunden hat, § 300 Satz 2 Nr. 2 StGB.
Gewerbsmäßigkeit ist zu bejahen, wenn sich der Täter aus der wiederholten Begehung einer Tat eine fortlaufende, auch mittelbare, Einnahmequelle von einiger Dauer und einigem Umfang verschaffen will.[168]

Ein Handeln als Bande liegt vor, wenn sich mindestens drei Personen für eine gewisse Dauer zur fortgesetzten Begehung von Bestechungstaten verbunden haben.[169]

## F. Vollendung, Beendigung, Versuch

Die Tat ist mit dem Fordern, Sich-Versprechen-Lassen oder Annehmen bzw. dem Anbieten, Versprechen oder Gewähren vollendet.[170] Ob es zu einer tatsächlichen Bevorzugung kommt, ist unbeachtlich.[171]

---

164 Vgl. Greeve/Dörr, in: Volk, § 19, Rn 238; Fischer, § 300 Rn 4.
165 Vgl. Heine, in: Schnönke/Schröder, § 300 Rn 3; Fischer § 300 Rn 3.
166 § 335 Abs. 2 Nr. 1 StGB.
167 So auch Heine, in: Schönke/Schröder, § 300 Rn 3; Fischer § 300 Rn 3; Tiedemann, in: LK, § 300 Rn 3.
168 Vgl. BGHSt 1, 383; BGH 29, 189; BGH NStZ 1996; 85; BGH wistra 1999, 465 ff.
169 BGHSt 46, 321.
170 Statt vieler: Fischer, § 299 Rn 21.
171 BGHSt 10, 358, 367 f.; Dannecker, in: NK, § 299 Rn 82.

Eine Beendigung der Tat liegt vor, wenn der Vorteil vollständig entgegengenommen worden ist oder wenn die hierauf gerichteten Bemühungen endgültig fehlgeschlagen sind.[172]

Da § 299 StGB weder eine ausdrückliche Versuchsstrafbarkeit vorsieht, noch das Delikt mit einer Freiheitsstrafe im Sinne eines Verbrechen nach § 12 Abs. 1 StGB bedroht ist, liegt keine Versuchsstrafbarkeit vor.

Es sei jedoch bemerkt, dass durch die Tathandlungen des „Forderns“ und des „Anbietens“ faktisch der einseitige Versuch als vollendetes Delikt bestraft wird.[173]
Der Strafaufhebungsgrund der „tätigen Reue“ ist im Gegensatz zu § 298 Abs. 3 StGB nicht vorgesehen. Eine analoge Anwendung dieser Vorschrift kommt mangels einer planwidrigen Gesetzeslücke auch nicht in Betracht.[174]

## G. Rechtfertigung

Nicht völlig einheitlich wird die Frage erörtert, inwiefern die Billigung der Bestechlichkeit des Angestellten bzw. des Beauftragten durch den Geschäftsherren die Strafbarkeit nach § 299 StGB entfallen lässt.

Bereits das Reichsgericht hat in dem berühmten *„Korkengeldfall“*[175] die Ansicht geäußert, dass das Wissen um die Vorteilszuwendung und die Billigung der Tat durch den Geschäftsherren die Strafbarkeit seiner Angestellten nicht tangiere. Dieser Auffassung folgt auch heute noch die überwiegende Mehrheit in der Literatur.[176]

---

172 Blessing, in: MG, § 53 Rn 58; BGH, wistra 2003, 559; Fischer, § 299 Rn 21.

173 So auch BGHSt 10, 358, 367; Fischer, § 299 Rn 21; Diemer/Krick, in: MK, § 299 Rn 29 Fn 271.

174 Vgl. BT-Drs 13/5584, S. 9, 15; Diemer/Krick, in: MK, § 299 Rn 29; aA Krack, NStZ, 2001, 505, 507.

175 Vgl. RGSt 48, 291, 293.

176 Heine, in: Schönke/Schröder, § 299 Rn 30; Fischer, § 299 Rn 23; Tiedemann, in: LK, § 299 Rn 47; Diemer/Krick, in: MK, § 299 Rn 30; Dannecker, in: NK, § 299 Rn 13, 80; Bannenberg, in: Wabnitz/Janovsky, Kapitel 10 Rn 102.

Die entgegenstehende Ansicht vertritt die Meinung, dass durch die Billigung der Tat durch den Geschäftsherren auch die Strafbarkeit des Angestellten entfallen müsse.[177]
Hierbei wird argumentiert, dass sich der Geschäftsherr durch die Billigung die Handlung des Angestellten zu Eigen mache und so dessen Handlung verdränge.[178] Da der Geschäftsherr selbst aber kein tauglicher Täter ist, kann dieser strafrechtlich nicht belangt werden.[179]
Eine Bestrafung des in der Regel weisungsabhängigen Angestellten sei aber wiederum vor diesem Hintergrund unbillig und müsse unterbleiben.[180]

Zwar mag diese Ansicht insofern überzeugen, dass sie teilweise „gefühlt" richtig ist, da tatsächlich nur wenige Nuancen über die Strafbarkeit entscheiden können, wie der Umstand, ob der Geschäftsführer die Bestechung bzw. Bestechlichkeit völlig selbstständig begeht oder eben noch einen Angestellten miteinbezieht. Dennoch widerspricht sie den grundlegenden dogmatischen Regeln der rechtfertigenden Einwilligung, sodass eine reine „Billigkeitslösung" zu weitgehend ist, eine solche gegen de lege lata verstößt und folglich die gegenwärtige Rechtslage nur durch den Gesetzgeber geändert werden kann.
Denn die Wirksamkeit einer rechtfertigenden Einwilligung hängt u.a. von der Disponibilität des geschützten Rechtsgutes ab.[181] Damit ist eine Einwilligung von vornherein bei Rechtsgütern ausgeschlossen, deren Verletzung sich gegen die Allgemeinheit richtet.[182] Wie bereits erörtert, ist das nach h.M. primär geschützte Rechtsgut der redliche Wettbewerb[183] und damit ein nicht dem Einzelnen zustehendes Rechtsgut.
Deshalb muss auch die Strafbarkeit des Angestellten, der mit Einwilligung des Geschäftsherren handelt, zwingend aufrechterhalten werden, da die Bewilligung strafrechtlich ins Leere geht.[184]

177 So Blessing, in: MG, § 53 Rn 81; Rönnau, in: Achenbach/Ransiek, Kapitel 3 Rn 37 ff; Winkelbauer, in: FS-Weber, S. 385, 386.

178 Vgl. Blessing, in: MG, § 53 Rn 81; ähnlich schon Jaques, Bestechungstatbestände, S. 95; Hirschenkrämer, WRP 1965, 130, 133.

179 Vgl. oben S. 11.

180 Vgl. Blessing, in: MG, § 53 Rn 81.

181 Vgl. Wessels/Beulke, AT, Rn 372.

182 So auch Roxin, AT I, § 13 Rn 33.

183 Vgl. hierzu oben S. 10 f.

184 So im Ergebnis auch die h.M. in der Literatur.

Ein rechtfertigender Notstand nach § 34 StGB wegen einer wirtschaftlichen Notlage des Betriebes ist theoretisch denkbar, wird aber wohl kaum in Betracht kommen, da regelmäßig die Vorteilsgewährung wohl nie das mildeste und nicht das angemessene Mittel zur Rettung des Betriebes sein dürfte.[185]

## H. Täterschaft und Teilnahme

Sofern eine Unrechtsvereinbarung zustande kommt, ist jede Partei notwendiger Teilnehmer der Tat des anderen, sodass Anstiftung und Beihilfe hinter der jeweils eigenen Täterschaft zurücktreten.[186]

Im Übrigen gelten die allgemein geltenden Grundsätze zur Bestimmung der Täterschaft und Teilnahme.

## J. Begleitdelikte

Neben § 299 StGB kommen eine ganze Reihe von Begleitdelikten in Betracht, die nicht selten auch erfüllt sein werden. Im Folgenden sollen nun die wichtigsten überblicksmäßig dargestellt werden.

### I. Betrug

Es kann zum Beispiel ein Fall des Betrugs gemäß § 263 StGB gegeben sein, wenn der Bestochene seine Bereitschaft zur Bevorzugung oder der Versprechende seine Bereitschaft zur Vorteilszuwendung lediglich vorgetäuscht hat.

Ferner kommt ein Betrug bei Manipulationen in Vergabeverfahren oder bei Absprachen unter den Bietern mit dem Ziel, dass der Zuschlag an einen aus ihrem Kreis ergeht, in Betracht.[187]

---

185 So auch Tiedemann, in: LK, § 299 Rn 48; Heine, in: Schönke/Schröder, § 299 Rn 30; Diemer/Krick, in: MK, § 299 Rn 30; Fischer, § 298 Rn 19.

186 Vgl. Fischer, § 299 Rn 25; Heine, in: Schönke/Schröder, § 299 Rn 32; Rönnau, in: Achenbach/Ransiek, Kapitel 3 Rn 54.

187 Vgl. hierzu im Detail Greeve/Dörr, in: Volk, § 19 Rn 253 ff.

## II. Untreue

Sofern es aufgrund der Bestechung zu einer auch den Geschäftsherren des Täters schädigenden Handlung kommt, ist an eine Strafbarkeit gemäß § 266 StGB zu denken.[188] Denn wenn Angestellte oder Beauftragte im Sinn von § 299 StGB Entscheidungen unter dem Einfluss von Zuwendungen treffen, werden sie häufig dazu neigen, das ihnen anvertraute Vermögen durch rechtlich nachteilige Verfügungen zu schädigen.[189]

## III. Steuerstrafrechtliche Delikte

Häufig wird in Verbindung mit Bestechungsdelikten eine Steuerhinterziehung nach § 370 AO im Raum stehen, da der Empfänger von Bestechungsgeldern diese in der Regel nicht versteuern und sich so einer Einkommenssteuerhinterziehung[190] und zudem möglicherweise wegen Umsatzsteuerhinterziehung strafbar machen wird.[191]
§ 370 AO wurde daher auch schon als „Auffangtatbestand" der Korruptionsdelikte bezeichnet,[192] da er dann erhöhte Bedeutung erlangt, wenn die Nachweisbarkeit relevanter Verstöße besonders schwierig ist.

Einer Steuerhinterziehung nach § 370 AO macht sich allerdings auch derjenige strafbar, der Bestechungszahlungen als Betriebsausgaben geltend macht.[193] Denn gemäß §§ 4 Abs. 5 S. 1 Nr. 10 S. 1 EStG, 8 Abs. 1 KStG sind derartige Zuwendungen für in oder nach 1999 beginnenden Wirtschaftsjahre nicht mehr als Betriebsausgaben absetzbar.[194]

---

188 BGHSt 31, 207 f.; Fischer § 299 Rn 25.

189 So Greeve/Dörr, in: Volk, § 19 Rn 269; vgl. Selbige ausführlich zu den Problemen bei der Bestimmung der Vermögensbetreuungspflicht und der Schadensfeststellung, § 19 Rn 270 ff.

190 Ohne Wissen und entgegen der Interessen des Arbeitgebers gezahlte Bestechungsgelder sind sonstige Einkünfte gemäß § 22 Nr. 3 EStG (vgl. BFH, NJW 2000, 2918; BGHSt, NJW 2005, 300, 306; Schmidt, EStG, § 19 Rn 50).

191 Vgl. Spatscheck, NJW 2006, 641, 642.

192 So Gotzens, DStR, 2005, 673, 678.

193 Vgl. Greeve/Dörr, in: Volk: § 19 Rn 287.

194 Erforderlich ist hierzu lediglich der Nachweis einer rechtswidrigen Tat nach § 299 StGB, welchen die Finanzbehörde zu erbringen hat (vgl. Randt, BB 2000, 1006, 1010; Spatscheck, NJW 2006, 641, 644). Auf ein schuldhaftes Verhalten, eine Verurteilung, die Verfolgbarkeit der Handlung oder eine Einstellung des Verfahrens nach §§ 153 ff. StPO kommt es nicht an (vgl. Randt, BB 2000, 1006, 1009 f.; Schmitz, RIW 2003, 189, 195).

Es wird berechtigterweise angenommen, dass durch diese steuerrechtlichen Neureglungen das Entdeckungsrisiko hinsichtlich der Bestechungsdelikte angestiegen ist.[195]

# K. Sanktionen

## I. Freiheitsstrafe

Bei beiden Tatvarianten nach § 299 Abs. 1 und 2 StGB handelt es sich um eine als Vergehen im Sinne von § 12 StGB bewehrte Tat. Der Strafrahmen ist in beiden Fällen auf eine Freiheitsstrafe von bis zu 3 Jahren oder eine Geldstrafe begrenzt.

Diese Strafandrohung wurde gegenüber § 12 ff. UWG a. F., wonach lediglich eine Freiheitsstrafe von bis zu einem Jahr vorgesehen war, angehoben.[196] Hierdurch sollte die kriminalpolitische Bedeutung der Korruptionsbekämpfung im privatwirtschaftlichen Sektor deutlich gemacht werden.[197]

Von einer Angleichung des Strafrahmens an die §§ 332, 334 StGB, wonach im Falle der Bestechlichkeit eine Freiheitsstrafe von sechs Monaten bis zu fünf Jahren und in einem solchen der Bestechung eine Freiheitsstrafe von drei Monaten bis zu fünf Jahren im Raum steht, wurde trotz der fast parallel laufenden Vorschriften abgesehen, da bei diesen auch die Lauterkeit des öffentlichen Dienstes und das Vertrauen der Allgemeinheit in diese Lauterkeit sowie die besondere Pflichtenstellung von Amtsträgern eine höhere Strafandrohung rechtfertigten.[198]

Sofern ein besonders schwerer Fall nach § 300 StGB vorliegt, umfasst die Strafandrohung drei Monate bis zu fünf Jahren.

---

195 So Preising/Kiesel, DStR 2006, 118; Schmitz, RIW 2003, 189, 195.

196 Kritisch hinsichtlich dieser Erhöhung des Regelstrafrahmens: Fischer, § 299 Rn 24, welcher auf die Weite des Tatbestandes und den erhöhten Strafrahmen des § 300 StGB verweist.

197 BT-Drs. 13/3353 S. 13.

198 BT-Drs. 13/5584, S. 15.

## II. Geldstrafe

Sofern eine Geldstrafe verhängt werden soll, wird diese nach den allgemein geltenden §§ 40 ff. StGB und dem dort geltenden Tagessatzsystem[199] bestimmt. Dabei ist die Zumessung in drei Schritten vorzunehmen. Zunächst ist im Rahmen des § 40 Abs. 1 S. 2 StGB die Anzahl der Tagessätze nach den Grundsätzen des § 46 StGB unter Heranziehung aller Strafzumessungstatsachen mit Ausnahme der Leistungsfähigkeit des Täters[200] festzulegen. Daraufhin ist die Höhe des einzelnen Tagessatzes nach der Maßgabe des § 40 Abs. 2 StGB, gegebenenfalls in Verbindung mit Abs. 3, zu bestimmen. In einem letzten Schritt ist sodann zu prüfen, ob etwaige Zahlungserleichterungen zu gewähren sind.
Bei Anwendung dieser Berechnungsmethode ergibt sich eine absolute Grenze der Geldstrafe in Höhe von 10,8 Millionen Euro. Sofern Tatmehrheit vorliegt, kann die Geldstrafe maximal 21 ,6 Millionen Euro betragen.[201]

Sofern die verhängte Geldstrafe uneinbringlich ist, kann nach § 43 StGB eine der Geldstrafe entsprechende Ersatzfreiheitsstrafe verhängt werden.

Hat sich der Täter durch die Tat bereichert oder zu bereichern versucht, so kann neben einer Freiheitsstrafe zusätzlich auf eine Geldstrafe erkannt werden, § 41 StGB.

## III. Verfall

Das Gericht kann eine Gewinnabschöpfung über die Vorschriften des Verfalls (§ 73 ff StGB) anordnen und so dem Täter die aus der Tat oder für die Tat erlangten Vermögensvorteile entziehen.

Dabei umfasst die gesetzliche Regelung sowohl das „Etwas", welches der Täter unmittelbar aus der Tat erlangt hat, als auch nach § 73 Abs. 2 StGB die mitterlbaren Vorteile in Form von Nutzungen oder Surrogaten. Nicht erforderlich ist, dass der Täter mit Schuld gehandelt hat.[202]

---

199 Fischer, § 299 Rn 2.

200 BGHSt 26, 325.

201 § 54 Abs. 2 S. 2 i.V.m. § 40 Abs. 2 S. 3 StGB.

202 Lackner/Kühl, § 73 Rn 1.

Bei der Bestimmung des Umfangs des Vorteils ist nach einer Grundsatzentscheidung des BGH das sogenannte „Bruttoprinzip" zugrunde zu legen.[203] Demzufolge ist nicht nur der Gewinn aus der Straftat abzuschöpfen, sondern der gesamte Erlös ohne Abzug von Kosten.[204]

Allerdings sieht § 73 Abs. 1 S. 2 StGB vor, dass ein Verfall nicht angeordnet werden darf, wenn dem Verletzten Ansprüche aus der Tat gegen den Täter zustehen. Hierdurch soll eine doppelte Belastung des Täters verhindert und die Mittel zur Erfüllung des zivilrechtlichen Anspruchs gesichert werden.[205]
Dabei kommt es ausschließlich auf die rechtliche Existenz und nicht auf die Geltendmachung des Anspruches an.[206]
Der Anspruch kann dabei u.a. ein Anspruch aus §§ 823, 812 BGB oder aus Geschäftsführung ohne Auftrag sein.[207]

Regelmäßig wird im Falle des verwirklichten § 299 StGB allerdings § 73 Abs. 1 S. 2 StGB eingreifen, da der Geschäftsherr des Bestochenen als Verletzter, einen zivilrechtlichen Anspruch innenhabend, in Betracht kommt.[208] Folglich ist der Verfall zur Bekämpfung der Wirtschaftskriminalität nur beschränkt tauglich.[209]

---

203 BGH, NStZ 2003, 37 ff.

204 Dies führte zu weitreichender Kritik: Denn während der Verfall vor dieser Entscheidung allgemein als Maßnahme eigener Art und nicht als Strafe gesehen wurde (vgl. für viele Fischer, § 73 Rn 2), wurde nun die Auffassung vertreten, dass der Verfall keine Ausgleichsmaßnahme mehr sei, sondern ein über die Gewinnabschöpfung hinausgehendes Übel, welches Strafcharakter habe (so Hoyer, GA 1993, 406, 421; Perron, JZ 1993, 918; Julius, ZStW 109, 58, 91; Eser, in: Stree/Wessels-FS, 833, 844). Der BGH hat sich dieser Auffassung jedoch nicht angeschlossen (BGH 47, 260, 265). Auch das BVerfG hat bestätigt, dass der Verfall unter Anwendung des Bruttoprinzips keine strafähnliche Maßnahme ist und daher dem Schuldgrundsatz nicht unterliegt (NJW 2004, 2073, 2074 ff.).

205 Rönnau, StV 2003, 581; Satzger, wistra 2003, 401, 403; Meier, S. 353.

206 Vgl. Fischer, § 73 Rn 18 m. w. N.; eine Gegenansicht fordert eine teleologische Reduktion dahingehend, dass die bloße rechtliche Existenz von Ansprüchen nicht ausreiche und folglich Verfall angeordnet werden könne (u.a. Kiethe/Hohmann, NStZ 2003, 505, 510). Dem hat sich der BGH nicht angeschlossen (NStZ 2006, 621).

207 Vgl. Fischer, § 73 Rn 20.

208 So Tiedemann, in: LK, § 302 Rn 2; Diemer/Krick, in: MK, § 299 Rn 32 m. w. N.

209 Vgl. Tiedemann, in: Wirtschaftsstrafrecht, AT, 2. Auflage, Rn 279.

## IV. Erweiterter Verfall

Der erweiterte Verfall gemäß § 73 d StGB kann unter den Voraussetzungen des § 302 StGB angeordnet werden.

Gemäß § 302 Abs. 1 StGB muss der Täter in den Fällen des § 299 Abs. 1 StGB gewerbsmäßig oder als Mitglied einer Bande, die sich zur fortgesetzten Begehung von solcher Taten verbunden hat, gehandelt haben.

Für die aktive Bestechung nach § 299 Abs. 2 StGB fordert § 302 Abs. 2 StGB ebenfalls eine bandenmäßige oder gewerbsmäßige Tatbegehung.

Der Unterschied zwischen dem herkömmlichen Verfall und dem erweiterten Verfall besteht vor allem darin, dass die Verfallsobjekte nicht aus einer konkret abgeurteilten Tat zu stammen haben und ferner letzterer, jedenfalls nach dem Wortlaut der Vorschrift, bereits dann angeordnet werden kann, wenn Umstände die Annahme rechtfertigen, dass die betreffenden Gegenstände für rechtswidrige Taten oder aus ihnen erlangt worden sind.[210]
Aus aber diesen Gründen wird die Vorschrift des erweiterten Verfalls für verfassungsrechtlich bedenklich gehalten, da eine Verletzung der Eigentumsgarantie aus Art. 14 GG, ein Verstoß gegen das Schuldprinzip und gegen die Unschuldsvermutung gerügt werden.[211]
Der BGH ist diesen Bedenken mit einer erhöhten tatrichterlichen Überzeugung hinsichtlich der deliktischen Herkunft der Gegenstände entgegengetreten.[212]
Auch das BVerfG hat diese Rechtsprechung bestätigt.[213]

Letztlich wird es jedoch selten auf die Verfassungskonformität des § 73d StGB ankommen, da § 73d Abs. 1 S. 3 StGB auf den Ausschlusstatbestand gemäß § 73 Abs. 1 S. 2 StGB verweist, welcher in den Fällen des § 299 StGB durchaus regelmäßig einschlägig sein kann.

---

210 So auch Eser, in: Schönke/Schröder, § 73 d Rn 1.

211 Vgl. hierzu Eser, in: Stree/Wessels-FS 833; Eser, in: Schönke/Schröder, § 73d Rn 2; Perron, JZ 1993, 919; Weßlau, StV 1991, 229.

212 BGHSt 40, 371.

213 BVerfG, NJW 2004, 2073.

## V. Vermögensstrafe

Unter den Voraussetzungen des § 302 Abs. 2 StGB wäre die Vermögensstrafe gemäß § 43a StGB zu verhängen. Diese ist aber aufgrund der Entscheidung des BVerfG vom 20.03.2002 verfassungswidrig und nichtig.[214]

## VI. Einziehung

Die Einziehung von Gegenständen richtet sich allgemein nach den §§ 74 ff. StGB.[215]
Die Anknüpfungstat muss im Falle des § 74 Abs. 1 StGB vorsätzlich, rechtswidrig und schuldhaft begangen worden sein.[216]
Zu beachten ist aber vor allem auch, dass sich die Einziehung zum einen nur auf solche Gegenstände bezieht, die durch die Tat hervorgebracht worden sind (producta sceleris), mit dieser also in einem unmittelbaren ursächlichem Zusammenhang stehen.[217] Gerade keine „producta sceleris", sondern „scelere quaesita" (Früchte des Verbrechens), sind der mittels Bestechung erlangte Vermögensvorteil und der Bestechungslohn.[218] Diese unterliegen dem Verfall.[219]
Etwas anderes kann jedoch dann gelten, wenn diese Zuwendungen zur Durchführung weiterer Straftaten bestimmt waren und somit als instrumenta sceleris anzusehen sind.[220]

## VII. Berufsverbot

Sofern jemand wegen einer rechtswidrigen Tat, die er unter Missbrauch seines Berufes oder Gewerbes oder unter grober Verletzung der damit verbundenen Pflichten begangen hat, verurteilt oder nur deshalb nicht verurteilt wird, weil seine Schuldunfähigkeit erwiesen oder nicht auszuschließen ist, so kann das Gericht ihm die Ausübung des Berufs, Berufszweigs, Gewerbes oder Gewerbezweiges für die Dauer von fünf Jahren verbieten, wenn die Gesamtwürdigung des Täters und der Tat die Gefahr erkennen lässt, dass er bei weiterer Ausübung

---

214 BGBl. I, 2002, 1340; zur Begründung vgl. BVerfGE 105, 135.
215 Vgl. Diemer/Krick, in: MK, § 299 Rn 32.
216 So Joecks, in: MK, § 74 Rn 7.
217 Fischer, § 74 Rn 5.
218 So Joecks, in: MK, § 74 Rn 11.
219 Schmidt, in: LK, § 74 Rn 15.
220 Vgl. Fischer, § 74 Rn 5.

des Berufs, Berufszweiges, Gewerbes oder Gewerbezweiges erhebliche Taten der bezeichneten Art begehen wird.[221]
Falls zu erwarten ist, dass die gesetzliche Höchstfrist zur Abwehr der drohenden Gefahr nicht ausreicht, kann das Berufsverbot auch für immer angeordnet werden.[222]
Der Täter darf den Beruf, den Berufszweig, das Gewerbe oder den Gewerbezweig während der Wirksamkeit des Berufsverbots auch nicht für einen anderen ausüben oder durch eine von seinen Weisungen abhängige Person für sich ausüben lassen.[223]
Ein Verstoß hiergegen ist gemäß § 145c StGB strafbar.

## VIII. Bebußung des Unternehmens nach § 30 OWiG

Juristische Personen und Verbände können nach dem derzeit geltenden Recht nicht mit einer Kriminalstrafe belegt werden.[224] Begründet wird dies mit der fehlenden Handlungs- und Schuldfähigkeit im natürlichen Sinn, welche lediglich natürliche Personen aufweisen, die aber Grundvoraussetzung einer Strafbarkeit unter deutschem Recht ist.[225]
Deshalb kann Anknüpfungspunkt für eine strafrechtliche Verantwortlichkeit stets nur das Verhalten Einzelner sein.[226]
Dennoch findet sich eine dementsprechende Organhaftung in § 30 OWiG, wonach gegen ein Unternehmen erhebliche Geldbußen verhängt werden können. Die in § 30 OWiG aufgezählten Repräsentanten sind nämlich Anknüpfungspunkt zur Sanktionierung der juristischen Person oder der Personenvereinigung unter der Voraussetzung, dass diese Vertreter eine Straftat oder Ordnungswidrigkeit begangen haben, durch die entweder Pflichten des Verbandes verletzt worden sind oder die zu dessen Bereicherung geführt haben oder führen sollten.[227]

---

221 § 70 Abs. 1 S. 1 StGB.
222 § 70 Abs. 1 S. 2 StGB.
223 § 70 Abs. 3 StGB.
224 Vgl. Wessels/Beulke, AT, Rn 94.
225 Vgl. Wessels/Beule, AT, Rn 94; es wird jedoch in zunehmendem Maße die Einführung der Möglichkeit einer Bestrafung des Unternehmens selbst in das StGB befürwortet, vgl. Wessels/Beulke, AT, Rn 94 m. w. N. in Fn 17 und 18.
226 Vgl. Rogall, in: KK-OWiG, § 30 Rn 71.
227 Vgl. Rogall, in: KK-OWiG, § 30 Rn 1.

*1. „Täter“*

Als „Täter“ kommen die in § 30 OWiG genannten Verbände, also juristische Personen, nicht rechtsfähige Vereine und rechtsfähige Personengesellschaften in Betracht.
Auch ausländische Unternehmensträger können sanktioniert werden, sofern die Anknüpfungstat nach deutschem Recht (§§ 3 ff. StGB, 5 OWiG) bestraft werden kann.[228] Voraussetzung ist hierbei aber, dass die Form des jeweiligen ausländischen Verbandes rechtlich mit der der juristischen Person oder der Personengesellschaft nach deutschem Recht vergleichbar ist.[229]

*2. „Tathandlung“*

Wie bereits beschrieben, ist Voraussetzung für eine Sanktionierung, dass eine sogenannte Anknüpfungstat durch einen Repräsentanten begangen worden ist.

Der hierfür in Betracht kommende Personenkreis ist in § 30 OWiG abschließend genannt. Demnach sind taugliche Täter das vertretungsberechtigte Organ einer juristischen Person oder ein Mitglied eines solchen Organs, der Vorstand eines nichtrechtsfähigen Vereins oder ein Mitglied eines solchen Vorstandes, der vertretungsberechtigte Gesellschafter einer rechtsfähigen Personengesellschaft, Generalbevollmächtigte oder in leitender Stellung befindliche Prokuristen, die für die Leitung des Betriebes oder Unternehmens einer juristischen Person oder Personengesellschaft verantwortlich handeln oder Kontrollbefugnisse ausüben.[230]

Eine dieser Personen muss eine Straftat oder Ordnungswidrigkeit begangen haben, wodurch entweder Pflichten verletzt worden sind, die das Unternehmen betreffen[231], oder dieses muss durch die Tat entweder bereichert oder die Bereicherung zumindest beabsichtigt gewesen sein.[232]
Zwingende Voraussetzung ist, dass der Täter der Anknüpfungstat volldeliktisch und schuldhaft gehandelt hat.[233]

Sofern es um einen durch die Straftat verwirklichten Pflichtverstoß geht, muss es sich bei den betroffenen Pflichten um betriebsbezogene Pflichten handeln, die

228 OLG Celle, wistra 2002, 230.
229 Geibel/Süßmann, WpÜG, § 60 Rn 89 ff.
230 Vgl. Rogall, in: KK-OWiG,, § 30 Rn 51.
231 1. Alternative.
232 2. Alternative.
233 Lemke/Mosbacher, § 30 Rn 43.

gerade nicht für jedermann gelten.[234] Vor diesem Hintergrund mag es zweifelhaft sein, ob auch Bestechungsfälle von dieser Alternative erfasst werden, da die Pflicht eine Bestechung zu unterlassen, wie die generelle Norm des § 299 StGB zeigt, für alle Betriebe gilt. Allerdings sollen besondere Pflichten auch aus allgemeinen strafrechtlichen Tatbeständen erfolgen können.[235]

Jedenfalls stellt die Aufsichtspflichtverletzung nach § 130 OWiG die in der Praxis bedeutsamste Anknüpfungstat im Sinne des § 30 OWiG dar.[236] Hierdurch wird ein Durchgriff auf das Unternehmen ermöglicht, sofern ein tauglicher Repräsentant gemäß § 30 OWiG seine Aufsichtspflicht nach § 130 OWiG verletzt hat, was gerade auch bei Bestechungsdelikten, in Betracht kommt. Auf § 130 OWiG wird daher noch separat einzugehen sein.

Eine „direkte" Anwendung des § 30 OWiG im Rahmen von Bestechungsfällen ermöglicht § 30 Abs. 1 Alt. 2 OWiG durch die Variante „der Bereicherung des Verbandes". Denn diese wurde geschaffen, um so den kriminalpolitischen Zweck, welcher auch in der Gewinnabschöpfung besteht, insbesondere in Bestechungsfällen umzusetzen.[237]
Demzufolge ist eine Tat nach § 299 StGB durch ein vertretungsberechtigtes Organ im Sinne des § 30 OWiG eine geeignete Anknüpfungstat. Dabei ist ferner erforderlich, dass die Tat in einem funktionalen Zusammenhang zu dem Wirkungsbereich des Unternehmens steht.[238]
Weitere Voraussetzung ist, dass eine Bereicherung des Unternehmens erfolgt oder beabsichtigt war. Unter einer Bereicherung ist jede günstigere Gestaltung der Vermögenslage zu verstehen, wobei auch ein mittelbarer Vorteil, wie beispielsweise eine durch Bestechung herbeigeführte verbesserte Wettbewerbssituation, ausreichen kann.[239] Demzufolge ist eine ausschließlich in eigenem Interesse verübte Anknüpfungstat, welche auch nur auf eine eigene Bereicherung abzielt, nicht tatbestandsmäßig.

Demnach kommen als Anknüpfungstaten sowohl der Fall der Bestechung, wie auch der der Bestechlichkeit in Betracht, sofern die jeweilige durch einen ent-

234 Vgl. Rogall, in: KK-OWiG, § 30 Rn 72.
235 Vgl. Rogall, in: KK-OWiG, § 30 Rn 72.
236 So Lemke/Mosbacher, § 30 Rn 48.
237 Vgl. EOWiG S. 60 f.; Demuth/ Schneider BB 1970, 650 f.; Pohl-Sichtermann, S. 152; Eidam, wistra 2003, 454.
238 Vgl. Rogall, in: KK-OWiG, § 30 Rn 79.
239 Vgl. Rogall, in: KK-OWiG, § 30 Rn 82.

sprechenden Täter und für die Bereicherung des Unternehmens verübt wurde. Dabei muss es nicht zu einer Bereicherung kommen, sondern es reicht aus, wenn es dem Organ auf eine solche ankam.[240]

*3. Sanktionen*

Da die Straftat nach § 299 StGB nur vorsätzlich und nicht fahrlässig begangen werden kann, kommt als Sanktion eine Geldbuße, die bis zu einer Million Euro betragen kann, in Betracht.[241]
Daneben ist § 17 Abs. 4 OWiG zu beachten, welcher nach § 30 Abs. 3 OWiG anwendbar ist und bestimmt, dass die Geldbuße den wirtschaftlichen Vorteil, den der Täter aus der Ordnungswidrigkeit gezogen hat, übersteigen soll. Folglich kann so der Gewinn, den der Straftäter erzielt hat und der der Firma zugute gekommen ist, in unbegrenzter Höhe abgeschöpft und als Buße festgesetzt werden.[242] Dies ist Ausdruck des Grundsatzes, dass sich Straftaten nicht lohnen sollen.[243]
Demnach stellt der erlangte Vorteil dann den unteren Teil der Geldbuße dar, welcher sodann noch um den Ahndungsteil, welcher bis zu einer Million Euro betragen kann, zu erhöhen ist. Dies kann im Ergebnis zu dem Ausspruch sehr hoher Geldbußen führen.[244]

Für den Fall, dass eine Bereicherung nur beabsichtigt gewesen ist, darf die Geldbuße demzufolge keinen Abschöpfungsanteil enthalten, sodass hier nicht mehr als die Verhängung von einer Million Euro möglich ist.[245]

## IX. Bebußung des Aufsichtspflichtigen nach § 130 OWiG

Nach § 130 OWiG kann ein Inhaber eines Betriebes oder Unternehmens auch dann zur Verantwortung gezogen werden, wenn er selbst nicht deliktisch gehandelt hat. Anknüpfungspunkt ist in diesem Fall das vorsätzliche oder fahrlässige Unterlassen der Aufsichtsmaßnahmen, die erforderlich sind, um in dem Betrieb oder Unternehmen Zuwiderhandlungen gegen Pflichten zu verhindern, die den Inhaber als solchen treffen und deren Verletzung mit Strafe oder Geldbuße be-

240 Demuth/Schneider, BB 1970, 642, 651; Eidam, wistra 2003, 454.
241 § 30 Abs. 2 Nr. 1 OWiG.
242 Vgl. Nötzel, in: Dölling, 10. Kapitel Rn 102.
243 So auch Nötzel, in: Dölling, 10. Kapitel Rn 102.
244 Vgl. Brenner, NStZ 1998, 557; BGH NJW 1975, 269, 270.
245 So Rogall, in: KK-OWiG, § 30 Rn 88.

droht ist und eine solche Zuwiderhandlung begangen wird, die durch gehörige Aufsicht verhindert oder wesentlich erschwert worden wäre.[246]
Im Zentrum der Betrachtung steht folglich die Frage nach einer unterlassenen Aufsichtspflicht, wobei es sich hierbei wiederum um eine „betriebsbezogene" Pflicht handeln muss.[247]
In dem Unterlassen der Verhinderung von Bestechungshandlungen kann eine solche Aufsichtspflichtverletzung gesehen werden.[248] Diese Bezugstat muss allerdings nicht vom Vorsatz des Inhabers umfasst sein, da diese im Rahmen des § 130 OWiG nur eine objektive Bedingung der Strafbarkeit ist.[249]

Zudem muss der Nachweis erbracht werden, dass die Zuwiderhandlung bei gehöriger Aufsicht zumindest erschwert worden wäre. Die Erschwerung der Zuwiderhandlung ist als wesentlich einzustufen, wenn die geforderte Maßnahme die Wahrscheinlichkeit der Zuwiderhandlung selbst substantiell reduziert.[250] Hätte die Maßnahme zur Entdeckung der Zuwiderhandlung geführt, kann man stets von einer wesentlichen Erschwerung ausgehen.[251]
Dabei umfasst eine gehörige Aufsichtspflicht die sorgfältige Auswahl von Mitarbeitern und Aufsichtspersonen, die sachgerechte Organisation und Aufgabenverteilung, die Instruktion und Aufklärung der Mitarbeiter über deren Aufgaben und Pflichten, die Überwachung und Kontrolle der Mitarbeiter sowie das Einschreiten gegen etwaige Verstöße.[252] Letztlich ist das Ausmaß der Aufsichtspflichten jedoch durch die Rechtsprechung zu bestimmen, wobei diese davon ausgeht, dass dieses nicht abstrakt geschehen kann, sondern anhand der Art, Größe und Organisation des Betriebes, die unterschiedlichen Überwachungsmöglichkeiten, aber auch Vielfalt und Bedeutung der zu beachtenden Vorschiften und die Anfälligkeit des Betriebes für Verstöße gegen diese Bestimmungen (maßgeblich sein), wobei insbesondere Fehler eine Rolle spielen können, die in der Vergangenheit gemacht worden sind.[253]

---

246 Vgl. § 130 Abs. 1 S. 1 OWiG.

247 Rogall, in: KK-OWiG, § 130 Rn 77; welche Pflichtverletzungen nun als Grundlage für eine Ahndung von Aufsichtspflichtverstößen geeignet sind, ist umstritten. Zu dem Streitstand vgl. Rogall, in: KK-OWiG, § 130 Rn 78 ff.

248 So Greeve/Dörr, in: Volk, § 19 Rn 358.

249 Vgl. Lemke/Mosbacher, § 130 Rn 10.

250 So Rogall, in: KK-OWiG, § 130 Rn 101.

251 So auch Rogall, in: KK-OWiG, § 130 Rn 101.

252 Vgl. Rogall, ZStW 1998, 598.

253 OLG Düsseldorf wistra 1999, 115, 116; wistra 1991, 38, 39; OLG Köln wistra 1994, 315.

Grundsätzlich erforderlich ist, dass die ergriffenen Aufsichtsmaßnahmen auch geeignet sind, betriebsbezogene Verstöße zu verhindern, diese also eine hohe Wahrscheinlichkeit dafür bieten, dass derartige Verstöße unterbleiben.[254]

Die vorsätzliche Aufsichtspflichtverletzung, welche mit Strafe bedroht ist, ist mit einem Bußgeld in Höhe von einer Million Euro bewehrt. Mangels einer Unterscheidung zwischen vorsätzlicher und fahrlässiger Aufsichtspflichtverletzung beträgt das Höchstmaß im Falle der fahrlässigen Tatbegehung gemäß § 17 Abs. 2 OWiG Euro 500.000,00.

Sofern ein Verstoß gegen § 130 OWiG vorliegt, kann diese Tat eine Anknüpfungstat im Sinne von § 30 OWiG sein mit der Folge, dass auch gegen die juristische Person eine Geldbuße verhängt werden kann.[255]

## L. Prozessuales

### I. Relatives Antragsdelikt, § 301 StGB

Wie bereits erwähnt, wurde die Vorschrift durch Art. 1 Nr. 3 KorrBekG eingefügt, sodass es sich nunmehr um ein relatives Antragsdelikt handelt. Hintergrund dieser Änderung war der Umstand, dass aufgrund des als reinen Antragsdelikts ausgestalteten § 12 UWG a. F. häufig Strafanträge aus Angst vor nachteiligen Folgen aus öffentlicher Diskussion betriebsinterner Vorgänge unterblieben.[256] Nun ist also eine Strafverfolgung auch von Amts wegen bei besonderem öffentlichem Interesse möglich.

Daneben sind der Verletze[257], alle Mitbewerber (die Waren oder gewerbliche Leistungen gleicher Art vertreiben)[258], Verbände und Kammern im Sinne des § 13 Abs. 2 Nr. 1, 2 und 4 UWG[259] sowie nach h.M.[260] auch der Geschäftsherr des Angestellten oder Beauftragten, wenn intern ein pflichtwidriges Verhalten zu bejahen ist, antragsberechtigt.

254 Vgl. Rogall, in: KK-OWiG, § 130 Rn 43.
255 Vgl. Greeve/Dörr, in: Volk, § 19 Rn 357; Rogall, in: KK-OWiG, § 130 Rn 6.
256 So Fischer, § 301 Rn 2.
257 Vgl. dazu Wolters, JuS 1998, 1103.
258 Vgl. Tiedemann, in: LK, § 301 Rn 2.
259 Vgl. Heine, in: Schönke/Schröder, § 301 Rn 3.
260 Vgl. BGH 31, 207, 209 ff.; Tiedemann, in: LK, § 301 Rn 3; Fischer § 301 Rn 4; Heine, in: Schönke/Schröder, § 301 Rn 3; Diemer/Krick, in: MK, § 301 Rn 1.

## II. Privatklagedelikt

Gemäß § 374 Abs. 1 Nr. 5 a StPO ist § 299 StGB auch als Privatklagedelikt verfolgbar. Eine derartige Verweisung ist aber nur dann angezeigt, wenn ein Gesetzesverstoß leichterer Art vorliegt und lediglich die Interessen eines eng umgrenzten Personenkreises berührt werden.[261]

## III. Verjährung

Die Verjährungsfrist beträgt gemäß § 78 Abs. 3 Nr. 4 StGB fünf Jahre. Sie beginnt mit Beendigung der Tat zu laufen, § 78a Satz 1 StGB.[262]

## IV. Behörden

Um sich dem Problem der Korruption besser stellen zu können, werden bei den Staatsanwaltschaften immer häufiger sogenannte Schwerpunktabteilungen oder besondere Dezernate tätig.[263]
Nach § 4 Abs. 5 S. 1 Nr. 10 S. 3 EStG sind die Finanzbehörden verpflichtet der Staatsanwaltschaft Tatsachen mitzuteilen, die den Verdacht einer Tat nach § 299 StGB begründen. Ebenso sind umgekehrt die Gerichte, Staatsanwaltschaften und Verwaltungsbehörden in der Pflicht, den Finanzbehörden Tatsachen mitzuteilen, die auf eine Tat nach § 299 StGB hinweisen, § 4 Abs. 5 Nr. 10 S. 2 EStG.

Im Strafverfahren ist gemäß § 74c Abs. 1 Nr. 5a GVG die Wirtschaftskammer als Gericht erster Instanz zuständig.

## V. Besonderheiten im Ermittlungsverfahren

### *1. Anfangsverdacht*

Zur Einleitung eines Strafverfahrens ist ein Anfangsverdacht erforderlich. Unter einem solchen ist der Verdacht aufgrund tatsächlicher Anhaltspunkte zu verstehen, die nach den kriminalistischen Erfahrungen die Beteiligung des Betroffenen

---

261 Vgl. Diemer/Krick, in: MK, § 299 Rn 33; Rönnau, in: Achenbach/Ransiek, Kapitel 3 Rn 60.

262 Bzgl. des Zeitpunkts der Beendigung der Tat vgl. oben.

263 Vgl. zu den einzelnen Behörden Greeve/Dörr, in: Volk, § 19 Rn 390 ff.

an einer verfolgbaren strafbaren Handlung als möglich erscheinen lassen.[264] Es handelt sich hierbei um die am Wenigsten intensive Stufe des Verdachts.[265]

Im Rahmen der Korruptionsermittlungen wird der Anfangsverdacht aufgrund verschiedenster Quellen begründet:

Die Ermittlungen werden häufig aufgrund einer anonymen Anzeige begonnen.[266] Grund hierfür dürfte vor allem die Angst sein, selbst in das Visier der Staatsanwaltschaft zu geraten.[267] Dies ist grundsätzlich möglich.[268] Um bloße Erfindungen auszuschließen, müssen diese Anzeigen allerdings nachhaltig überprüft werden (Nr. 8 RiStBV). Es sind demnach weitere Ermittlungen notwendig, die den Verdacht in gewisser Weise bestätigen.

### *2. Legalitätsprinzip*

Gemäß § 152 Abs. 1 StPO unterliegt die Staatsanwaltschaft bei der Aufnahme, Durchführung und Abschluss ihrer Ermittlungen dem Legalitätsprinzip. Sofern der Staatsanwaltschaft also ein Anfangsverdacht vorliegt, ist sie verpflichtet zu ermitteln.
Folglich stehen etwaige Ermittlungen gerade nicht im Ermessen der Staatsanwälte.[269]

264 Vgl. Beulke, StPO, Rn 311.
265 Vgl. Volk, StPO, § 8 Rn 5.
266 Vgl. Greeve/Dörr, in: Volk, § 19 Rn 408.
267 So auch Nötzel, in: Dölling, 10. Kapitel Rn 12.
268 Vgl. Volk, StPO, § 8 Rn 7.
269 Hierbei würde es sich um das“ Opportunitätsprinzip“ handeln.

# Kapitel 2: Die gegenwärtige Rechtslage in England/Wales

## A. Die relevanten Vorschriften

Das englische Strafrecht kennt grundsätzlich zwei Quellen, um korruptes Verhalten einer Strafbarkeit zugänglich zu machen.
Entweder kann es unter dem „Common Law", hierbei handelt es sich um über Jahrhunderte entwickeltes Gewohnheitsrecht, strafbar sein oder es kommt eine Strafbarkeit aufgrund der sogenannten „Statutes", welche Strafvorschriften sind, in Betracht.
Unter den „Statutes" sind die sogenannten „Prevention of Corruption Acts 1889 bis 1916"[270] von besonderer Relevanz, welche aus dem „Public Bodies Corrupt Practices Act 1889", dem „Prevention of Corruption Act 1906" sowie den Erweiterungen der zuvor genannten durch den „Prevention of Corruption Act 1916" bestehen. Neben diesen bestehen noch in einigen weiteren „Statutes" Straftatbestände, welche Spezialfälle der Korruption erfassen.[271]

Die gesetzliche Grundlage für die Strafbarkeit von Bestechlichkeit und Bestechung im geschäftlichen Verkehr ist der „Prevention of Corruption Act 1906"[272].
Dieser hat im Vergleich zu den übrigen Acts auch die größte praktische Bedeutung, da die meisten der angeklagten Fälle auf Grundlage des 1906 Act vor Gericht kommen.[273]
Bevor dieser erlassen worden ist, war die Bestechung im privatwirtschaftlichen Bereich straffrei, wobei eine solche durchaus zivilrechtliche Konsequenzen auslöste. Da diese Arbeit nur die strafrechtlichen Bestimmungen von Bestechungshandlungen umfasst, wird von der Darstellung der zivilrechtlichen Folgen abgesehen.

§ 1 Absatz 1 des 1906 Act regelt den Straftatbestand, der wie folgt lautet:

---

270 Vgl. zur Begrifflichkeit § 4 Abs. 1 Pevention of Corruption Act 1916.

271 Sale of Offices Act 1551; Sale of Offices Act 1809; Honours (Prevention of Abuses) Act 1925; Licensing Act 1964, S. 178; Criminal Law Act 1967, S. 5; Local Government Act 1972, S. 117; Customs and Excise Management Act 1979, S. 15; Representation of the People Act 1983, S. 107, 109, 111-115.

272 Im Folgenden wird der Prevention of Corruption Act 1906 auch lediglich als 1906 Act bezeichnet. Dieselbe Abkürzungsmethode findet bei anderen Acts Anwendung.

273 Nicholls/Daniel/Polaine/Hatchard, 2.04.

*„Sofern ein Vertreter auf korrupte Weise von einer Person für sich oder für Dritte ein Geschenk oder eine Gegenleistung als Anreiz oder Belohnung dafür annimmt, erhält, billigend annimmt oder zu erhalten versucht, dass er in Bezug auf die Angelegenheiten oder Geschäfte seines Dienstherrn eine Handlung vornimmt oder unterlässt oder nach der Verabschiedung dieses Gesetzes vorgenommen oder unterlassen hat, oder dafür, dass er einer Person im Zusammenhang mit den Angelegenheiten oder Geschäften seines Dienstherrn eine Gefälligkeit erweist oder versagt,*

*oder sofern eine Person einem Vertreter auf korrupte Weise ein Geschenk oder eine Gegenleistung als Anreiz oder Belohnung dafür gibt, billigend gibt oder anbietet, dass er in Bezug auf die Angelegenheiten oder Geschäfte seines Dienstherrn eine Handlung vornimmt oder unterlässt oder nach der Verabschiedung dieses Gesetzes vorgenommen oder unterlassen hat, oder dafür, dass er einer Person im Zusammenhang mit den Angelegenheiten oder Geschäften seines Dienstherrn eine Gefälligkeit erweist oder versagt,*
*... macht er bzw. sie sich einer Straftat schuldig.“*[274] [275]

Sowohl die bestehende Regelung im „Common Law“ als auch der 1889 Act erfassen dagegen ausschließlich Fälle der Amtsträgerbestechung bzw. - bestechlichkeit.

Allerdings, dies sei bereits hier erwähnt, ist auch der 1906 Act bei einer Bestechung von und durch Amtsträger anwendbar.
Gerade auf Grund dieses Nebeneinanders der Delikte, die einerseits auf Amtsträger bezogen sind, und andererseits solcher, die auch von Privatpersonen begangen werden können, existieren große Probleme u.a. bei der Anwendbarkeit

---

274 “If any agent corruptly accepts or obtains, or agrees to accept or attemps to obtain, from any person, for himself or for any other person, any gift or consideration as an inducement or reward for doing or forbearing to do, or for having after the passing of this Act done or forborne to do, any act in relation to his principal´s affairs or business or for showing or forbearing to show favour or disfavour to any person in relation to his principal´s affairs or business;
or if any person corruptly gives or agrees to give or offers any gift or consideration to any agent as an inducement or reward for doing or forbearing to do, or for having after the passing of this Act done or forborne to do any act in relation to his principal´s affairs or business, or for showing or fobearing to show favour or disfavour to any person in relation to his principal´s affairs or business ..., he shall be guilty [of an offence].”.

275 In Absatz 3 des 1906 Act ist ferner noch ein Tatbestand geregelt, nach welchem sich ein Angestellter strafbar macht, sofern er gefälschte Dokumente benutzt, um den Prinzipal fehlzuleiten. Von einer Darstellung dessen wird abgesehen.

und der Frage nach dem strafrechtlichen Umfang der Straftatbestände , welche noch näher zu behandeln sein werden.
Um diese einzelnen Abgrenzungsprobleme aber auch fassen zu können, müssen zwangsläufig diese Straftatbestände ebenfalls in die Betrachtung mit einbezogen und näher dargestellt werden. Damit der Rahmen dieser Arbeit dabei nicht zu überschritten wird, soll dabei eine Beschränkung auf die aus dem Common Law stammende Regelung sowie den Public Bodies Corrupt Practices Act 1889, welcher den „Grundtatbestand" der Amtsdelikte darstellt, sowie die relevanten Erweiterungen durch den 1916 Act stattfinden.

Ebenfalls näher zu untersuchen, wird der im Februar 2002 in Kraft getretene „Anti- Terrorism, Crime and Security Act 2001"[276] sein. In diesem wurde u.a. die Strafbarkeit von Briten und unter englischem Recht eingetragenen Firmen hinsichtlich im Ausland begangener Korruptionsdelikte erweiternd geregelt.

## B. Das geschützte Rechtsgut

Grundsätzlich werden die geschützten Rechtsgüter und Interessen nicht in dem 1906 Act ausdrücklich genannt.
Dennoch findet eine Rechtsgutsdiskussion in England nicht statt. Jedenfalls wird in der einschlägigen Literatur zu dieser Thematik in der Regel kaum ein Wort geschrieben.
Die Law Commission[277] in England und Wales nennt jedenfalls als zentralen Grund für die Sanktionierung korrupter Taten zum einen die Begehung von Pflichtverletzungen (welche auf dem Bruch des Vertrauensverhältnisses des Bestochenen gegenüber seinem Prinzipal beruhen) und zum anderen die Verleitung dazu, solche Pflichtverletzungen zu begehen.[278] Daraus folgend, kann als geschütztes Rechtsgut der Geschäftsherr benannt werden, da stets auf diesen im Rahmen eines etwaigen Vertrauensverhältnisses abzustellen und dieser letztlich der Verletzte vor dem geschilderten Hintergrund ist, dessen Schutz damit beabsichtigt wird.

---

276 ATCSA 2001.

277 Bei der „Law Commission" handelt es sich um eine unabhängige Körperschaft, welche durch den „Law Commission Act 1965" geschaffen wurde und deren Aufgabe es ist, das gegenwärtige Recht einer ständigen Prüfung zu unterziehen und Reformvorschläge dort zu machen, wo es nötig ist. Vgl. http://www.lawcom.gov.uk/index.htm.

278 Vgl. Law Com No 248, 5.4.

Um feststellen zu können, ob hierneben noch weitere Rechtsgüter geschützt werden sollen, ist ein Blick auf den Gesetzgebungsgrund notwendig. Denn gerade die hier behandelten „Statutes“ wurden nicht aufgrund eines allgemeinen Gesetzgebungsverfahrens erlassen, sondern waren legislative Reaktionen auf bestimmte Einzelfälle.
So wurde der 1906 Act[279] auf einen Bericht des „Secret Commission Committee of the London Chamber of Commerce“[280] hin erlassen, in welchem sich diese für die Einführung eines Straftatbestandes aussprach, welcher Korruption in der Privatwirtschaft erfassen sollte.[281]
Ausgangspunkt der Überlegungen war dabei, dass durch die Zahlung von Bestechungsgeldern der faire Wettbewerb unter den Geschäftsleuten nachhaltig gestört wurde und es damit galt diesen zu schützen.[282]
Demnach ist als ebenfalls zentral geschütztes Rechtsgut der faire Wettbewerb zu nennen.

Daneben werden als Schutzgüter aber auch noch die Chancengleichheit von Mitbewerbern und das öffentliche Vertrauen in die Marktwirtschaft angeführt.[283]

## C. Bestechung und Bestechlichkeit nach dem 1906 Act

### I. Die Täter

#### *1. Der Täter im Sinne des Prevention of Corruption Act 1906 Abs. 1 Alt. 1*

Der Begriff „agent“ wird von dem 1906 Act selbst definiert als jede Person, die von einer anderen angestellt ist oder für diese handelt.[284] Der Begriff ist weit zu

279 Der Public Bodies Corrupt Practices Act 1889 wurde erlassen, nachdem ein Amtsmissbrauch in dem hauptstädtischen Bauamt (Metropolitan Board of Works), welche die Kommunalverwaltung in London zu diesem Zeitpunkt ausübte, durch eine „Royal Kommission“ aufgedeckt worden war. Deshalb ist der 1889 Act auch auf Amtsträger beschränkt.
Der Prevention of Corruption Act 1916 wurde als Reaktion auf Skandale während des Ersten Weltkrieges hinsichtlich geschlossener Verträge mit dem Kriegsministerium (War Ministry) geschaffen. Vgl. hierzu Fennel/Thomas, S. 167, 172.

280 Ein Ausschuss der Handelskammer.

281 Nicholls/Daniel/Polaine/Hatchard, 2.32.

282 Fennell/Thomas, S. 167, 174.

283 So zumindest angedeutet bei ATH Smith, 25-15.

284 § 1 Absatz 2 Hs 2 Prevention of Corruption Act 1906: “the expression “agent” includes any person employed by or acting for another; [...]”.

verstehen und dementsprechend anzuwenden, sodass auch unabhängige Personen, die mit Vertretungsmacht handeln, hierunter fallen können.[285]
Zudem wird ausdrücklich klar gemacht, dass unter den Begriff des „principal" auch der Arbeitgeber fällt.[286] Demzufolge genügt jede Form von Auftrags- bzw. Arbeitsverhältnis, um das Merkmal des „agent" zu begründen.
Allerdings fallen solche Personen, die lediglich vorgeben für einen anderen zu handeln, nicht unter den Tatbestand.[287]
Voraussetzung ist dagegen, dass das Angestellten- bzw. Auftragsverhältnis zum Zeitpunkt der Tat schon bzw. noch besteht.[288]
Allerdings muss eine Unterscheidung zwischen einem Angestellten und einem lediglich „Konsultierten" getroffen werden, wie der kanadische Fall *Vici*[289] zeigt. In diesem heuerte ein Geschäftsmann einen Ingenieur an und „bestach" diesen, damit dieser ihm sachlich unrichtige Berichte ausstellte. Das entscheidende Gericht befand, dass der Angeklagte weder ein Angestellter noch ein Arbeitnehmer im Sinne des Korruptionsgesetzes, welches gleich zu dem hier behandelten englischen ist, war.

Daneben werden nach § 1 Abs. 3 1906 Act zudem ebenfalls Personen, die unter der Krone dienen und solche, die Angehörige einer gewissen Körperschaft der Regionalverwaltung sind, erfasst.[290] Demnach fallen, wie angekündigt, auch Amtsträger in den Anwendungsbereich der Norm. Inzwischen ist dieser Begriff allerdings mehrfach erweitert worden,[291] sodass nun auch sämtliche Amtsträger von dem 1906 Act umfasst werden und so auch Amtsträger als Täter einer Bestechung in Betracht kommen.

---

285 Vgl. Gower, L.C.B., Principles of Modern Company Law, London, 1992, S. 165.

286 § 1 Absatz 2 Hs 2 Prevention of Corruption Act 1906: "[...] and the expression "principal" includes an employer.".

287 So auch ATH Smith, 25-21.

288 Vgl. ATH Smith, 25-21; Law Com No 248 Rn 2.24.

289 (1911) 18 CCC 51.

290 § 1 Abs. 3 Prevention of Corruption Act 1906: "a person serving under the crown or under any corporation or any borough, county, or district council, or any board of guardians, is an "agent" within the meaning of this act".

291 So wurde der 1906 Act in dieser Hinsicht durch § 4 Abs. 2 und 3 1916 Act zunächst dahingehend erweitert, dass Angestellte von öffentlichen Körperschaften aller Art auch Angestellte im Sinne des 1906 Acts seien. Eine weitere mittelbare Erweiterung wurde durch den ATCSA 2001 vorgenommen, welcher den Begriff der öffentlichen Körperschaft in § 7 1889 Act u.a. auch auf ausländische Amtsträger ausdehnte. Auf diesen Begriff des public body nimmt eben auch der 1906 Act gemäß § 4 Abs. 2 und 3 1916 Act Bezug. Eine ausführlichere Darstellung erfolgt an späterer Stelle.

Bei der Bestimmung der Frage, ob eine Person unter den Begriff des „unter der Krone Dienens“ fällt, ist nicht darauf abzustellen, ob dieser von „der Krone“ angestellt ist, sondern ausschlaggebend ist, ob dieser seine Pflichten als Vertreter der Krone erfüllt, welche wiederum für die Krone nur durch einen menschlichen Angestellten ausgeübt werden können.[292]
So wurde im Fall *Barrett*[293] ein „Deputy Registrar of Marriages“ (Standesbeamter) als unter der Krone dienend eingestuft, obwohl dieser weder von dieser eingestellt ist noch bezahlt wird oder entlassen werden kann.

Unklar ist aber, ob auch Polizeibeamte, Justizbeamte und Kommunalräte ebenfalls als *„agents“* im Sinne dieser Norm angesehen werden können.[294] Sicherlich kommt in diesen Fällen zwar eine Strafbarkeit nach dem Common Law oder dem 1889 Act in Betracht, da diese hier unproblematisch unter den Begriff der Amtsträger subsumiert werden können.[295]
Dies sagt jedoch nichts über das Verhältnis zu dem 1906 Act aus. So existiert zu dieser Frage auch tatsächlich divergierende Rechtsprechung.
In der Entscheidung *Fisher v Oldham Corporation*[296] wurde festgestellt, dass ein Polizeibeamter als vom Staat beschäftigt und damit als unter der Krone dienend anzusehen sei.
In dem schottischen Fall *Graham v Hart*[297] wurde dagegen die Auffassung vertreten, dass ein Polizist ein Angestellter des Polizeipräsidenten sei. Ob diese Einordnung auch für England und Wales gilt, wird allerdings bezweifelt.[298]

Wichtig wird diese Unterscheidung u.a. dann, wenn es um die Frage geht, ob Beweislastumkehrungen Anwendung finden können.[299] Denn jene dürfen, dies sei vorweggenommen, jedenfalls nicht im Falle eines privat Angestellten oder eines solchen Mitarbeiters, der auf privatrechtlicher Grundlage angestellt für die Regierung tätig ist, herangezogen werden.[300] Auf weitere aus dieser Regelung resultierende Probleme wird an späterer Stelle eingegangen werden.

---

292 R v Barrett (1976) 63 Cr App R 174, CA.
293 R v Barrett (1976) 63 Cr App R 174, CA.
294 So Law Com No 313, 2.17; Law Com No 248, 2.26-2.28.
295 So Law Com No 248, 2.27.
296 Fisher v Oldham Corporation [1930] 2 KB 364.
297 Graham v Hart (1908) 45 SC LR 332.
298 ATH Smith, 25-21.
299 Es geht hierbei um die Beweislastumkehrung, welche sich in § 2 1916 Act wiederfindet. Diese wird an späterer Stelle dargestellt werden.
300 So Law Com No 313, FN 25.

*2. Der Täter im Sinne des Prevention of Corruption Act 1906 Abs. 1 Alt. 2*

Wie schon der Wortlaut der Vorschrift zeigt, kann im Falle von aktiver Bestechung jedermann Täter sein, da der Täterkreis nicht beschränkt ist.

*3. Juristische Personen als Täter*

Grundsätzlich kennt das englische Recht die Bestrafung von eingetragenen juristischen Personen als Täter.[301] Aber auch hier stellt sich die Frage wie eine juristische Person überhaupt eine Straftat begehen können soll, da sie weder selbst handelt noch eine Art Vorsatz hat.[302]
Um dieses Problem zu lösen, wird entweder auf die sogenannte „Stellvertretende Verantwortungstheorie"[303] oder die Identifikationstheorie[304] abgestellt.

Nach ersterer wird das Problem der fehlenden Tathandlung und des fehlenden subjektiven Tatbestandes dadurch überwunden, indem die in der Person des Arbeitnehmers vorliegende Tathandlung und der subjektive Tatbestand der juristischen Person zugerechnet werden.[305]
Allerdings ist die Anwendbarkeit der „stellvertretenden Verantwortungstheorie" sehr eingeschränkt, da die Gerichte nur wenige Fallgruppen gebildet haben, auf welche diese Anwendung findet und diese zudem meist nur weniger schwerwiegende Delikte und Ordnungswidrigkeiten erfasst.[306]

Daher muss im Rahmen von Bestechungsdelikten in Verbindung mit juristischen Personen auf die „Identifikationstheorie" abgestellt werden.[307]
Diese geht davon aus, dass es in einem Unternehmen Arbeitnehmer gibt, die einen so großen Einfluss innerhalb desselben haben, dass diese mit dem Unternehmen identifiziert werden können.[308]
Dem folgend kann dann die Handlung und die Gesinnung des ausreichend Einflussreichen als Handlung und Gesinnung der juristischen Person gesehen werden.[309]

---

301 Vgl. The Interpretation Act 1978, S. 5 and sch. 1; Wilson, CL, S. 164.

302 Jonathan Herring, Criminal Law, S. 789.

303 „Vicarious Liability".

304 „Identification theory"; entwickelt durch das House of Lords in Tesco v Nattrass [1972] AC 153.

305 Wilson, CL, S. 163 f.

306 Jonathan Herring, Criminal Law, S. 790; Wells, ZStW 107 [1995] 676, 681.

307 A-G's Reference (No. 2 of 1999) [2000] 3 All ER 182.

308 Jonathan Herring, Criminal Law, S. 790.

309 Jonathan Herring, Criminal Law, S. 790.

Hierbei ist für die Strafbarkeit nicht erforderlich, dass der Handelnde die juristische Person oder sonst jemanden begünstigen wollte, vielmehr könnte theoretisch sogar dann eine Verurteilung stattfinden, wenn die natürliche Person nicht strafrechtlich belangt werden würde.[310]
Dementsprechend kann eine juristische Person strafrechtlich wegen Bestechung bzw. Bestechlichkeit zur Rechenschaft gezogen werden, wenn bewiesen wird, dass ein Firmenchef oder ein in dem jeweiligen Bereich mit unbeschränkter Vollmacht ausgestatteter Vertreter im Namen des Unternehmens gehandelt und hierbei den Straftatbestand verwirklicht hat.
Von der Strafbarkeit der juristischen Person unberührt bleibt eine etwaige Strafbarkeit des Handelnden.[311]

Als Strafe kommt eine in der Höhe unbegrenzte Geldstrafe in Betracht.

Letztlich kommt es in England aber nur selten zu einer Verurteilung von juristischen Personen im Zusammenhang mit dem Delikt der Korruption, wobei eine Strafverfolgung der handelnden natürlichen Personen stattfindet.[312]

Demgegenüber kommt eine Strafbarkeit von nicht eingetragenen Körperschaften nicht in Betracht,[313] da es sich bei diesen nicht um juristische Personen in dem oben genannten Sinne handelt, sofern eine Straftat nach dem Common Law vorliegt, wobei die Strafbarkeit der Mitglieder hiervon unberührt bleibt.
Dagegen haben sich diese Körperschaften unter dem 1906 und 1916 Act, wenn also keine Straftat nach dem Common Law gegeben ist, strafrechtlich voll zu verantworten.[314]

## II. Der Vorteilsbegriff und die Drittzuwendung

Ein tatbestandliches Handeln erfordert unter anderem eine Zuwendung seitens des Bestechenden zu Gunsten dessen, der die anvisierte Bevorzugung möglich machen soll.

---

310 Nicholls/Daniel/Polaine/Hatchard, 2.85.

311 Mousell Bros Ltd v London and North Western Railway Co [1917] 2 KB 836 DC; Tesco Supermarkets Ltd v Nattras [1972] AC 153, 176; Lennards Carrying Co v Asiatic Petroleum Co [1915] AC 705; Williams, CL, S. 865 f.

312 GRECO Evaluation Report on the UK 2nd Evaluation Round, Strasbourg, 30 September 2004, § 89.

313 Vgl. Jefferson, CL, S. 215.

314 Interpretation Act 1978, Sch 2, § 4(5).

Dabei nennt § 1 Absatz 1 1906 Act sowohl ein *„gift"* wie auch eine *„consideration"* als mögliche Formen der Zuwendung.

Über die genaue Bedeutung des Geschenkes lässt das Gesetz den Anwender allerdings im Unklaren, da eine Definition dieses Begriffs nicht erfolgt. Beweistechnische Schwierigkeiten können im Rahmen des Geschenkes insbesondere dann entstehen, wenn der Angeklagte argumentiert, er habe jedenfalls eine adäquate Gegenleistung im Hinblick auf die erhaltene Zuwendung erbracht. Dann scheidet jedenfalls die Bewertung der Zuwendung als Geschenk schon im allgemeinen Verständnis aus, da bei einem äquivalenten Gegenleistungsverhältnis im Sinne eines *„do ut des"* kaum von einem Geschenk gesprochen werden kann.

Anders verhält es sich jedoch im Hinblick auf das Merkmal der *„consideration"*, da laut § 1 Absatz 2 Hs 1 des Prevention of Corruption Act 1906 hierunter jede nützliche Gegenleistung zu verstehen ist.[315]
Dementsprechend werden unter anderem Geldzuwendungen, Sachwerte, Rabatte, Arbeitsstellen oder Dienstleistungen[316], wie z.B. sexuelle Dienste, als *„considerations"* im Sinne des 1906 Act verstanden.[317]
Dabei gilt, dass der Begriff der *„consideration"* in einem juristischen Sinn und nicht in *„any common or garden meaning"* [318] verstanden wird. So wurde in *Braithwaite and Girdham*[319] auch festgestellt, dass die klassische Definition aus *Curie v. Misa*[320] heranzuziehen ist: Hiernach stellt eine *„valuable consideration"* im Sinne des Gesetzes entweder ein Recht, Interesse, einen Profit oder Nutzen, welcher dem einen Beteiligten zukommt, dar, oder ein Unterlassen, Nachteil, Verlust oder Verpflichtung, welche durch den anderen gegeben, erduldet oder übernommen worden ist.[321]

Als problematisch könnte noch der Umstand betrachtet werden, dass die Zuwendung *„valuable"* sein soll. Demzufolge könnte man zu der Überlegung ge-

---

315 "For the purposes of this Act the expression "consideration" includes valuable consideration of any kind;".

316 Vgl. D. Lanham, Criminal Fraud, S. 219.

317 Scott v State 141 N.E. 19 (1923).

318 So in R v Braithwaite (1983) 77 Cr App R 34, CA.

319 (1983) 77 Cr App R 34, CA.

320 (1875) LR 10 Exch 153, 162.

321 "A valuable consideration, in the sense of the law, may consist either in some right, interest, profit, or benefit accruing to the one party, or some forbearance, detriment, loss, or responsibility, given, suffered, or undertaken by the other.".

langen, dass rechtswidrige oder nicht umsetzbare Versprechungen nicht ausreichen.[322] Der Definition folgend, kommt eine derartige Begrenzung des Tatbestandsmerkmals aber nicht in Betracht.

Allerdings kann nicht in jeder noch so kleinen Zuwendung eine Bestechung gesehen werden, sodass eine Differenzierung zwischen einem Schmiergeld im Sinne einer Bestechungszuwendung und einer lediglich harmlosen Behandlung oder sonstiges „Aufmerksamkeit“ vorzunehmen ist.[323] So wird angenommen, dass es Zuwendungen gibt, die so trivial sind, dass ihnen schon von vornherein die Eigenschaft fehlt, den Empfänger zu beeinflussen, wobei insbesondere auf die Größe der Zuwendung abgestellt werden soll.[324] Diesen Grundsätzen folgend wurde beispielsweise in *Woodward v Maltby*[325] entschieden, dass eine Schachtel Streichhölzer kein Geschenk in dem hier behandelten Sinn darstellen.[326]

Wie sich aus § 1 Absatz 1 des Prevention of Corruption Act 1906 ergibt, sind Drittzuwendungen nur im Falle der Bestechlichkeit unter Strafe gestellt. Denn es liegt auch dann ein tatbestandsmäßiges Handeln vor, wenn der Täter den Vorteil nicht für sich, sondern für einen anderen, nämlich „*any other person*“, fordert oder annimmt.

Als äußerst problematisch wird der Umstand angesehen, dass Drittzuwendungen bei aktiven Bestechungen nicht tatbestandlich erfasst werden und daher Räume für Strafbarkeitslücken existieren.[327] Denn wie sich aus dem Gesetzeswortlaut eindeutig ergibt, müssen der Empfänger des Bestechungsmittels und derjenige, der die Bevorzugung erbringen soll, dieselbe Person, nämlich der *„agent“*, sein.[328]

Wenn sich der Bestechende folglich an einen Dritten wendet und diesem „Schmiergeld“ zahlt, damit dieser den *„agent“* beeinflusst, ohne dass hierbei eine Schmiergeldzahlung stattfindet, liegt in keiner Hinsicht ein tatbestandliches Handeln vor.[329] Denn dann findet eine Zahlung, also die Bestechungshandlung,

---

322 Vgl. D. Lanham, Criminal Fraud, S. 219.

323 Vgl. ATH Smith, Property Offences, 25-19.

324 So ATH Smith, Property Offences, 25-19.

325 [1959] VR 794.

326 Woodward v. Maltby [1959] VR 794.

327 So G.R. Sullivan, in: Commercial Bribery, S. 64.

328 So auch Law Com No 248, 2.23.

329 Anders ist dies natürlich, wenn der Dritte das erhaltene Bestechungsmittel an den zu Beeinflussenden weitergibt. Dann machen sich Dritter und Bestochener im Sinne des 1906 Act strafbar. Hinsichtlich des Initiators kommt möglicherweise eine Bestrafung aufgrund von Anstiftung in Betracht.

in dem Verhältnis Bestechender und Dritter statt. Genau an dieser fehlt es dann aber in dem Verhältnis Dritter und zu Beeinflussender (welcher normalerweise der Bestochene ist), wobei der Dritte bei planmäßiger Ausführung diesen dazu „verleitet", die gewünschte Handlung eben ohne die Entgegennahme von Bestechungsgeldern, vorzunehmen.

## III. Die Gegenleistung und die Unrechtsvereinbarung

Den Bestechungsdelikten immanent ist die Frage, in welcher Form eine Bevorzugung durch den Bestochenen zu erfolgen hat und in welchem Verhältnis eine solche zu einem etwaigen Vorteil seitens des Bestechenden steht.
Nicht erforderlich ist nach dem 1906 Act, dass aufgrund der Bestechung ein konkreter Vorteil gewährt wird oder dass sich die Bestechung lediglich auf ein ganz bestimmtes Geschäft bezieht.
Dies deutet bereits der Wortlaut der Vorschrift an, nach welchem neben einer konkreten Handlung im Rahmen des Betriebes des Geschäftsherren zugunsten des Bestechenden[330] aufgrund der Bestechung, auch lediglich von *„showing favour"* als Gegenleistung die Rede ist.
In der Konsequenz für die Strafverfolgungsbehörde bedeutet dies, dass diese als Beweis lediglich darzulegen hat, dass der Angeklagte ein Geschenk oder sonstige Zuwendung als Anreiz für eine Bevorzugung erhalten hat.[331] Nicht erbracht werden muss der Beweis, wonach der Angeklagte gerade aufgrund und damit als Folge der Zuwendung eine Bevorzugung vornahm.[332]
Notwendig ist aber, dass die angestrebte Bevorzugung *"in relation to his principal's affairs"* steht. Im Rahmen der Interpretation dieses Begriffes ist nach ganz herrschender Meinung eine weite Auslegung vorzunehmen, sodass hier der Anwendungsbereich sehr weitreichend ist.[333]
Folglich liegt bereits dann ein Fall der Bestechung nach dem 1906 Act vor, wenn jemand Schmiergeldzahlungen vornimmt, um so eine generell „bevorzugte Behandlung" zu erreichen, ohne dabei eine konkrete Gegenleistung zu fordern. Es reicht also ein *„sweetener"*[334] für eine generell bessere Behandlung aus.

---

330 "[…] for doing or forbearing to do […] any act […]".

331 Vgl. Archbold 2009, 31-149.

332 R v Carr, 40 Cr App R 188.

333 Vgl. Morgan v DDP [1970] 3 All ER 1053, 1058 DC. Ebenso R v Dickinson and De Rable (1948) 33 Cr App R 5; Archbold 2009, 31-150; Nicholls/Daniel/Polaine/Hatchard, 2.66.

334 So Law Com, No 185, 2.18.

Nach herrschender Meinung muss die Zuwendung allerdings nicht vor einer etwaigen Handlung des Bestochenen erfolgen, sondern auch eine erst nachträglich getätigte kann auch ohne vorherige dahingehende Absprache den Tatbestand der Bestechung noch erfüllen.[335] Interessanterweise unterscheidet sich an dieser Stelle das Strafrecht von dem Zivilrecht, da nach letzterem, zumindest nach überwiegender Auffassung, ein Geschenk, das einem Angestellten erst nach der Ausübung seiner Tätigkeit für seinen Arbeitgeber gegeben wird, nicht als Schmiergeld, sondern als Gratifikation angesehen wird.[336]

Diese Auslegung kommt bereits im Wortlaut des Gesetzes zum Ausdruck, da dieses explizit von einer Belohnung (*„reward"*) spricht, welche sich lediglich auf schon geschehene Handlungen beziehen kann.

So war beispielsweise Grundlage der Entscheidung *Parker*[337], dass der Vorsitzende eines Planungskomitees einen völlig ungerechtfertigten Geldbetrag seitens einer Baufirma erhielt, nachdem eine Planungsentscheidung zu deren Gunsten gefallen war, wobei angeführt wurde, dass die Zahlung lediglich als „Ausdruck der Freude" gedacht gewesen sei.

Die Berufung des Angeklagten wurde verworfen. Dies wurde darauf gestützt, dass es im Rahmen des Tatbestandes nicht darauf ankommt, dass tatsächlich eine konkrete Bevorzugung im Sinne einer Gegenleistung erbracht wird[338], sondern es vielmehr schon ausreicht eine Belohnung für eine begangene Bevorzugung anzunehmen.

In diesem Rahmen kann auch die Frage aufgeworfen werden, ob weitere Voraussetzung eine Art Unrechtsvereinbarung zwischen dem Bestechenden und dem Bestochenen ist.

Eine solche wurde aber bisher expressis verbis nicht problematisiert und war auch nicht Gegenstand gerichtlicher Entscheidungen.

Der einzige Hinweis auf so etwas wie eine Unrechtsvereinbarung findet sich in *Archbold* [339] wieder, in welchem davon die Rede ist, dass das Wort *„consideration"* die Existenz von etwas implizierte, was so ähnlich einem Vertrag oder einer Vereinbarung zwischen den Parteien sei. Weitere Ausführungen zu dieser Thematik finden nicht statt.

---

335 Morgan v DPP [1970] 3 All ER 1053; R v Andrews-Weatherfoilt Ltd. [1972] 1 All ER 65.

336 ATH Smith, Property Offences, 25-20, Fn 61.

337 (1985) 82 Cr App R 69.

338 R v Carr [1957] 1 WLR 165.

## IV. Tathandlungen

### *1. Tathandlungen nach § 1 Abs. 1 Alt. 1 und 2 1906 Act*

Tathandlungen im Falle der Bestechlichkeit gemäß § 1 Absatz 1 Alt. 1 1906 Act sind das Annehmen, das Erhalten, die Zustimmung zur Annahme oder der Versuch zum Erhalten eines Vorteils durch den *„agent"*.

Umgekehrt stellt das Gewähren, die Zustimmung zur Gewährung oder das Anbieten eines Vorteils die Tathandlung des Absatz 1 Alt. 2 Prevention of Corruption Act 1906 im Hinblick auf Bestechung dar.

Nicht erforderlich ist folglich, dass es auch zu einer tatsächlichen „Bezahlung" kommt. Wie sich aus dem Wortlaut ergibt, genügt nämlich bereits die Zustimmung zur Annahme bzw. zur Gewährung oder das Anbieten eines Vorteils.
Darin wird ersichtlich, dass es sich bei dem Delikt der Bestechung nicht zwangsläufig um ein „gegenseitiges" Delikt handeln muss, sondern ebenso einseitig begangen werden kann. Denn der Tatbestand ist auch dann erfüllt, wenn der Angestellte es ablehnt, die Bestechung anzunehmen oder diese „unschuldig" annimmt.[340]
Dies zeigt, dass der englische Tatbestand die Strafbarkeit des vollendeten Delikts sehr weit in den Bereich der Versuchsstrafbarkeit vorverlegt. Dennoch sieht die englische Regelung auch die Bestrafung der versuchten Bestechung bzw. Bestechlichkeit vor. Diese wird an späterer Stelle in einem eigenen Abschnitt behandelt werden.

Über die genaue Bedeutung der einzelnen Tathandlungen müssen keine näheren Ausführungen gemacht werden, da sie in ihrem natürlichen Sinne zu verstehen sind.[341]

Keine Voraussetzung ist, dass tatsächlich ein Schaden bei dem Geschäftsherren eingetreten ist.[342] Dies ist zum einen eine logisch zwingende Folge, welche sich aus dem geschützten Rechtsgut, dem freien Wettbewerb, ableitet, sodass, selbst

---

339 Archbolt 2009, 31-149.

340 Millray Window Cleaning Co. Ltd. [1962] Crim LR 99; Andrews Weatherfoil Ltd. [1972] 1 All ER 65.

341 Dies ergibt sich bereits aus dem Umstand, dass in der englischen Literatur hierzu keinerlei Überlegungen angestellt werden.

342 Vgl. Law Com No 145, 1.25.

wenn ein Schaden eingetreten ist, dieser nicht das Hauptaugenmerk der Tat ist.[343]
Zum anderen genügt die den Bestechungsfällen immanente Vermögensgefährdung,[344] da hier stets die Gefahr sachfremder Entscheidungen besteht, wodurch aber letztlich wiederum auch der freie und faire Wettbewerb beeinträchtigt wird. Genauso wenig ist es erforderlich, dass ein Vertrauensbruch in der „Agent-Prinzipal-Beziehung" vorliegt. Zwar ist auch dieses Vertrauensverhältnis ein zentral geschütztes Rechtsgut, doch hat bereits der oben genannte Fall *Parker*[345] gezeigt, dass es hierauf nicht ankommen kann, da in dieser Entscheidung an keiner Stelle bezweifelt wurde, dass die besagte Planungsentscheidung nicht in gutem Glauben entstanden sein könnte.
Selbst wenn der Angestellte also beweisen könnte, dass er trotz der Annahme eines Bestechungsgeldes zum Vorteil des Auftraggebers gehandelt und einen günstigen Vertragsabschluss für diesen erreicht hat, würde dies nichts an seiner Strafbarkeit ändern.[346] Denn es reicht eben aus, dass eine Entscheidung zugunsten des „Gebers" getroffen und hierfür eine Gegenleistung in dem oben genannten Umfang erbracht wurde, da diese Handlung unabhängig von etwaigen Nachteilen des Geschäftsherren jedenfalls den freien Wettbewerb verletzt.

### *2. Die Bedeutung des Merkmals „corruplty"*

Äußerst problematisch ist die Frage, ob der Täter bei Ausführung der Tat in „korrupter Art und Weise" handeln muss und was gegebenenfalls hierunter zu verstehen ist.

Der Prevention of Corruption Act 1906 selbst spricht jedenfalls von einem Handeln, das als „*corruplty*" bezeichnet wird, sowohl im Falle der Bestechlichkeit als auch der Bestechung.[347]
Obwohl es auf den ersten Blick so aussieht, als sei die Formulierung klar, herrscht in der Rechtsprechung und Literatur „eindrucksvolle Verwirrung"[348] darüber, wie dieses „*corruptly*" zu verstehen und damit anzuwenden ist.

---

343 So Law Com No 145, 1.25.

344 Vgl. G.R. Sullivan, in: Commercial Bribery, S. 66 f.

345 Vgl. nochmals oben; (1985) 82 Cr App R 69.

346 So G.R. Sullivan, in: Commercial Bribery, S. 66.

347 „If any agent corruptly accepts or obtains...", § 1 Absatz 1 1906 Act; „If any person corruptly gives or agrees to give...", § 1 Absatz 1 1906 Act.

348 "Impressive disarray", D. Lanham, „Bribery and Corruption", Essays in Honour of J C Smith (1987) 92-93, 104.

Denn grundsätzlich besteht Uneinigkeit über die Frage, ob das *„corruptly“* als eine Tatbestandsvoraussetzung zu lesen und damit eine Handlung erforderlich ist, die in subjektiver Hinsicht zu korrupten Zwecken erfolgt. Hierauf deutet jedenfalls der Wortlaut der Vorschrift hin.
Oder aber, ob das *„corruptly“* lediglich eine Art deskriptiven Charakters und damit keine eigenständige Funktion hat, sodass keine weiterreichenden Voraussetzungen an den subjektiven Tatbestand zu stellen sind.

Das Gesetz selbst schweigt jedenfalls auf diese Frage. Keiner der Corruption Acts liefert eine Definition dieses Merkmals. Da sich auch sonst keine Anhaltspunkte wiederfinden, die Aufschluss über diese Frage geben könnten, wie denn nun dieses Wort zu verstehen ist, muss ein Blick auf die Rechtsprechung geworfen werden, welche sich allerdings, dies sei vorweggenommen, auch nicht ganz sicher zu sein scheint:

In der House of Lords Entscheidung *Cooper v. Slade*[349], welcher ein Fall der Bestechung im Rahmen einer Wahl zugrunde lag, da Wählern Reisekosten gezahlt wurden, und der unter den „Corrupt Practices Prevention Act 1854 subsumiert wurde, war die Mehrheit der Ansicht, dass *„corruptly“* nicht „unredlich“[350] bedeutet, sondern lediglich ein Handeln beschreibt, das das Gesetz als auf eine Korruption abzielend definiert. Hiernach soll „corruptly“ also kein Tatbestandsmerkmal sein, sondern lediglich deskriptiven Charakter haben. Die Bestechung ist dieser Auffassung folgend per se als „corruptly“ zu bezeichnen, sodass es auf die eigentliche Absicht des Täters nicht mehr ankommt.
Richter Martin B. kommentierte in *Bradford Election Case (No 2)*[351] die oben genannte Entscheidung bereits dahingehend, dass das Wort *„corruptly“* nicht „müßig“ sei und hat ihm eine Bedeutung gegeben, die mit einer schlechten Gesinnung zu vergleichen ist.
Nach einer anderen Auffassung ist dieses Merkmal aber als „Unredlichkeit“[352], wie es auch im „Theft Act 1968“ als subjektives Tatbestandsmerkmal gebraucht wird, zu verstehen. Hiernach kommt ein Diebstahl nur dann in Betracht, wenn der Täter u.a. unredlich gehandelt hat, ihm also klar war, dass er fremdes Eigentum stiehlt und er nicht an ein zu seinen Gunsten bestehendes Recht oder ein Einverständnis des Eigentümers glaubte.[353]

---

349 [1856] All ER 446.
350 „dishonestly“.
351 (1869) 19 LT 723, 728.
352 „dishonesty“.
353 Vgl. ausführlich zu der Thematik: ATH Smith, Property Offences, Kapitel 7.

Legte man die Ansicht hier zugrunde, würde kein korruptes Verhalten vorliegen, wenn der *„agent"* glaubte, er handle mit Einverständnis des Geschäftsherren, da es dann an einem Loyalitätsbruch und damit auch an der Unredlichkeit fehlte. Hier spielt folglich das Angestellten-Geschäftsherren-Verhältnis eine entscheidende Rolle.
Diese Auffassung liegt den Entscheidungen *R v Lindley*[354] und *R v Calland*[355] zugrunde, welche beide unter dem 1906 Act entschieden wurden.
Dagegen schloss sich der Court of Appeal in dem Fall *R v Smith (John)*[356], in welchem ein bekannter Antikorruptionsaktivist wegen Bestechung unter dem 1889 Act verurteilt wurde, obwohl dieser anführte, das Schmiergeld nur deshalb angeboten zu haben, um eine etwaige Korruptionsbereitschaft im Bauamt aufzudecken, der Entscheidung *Cooper v Slade*[357] an, sodass das Merkmal *„corruplty"* nicht als irgendeine Art unredlicher Absichten seitens des Täters verstanden, sondern im Sinne einer Absicht zu Korrumpieren ungeachtet dahinterstehender Motive interpretiert wurde.[358]
In dieser Entscheidung führte Richter Parker unter anderem aus: „Unter dem Begriff *„corruptly"* ist zu verstehen, dass eine Person eine Zuwendung absichtlich und mit der Intension anbietet, der Adressat gehe eine korrupte Vereinbarung ein, unabhängig davon, ob der Anbietende diese durchzuführen gedenkt oder nicht."[359]
Die in den oben genannten Entscheidungen *R v* Lindley und R *v Calland* vertretene Meinung wurde durch den Court of Appeal in *R v Wellburn*[360] und *R v Harvey*[361], beide Fälle fielen in den Anwendungsbereich des 1906 Act, ausdrücklich abgelehnt und der Auffassung aus *Cooper v Slade* gefolgt.
So beschrieb das Gericht in *Wellburn* das Merkmal *„corruptly"* als ein einfaches Wort, dessen Auslegung einer Jury kaum Schwierigkeiten bereiten werde.[362] In *Harvey* stellte das Gericht fest, dass „Unredlichkeit" kein Tatbestandsmerkmal des 1906 Act sei und dass das Wort *„corruption"* hier als ein vorsätz-

354 [1957] Crim LR 321.

355 [1967] Crim LR 236.

356 [1960] 2 QB 423.

357 [1856] All ER 446.

358 In Sir Gerald Gordon, Criminal Law, 44.08, wurde festgestellt, dass der Fall R v Smith (John) falsch entschieden wurde und dass sich das Gericht fälschlicherweise auf die Entscheidung Cooper v Slade stützte, da sich die jeweiligen Situation in den beiden genannten Fällen zu stark voneinander unterschieden. Daher wird die Empfehlung ausgesprochen, diesem Fall in Schottland nicht zu folgen.

359 (1960) 44 Cr App R 55, 60, 61.

360 (1979) 69 Cr App R 254, CA.

361 (1999) Crim LR 70, CA.

362 Ibid auf S. 265 durch Lawton LJ.

liches Anbieten von Geld oder anderen Gefälligkeiten mit der Absicht zu verstehen sei, den Geist des potentiellen Empfängers dahingehend zu bewegen, dass dieser in eine korrupte Abmachung eintritt.

Auch in *R v Gooden-Wood*[363] stellte das Gericht nochmals ausdrücklich fest, dass es im Rahmen des Prevention of Corruption Act 1906 nicht notwendig sei, Unredlichkeit zu beweisen.

Betrachtet man diese über jetzt schon einen sehr langen Zeitraum divergierende Rechtsprechung und versucht zu einem Ergebnis der aufgeworfenen Frage zu gelangen, so scheint sich eine Mehrheit dafür auszusprechen, das Wort „corruptly" als deskriptives Merkmal zu sehen, für welches kein eigenständiger Beweis im Sinne eines objektiven Tatbestandmerkmals erbracht werden muss.[364] Darauf deutet auch der Umstand hin, dass gerade die Entscheidungen in der näheren Vergangenheit dieser Ansicht folgten.[365]
Letztlich muss aber festgestellt werden, dass diese Frage bis heute nicht mit letzter Sicherheit beantwortet ist und somit, wie beispielsweise der Fall *Smith* zeigt, zu größeren Rechtsunsicherheiten führen kann, welche gerade im Strafrecht absolut nicht erwünscht sein können.

## V. Subjektiver Tatbestand

### *1. Allgemeines*

Bevor auf die Details des subjektiven Tatbestands des § 1 1906 Act eingegangen wird, ist es erforderlich, einen kurzen Überblick über die Grundstruktur des subjektiven Tatbestands im englischen Strafrecht zu geben.
Es werden grundsätzlich vier Grade des subjektiven Tatbestandes unterschieden, nämlich Vorsatz[366], Kenntnis[367], bewusste Fahrlässigkeit[368] und Fahrlässigkeit[369].

363 [2001] Crim LR 810, CA.

364 Harvey [1999] Crim LR 70, CA; Tweedy [1984] QB 729; Cooper v Slade [1858] 6 HL Cas 746; Parker (1986) 82 Cr AppR 69; Godden-Wood [2001] Crim LR 810, CA; auch Russel on Crime, S. 384; Archbold 2009, 31-139 und 31-149; Law Com No 313, 2.33.

365 Vgl. Wellburn, Harvey, Parker ,Godden-Wood.

366 "Intention".

367 "Knowledge".

368 "Recklessness".

369 "Criminal Negligence".

a) „Vorsatz“

Vorsatz ist gegeben, wenn der Täter mit der Absicht oder dem Ziel der Tatbestandverwirklichung handelt.[370] Dabei soll bei der Beantwortung der Frage, ob ein vorsätzliches Handeln in diesem Sinne gegeben ist, ein möglichst natürliches Grundverständnis an den Tag gelegt werden.[371] Dies gilt vor allem für die Fälle, welche von einer Jury zu entscheiden sind und bei denen der Richter lediglich eine Hilfestellung zu geben hat.
Als Grundhilfe kann zur Beantwortung solcher Fälle auf den sogenannten „test of failure“[372]zurückgegriffen werden: Hiernach soll Vorsatz gegeben sein, wenn der Täter im Falle eines hypothetischen Nichterreichens eines Ziels seine Tat als gescheitert ansehen würde.
Sicherlich ist diese Vorgehensweise in einfacher gelagerten Fällen sehr hilfreich und führt auch zu richtigen Ergebnissen. Dennoch ist es keinesfalls möglich in allen Konstellationen lediglich diesen „Test“ anzuwenden. Denn sofern sich ein bestimmtes Ergebnis lediglich als „Durchgangsstadium“ einer Tat, mit welcher ein dahinter liegendes Ziel zu erreichen versucht wird, darstellt, weist dieser „test of failure“ erhebliche Mängel auf, da nach diesem das „notwendige Zwischenergebnis“ nicht vom Vorsatz umfasst wäre.
Folglich sind diese Überlegungen lediglich als ein möglicher Denkansatz zu verstehen.
Probleme bereitet insbesondere die Abgrenzung vom Vorsatz zu Voraussicht und Motiv. Eine detaillierte Schilderung dieser recht speziellen Probleme würde aber den Rahmen dieser Arbeit deutlich überschreiten, da hier lediglich ein Überblick über den Vorsatz im allgemeinen gegeben und vor allem der Vorsatz im Rahmen des § 1 1906 Act näher untersucht werden soll.

b) Kenntnis

Für einige Delikte ist „lediglich“ Kenntnis bzw. „positiver Glaube“[373] hinsichtlich des Vorliegens objektiver Tatbestandsmerkmale notwendig. Dabei ist für die einschlägigen Delikte genau zu prüfen, in welchem Umfang sich der subjektive Tatbestand auf einzelne Merkmale des objektiven Tatbestandsmerkmale zu erstrecken hat.[374]

---

370 Jonathan Herring, Criminal Law, S. 147.
371 Jonathan Herring, Criminal Law, S. 147.
372 Jonathan Herring, Criminal Law, S. 148.
373 „Believe“.
374 R v Forbes [2001] 4 All ER 97 (HL).

Die Differenzierung zwischen Kenntnis und Glaube erfolgt danach, ob die Tatsache, auf die abgestellt wird, sich letztlich als wahr oder unwahr erweist.[375]
Sofern diese wahr ist, wusste der Täter von dieser, sofern sie unwahr ist, hielt der Täter sie für wahr.[376] Lediglich Argwohn oder Verdacht ist nicht ausreichend.[377]
Andererseits ist aber auch nicht erforderlich, dass der Täter positive Kenntnis hat. Vielmehr genügt es, wenn er bestimmte Umstände für gegeben hält und an diesen keine ernsthaften Zweifel hegt.[378]

Es wird auch dann Kenntnis in diesem Sinne vermutet, wenn der Täter sich zwar eines Risikos bewusst war, aber absichtlich darauf verzichtet hat, nähere Nachforschungen hinsichtlich dieses Umstandes anzustellen und sozusagen die Augen vor der Wahrheit verschlossen hat.[379]

c) Bewusste Fahrlässigkeit

Zur Vollendung einiger Delikte wird lediglich bewusste Fahrlässigkeit benötigt. Problematisch war lange Zeit hieran vor allem, dass zwei verschiedene Definitionen von bewusster Fahrlässigkeit existierten, wobei die eine einen subjektiven, also auf Tätersicht bezogenen Beurteilungsmaßstab anlegte, die sogenannte „Cunningham recklessness", während nach der anderen das Geschehen, objektiv aus der Sicht eines vernünftig denkenden und handelnden, in der Situation des Täters stehenden Dritten zu beurteilen war, die „Caldwell recklessness".
Die Anwendung der „Caldwell recklessness" wurde aber 2003 verworfen[380], sodass nunmehr ausschließlich die Definition nach „Cunningham" vorgenommen wird.
Danach liegt bewusste Fahrlässigkeit vor, wenn der Täter sich des Risikos bewusst war, dass sein Verhalten bestimmte Folgen herbeiführen könnte und es unbillig gewesen ist, die Risikoverwirklichung in Kauf zu nehmen.[381]
Die Begehung der in dem 1906 Act geregelten Delikte in bewusst fahrlässiger Art und Weise kommt allerdings nicht Betracht, da dieser höhere Anforderungen an den subjektiven Tatbestand stellt.[382]

375 Jonathan Herring, Criminal Law, S. 174.
376 Shute (2002a).
377 R v Grainge [1974] 1 All ER 928 (CA); Forsyth [1997] 2 Cr App R 299, 320 (CA).
378 Griffiths (1974) 60 Cr App R 14 (CA); Woods [1969] 1 QB 447 (CA).
379 Doctrine of "wilful blindness"; vgl. Westminster CC v Croyalgrange Ltd [1986] 2 All ER 353, 359 (HL).
380 R v G and R [2003] UKHL 50.
381 Vgl. Jonathan Herring, Criminal Law, S. 156.
382 Siehe folgenden Teil.

d) Fahrlässigkeit

Da eine fahrlässige Begehungsweise der Bestechungstatbestände nicht möglich ist, wird auf eine Darstellung hierzu verzichtet.

*2. Der subjektive Tatbestand im 1906 Act*

a) „Unredlichkeit"

Wie sich aus der oben dargestellten Diskussion um das Tatbestandsmerkmal „*corruptly*" ergibt, ist nach einer Ansicht Unredlichkeit im Rahmen des subjektiven Tatbestandes erforderlich, so dass nur dann der Tatbestand erfüllt ist, wenn sich der Täter zumindest bewusst unredlich gegenüber seinem Prinzipal verhält. Da es sich bei dieser um eine Mindermeinung handelt, soll hierauf auch nicht näher eingegangen werden.
Welche Auswirkungen der Begriff „*corruptly*" auf den subjektiven Tatbestand nach der herrschenden Meinung hat, wird im Folgenden dargestellt werden.

b) Einzelne Merkmale

Sowohl im Rahmen der Bestechlichkeit als auch in dem der Bestechung setzt das Gesetz voraus, dass die tatbestandliche Handlung im Gegenzug zu einem „Anreiz oder einer Belohnung"[383] erfolgt.
Dies bedeutet, dass der Bestochene im Falle der Bestechlichkeit mit der Absicht das Bestechungsmittel angenommen haben muss, etwas als Gegenleistung im Zusammenhang mit den Geschäften des Geschäftsherren zu tun oder zu unterlassen. Dieses Erfordernis ist auf die Entscheidung „*Cooper v Slade*"[384] zurückzuführen, welche so dem Wort „*corruptly*" eine Bedeutung verschafft.[385]
Darüber hinaus muss der Bestochene zumindest erkannt haben, dass der Bestechende ihm das Bestechungsmittel zukommen ließ, um so eine Bevorzugung in der genannten Art und Weise zu erhalten.
Wenn demzufolge ein nicht als Bestechung gedachter Vorteil gewährt wird und der „Bestochene" weiß, dass dieser nicht als Bestechungsmittel im eigentlichen Sinne gedacht ist, so fehlt ihm der notwendige Vorsatz. Ebenso verhält es sich, wenn der Bestochene nicht erkennt, dass die von ihm geforderte Handlung im Zusammenhang mit den Geschäften seines Geschäftsherren steht.

---

383 "as an inducement or reward".

384 [1856] All ER 446.

385 Vgl. auch die Ausführungen des Richters Parker in der Entscheidung R v Smith (John) [1960] 2 QB 423 an obiger Stelle.

Dagegen ist es keine Voraussetzung, dass der Bestochene die von ihm geforderte Gegenleistung auch tatsächlich erbringen will oder dass er bei der Erfüllung dieser absichtlich im Widerspruch zu den Pflichten gegenüber seinem Geschäftsherren handelt. Auch die Annahme von Bestechungsmitteln zur Ausübung der vorgesehenen Pflichten stellt die Verwirklichung des Straftatbestandes dar, wobei die Annahme bereits selbst eine Verletzung der Pflichten gegenüber dem Geschäftsherren bedeutet.

Hinsichtlich des Tatbestandes der Bestechung gilt das eben Gesagte in spiegelbildlicher Art und Weise.[386] So muss es dem Bestechenden darauf ankommen – erforderlich ist also Absicht – eine wie auch immer geartete Bevorzugung als Gegenleistung zu erhalten. Wie bereits oben beschrieben, braucht diese Gegenleistung nicht konkreter Natur zu sein, sondern es reicht eben auch die Absicht, den angebotenen Vorteil als „sweetener" einzusetzen.
Zudem muss der Bestechende erkannt haben, dass der zu Bestechende das Bestechungsmittel auch als solches wahrnimmt und er eine Bevorzugung erstrebt.

Zusammenfassend lässt sich damit sagen, dass es stets notwendig ist, dass der jeweilige Täter mit einer auf die „unlautere Bevorzugung" gerichteten Absicht handelt, also korrumpiert werden bzw. korrumpieren will, und dabei zugleich Kenntnis von der Intention des Anderen hat.[387]

Unbeachtlich ist grundsätzlich auch, ob der Täter die Strafvorschrift an sich gekannt oder ob er diese richtig ausgelegt hat.

c) Einzelne Probleme

Grundsätzlich spielt es keine Rolle, von wem die Initiative zu einer Bestechung ausgeht. Denn, sofern diese durchgeführt wird, hält der 1906 Act eine Strafbarkeit für beide Beteiligte bereit.
Allerdings muss betrachtet werden, wie es sich mit der Strafbarkeit im Falle einer Mentalreservation verhält, wenn also ein Angestellter ein Bestechungsgeld annimmt, weiß, dass dieses als Bestechungsmittel gedacht ist, aber absolut nicht die Absicht verfolgt, der von ihm verlangten Handlung nachzukommen.
Zu dieser Thematik ist ein *obiter dictum* ergangen, wonach, sofern eine derartige Mentalreservation gegeben ist, diese keine Verteidigung darstellt und damit un-

386 Dies ergibt sich zwingend schon aus dem absolut identischen Wortlaut der Fälle der Bestechung und Bestechlichkeit in dem 1906 Act. Eine gewollte unterschiedliche Behandlung im Rahmen des subjektiven Tatbestandes ist demzufolge nicht erkennbar.

387 Vgl. Law Com No 248, 2.30.

beachtlich ist, solange sich der Empfänger des Bestechungsgeldes darüber im Klaren ist, mit welcher Absicht dieses ihm zugewendet worden ist.[388] Demnach kann die Bestechung auch „einseitig“ erfolgen, ohne dass es auf einen Willen der Parteien ankäme, kollusiv zusammenzuwirken.[389]

Die quasi entgegengesetzte Überlegung behandelt den Fall, dass der Geber eines Geschenkes sich überhaupt keine Gedanken dazu macht, wie dieses verstanden werden könnte, der Empfänger zugleich aber davon ausgeht, dass es sich hierbei um ein Bestechungsgeld handelt.

Eine derartige Konstellation lag der Entscheidung *Secret Commission and Bribery Prevention League (Inc.) v Martin*[390] zugrunde. Hier hatte der Hersteller von Golfbällen an den Sekretär eines Golfclubs geschrieben, ob es möglich sei, dass dieser eine Mitgliederliste herausgebe, um so mit den Mitgliedern zu Werbezwecken in Kontakt treten zu können. Für die dabei entstehenden Mühen bot der Hersteller kostenlose Golfbälle als „Dankeschön“ an.

Der Hersteller wurde nach § 1 Abs. 1 Alt. 2 1906 Act angeklagt.

Die Richter haben in diesem Fall den Standpunkt vertreten, dass das Angebot, die Golfbälle kostenlos zur Verfügung zu stellen, nicht korrupt gewesen sei, da dieses gerade nicht in der Absicht, sich hierdurch einen Vorteil zu verschaffen, an den Sekretär des Golfclubs herangetragen worden sei.

## D. „Defence“

### I. Grundsätze

Unter „Defence“ sind Einwände, Einreden oder Einwendungen[391] zu verstehen, welche die strafrechtliche Belangung eines objektiv und subjektiv tatbestandsmäßig Handelnden entfallen lassen.[392]

Hierbei ist schon nicht ganz klar, ob das Bestehen einer „Defence“ das tatbestandsmäßige Handeln an sich „aufhebt“, oder ob schon überhaupt keine tatbestandsmäßige Tatbegehung vorliegt, da man beispielsweise im Falle einer Unzurechnungsfähigkeit (*„insanity“*) die Auffassung vertreten kann, dass von vornherein schon kein „mens rea“ gegeben ist.

---

388 R v Carr [1957] 1 WLR 165; Mills [1978] 68 Cr AppR 154(CA).

389 Millray Window Cleaning Co. Ltd. [1962] Crim LR 99.

390 (1913) 48 LJ 183.

391 Köbler, Rechtsenglisch, S. 290.

392 Vgl. Jonathan Herring, Criminal Law, S. 665.

Auch im englischen Recht ist die Unterscheidung zwischen Rechtfertigungsgründen („*justification*") und Entschuldigungsgründen („*excuse*") bekannt, welche auch meistens vorgenommen wird.[393] Diese ist auch bedeutsam, da hieran unterschiedliche Rechtsfolgen anknüpfen können. So ist es beispielsweise möglich, einem mit einem Entschuldigungsgrund Handelnden Widerstand zu leisten, während dies im Falle eines gerechtfertigt Handelnden rechtlich nicht zulässig ist.[394]

Dennoch existieren bis auf ein paar Ausnahmen keine genauen Angaben darüber, was nun ein Rechtfertigungs- und was ein Entschuldigungsgrund ist. Auch die Gerichte treffen in den meisten Fällen keine klare Unterscheidung.[395]

Dies muss vielmehr im Einzelfall festgestellt werden, wobei ebenfalls keine allgemein gültigen Prinzipien zur Bestimmung der Natur der jeweiligen Defence existieren.[396]

Es soll hier aber kein allgemeiner Überblick über die Handhabung der Defences gegeben werden, sodass auf die Details nur an Stellen eingegangen werden wird, die auch für die Straftat der Bestechung bedeutsam sind.

Grundsätzlich existieren im englischen Strafrecht sowohl „specific Defences, welche sich auf einen konkreten Straftatbestand beziehen, als auch allgemein gültige „general Defences".

## II. Specific Defences im Rahmen des 1906 Act

Weder der 1906 Act noch eine andere für diesen relevante Vorschrift stellt eine gesetzliche Defence in diesem Sinne zur Verfügung. Dies bedeutet, dass lediglich die allgemein gültigen Einwendungen in Betracht kommen.

## III. General Defences

### *1. Weisungsgebundenes Handeln*

Sofern ein Arbeitgeber die Anweisung gegenüber einem Arbeitnehmer ausspricht, ein Korruptionsdelikt zu begehen, ist ersterer nach den Grundsätzen der Täterschaft und Teilnahme, welche noch dargestellt werden, strafbar.

Für den Arbeitnehmer stellt sich in der geschilderten Situation jedoch die Frage, ob dieser ebenfalls bestraft werden kann, oder, ob die erteilte Weisung eine Art „rechtfertigende Wirkung" entfaltet.

---

393 Vgl. Jonathan Herring, Criminal Law, S. 732; Fletcher, S. 759 ff.

394 Vgl. Jonathan Herring, Criminal Law, S. 741.

395 Vgl. Jonathan Herring, Criminal Law, S. 737.

396 Vgl. Jonathan Herring, Criminal Law, S. 737.

Die Antwort hierauf lautet, dass die Strafbarkeit des Arbeitnehmers davon unberührt bleibt und es demnach für seine strafrechtliche Verantwortlichkeit ohne Bedeutung ist, ob dieser auf Geheiß des Arbeitgebers gehandelt hat.
Denn eine allgemeine Einwendung, welche auf von höherer Stelle kommende Weisungen abstellt, gibt es im englischen Strafrecht nicht.[397]
Die einzige Möglichkeit für den Arbeitnehmer besteht darin, dass dieser vorträgt, aufgrund des ausgeübten Drucks nicht unredlich und damit nicht korrupt gehandelt zu haben. Denn wie bereits dargestellt, entscheiden einige Gerichte immer wieder dahingehend, dass ein „korruptes Verhalten" als Tatbestandsmerkmal zu beweisen ist. Sofern jedoch der überwiegenden Auffassung gefolgt wird, wird der Arbeitnehmer als Haupttäter und der Arbeitgeber als Mittäter oder Beteiligter verurteilt.

*2. Nötigung*

Übte der Arbeitgeber jedoch massivsten Zwang auf den Arbeitnehmer aus, sodass dieser als Nötigung im juristischen Sinne verstanden werden kann, so kann dies seitens des Arbeitnehmers als Einwendung vorgebracht werden, während der Arbeitgeber Hauptangeklagter ist.[398] Denn Nötigung (duress) stellt eine general defence dar. Die Anforderungen an die Nötigung sind aber sehr hoch. So muss die Bedrohung seitens des Arbeitgebers auf eine Tötung oder schwere Verletzung gerichtet gewesen sein[399], wobei Opfer nicht unbedingt der Arbeitnehmer sein muss, sondern es ausreicht, dass es sich hierbei um eine Person handelt, für die sich der Bedrohte verantwortlich fühlt.[400]
Hieran wird bereits deutlich, dass die Anwendung dieser „Defence" im Wirtschaftsleben eine eher untergeordnete Rolle spielen dürfte.

*3. Einwilligung des Arbeitgebers in die Bestechungshandlung*

Problematisch kann die Strafbarkeit eines Arbeitgebers auch dann sein, wenn der Arbeitnehmer von einem Dritten Zuwendungen erhält und der Arbeitgeber dem Dritten eine Bevorzugung, beispielsweise in Form eines Vertragsabschlusses, zu Gute kommen lässt.

---

397 A.P. Simester/G.R. Sullivan, Criminal Law: Theory and Doctrine, Oxford 2000, S. 599 f.

398 A.P. Simester/G.R. Sullivan, Criminal Law: Theory and Doctrine, Oxford 2000, S. 587 – 597.

399 R v Graham [1982] 1 All ER 801 (CA); bestätigt durch das House of Lords in R v Howe [1987] AC 417 (HL).

400 R v Z [2005] UKHL 22, Paragraph 19; R v Abdul-Hussain [1999] Crim LR 570 (CA).

Der Arbeitgeber könnte in einem so gelagerten Fall als Opfer angesehen werden. Es kann aber sein, dass in diesem Fall der Arbeitgeber durchaus mit der Bestechung einverstanden gewesen ist. Sei es, weil der ausgehandelte Vertrag für ihn günstig ist oder seien es andere Gründe.
Jedenfalls kann dann die Frage aufgeworfen werden, ob überhaupt von Korruption im strafrechtlichen Sinn gesprochen werden kann, wenn es an einer Unredlichkeit gegenüber dem Arbeitgeber fehlt.
Denn um zu einer Verurteilung wegen Korruption zu gelangen, ist die Feststellung von Unredlichkeit zumindest nach einer Ansicht erforderlich.[401]
Allerdings bedeutet die Duldung von Unredlichkeit nicht zugleich, dass diese auch in strafrechtlicher Sicht relevant ist. Vielmehr ist es nicht möglich, dass der Arbeitgeber durch seine Einwilligung nicht Beteiligter an der vom Arbeitnehmer begangenen Straftat wird, auch wenn er selbst Opfer sein mag.
Grundsätzlich ist es nämlich dem Angestellten verwehrt, sich auf eine Einwilligung des Geschäftsherren in die Bestechung zu berufen.[402] Konsequenterweise muss dies dann auch bei der Bewertung einer etwaigen Strafbarkeit des Geschäftsherren fortgelten.

### *4. Sonstige Einwendungen*

Andere allgemein geltende Einreden, wie beispielsweise Trunkenheit (intoxication) oder verminderte Zurechungsfähigkeit (diminished responsibility) dürften, auch wenn deren Vorliegen nicht immer völlig zweifelsfrei negiert werden kann, letztlich keine nennenswerte Rolle bei der Beurteilung von Bestechungsdelikten spielen.

### *5. Kenntnis bzw. Duldung der Korruption seitens der Geschäftsführer einer juristischen Person*

Sofern der Arbeitgeber eine juristische Person ist, stellt sich die geschilderte Problematik nicht. Korruption durch einen Angestellten ist in diesen Fällen stets eine Straftat, egal ob die Geschäftsführer (oder sonstige nach der Identifikationstheorie in Frage kommende Leute) die Korruption kennen und dulden.
Denn nach der Identifikationstheorie kann solches Wissen der juristischen Person nicht zugerechnet werden, wonach die juristische Person selbst Opfer einer Straftat ist.[403] Dies ist auch in sich schlüssig, da ansonsten das Opfer einer Straftat zugleich als Täter sanktioniert werden könnte.

401 Vgl. hierzu die zu dem Begriff „corruplty" gemachten Ausführungen.
402 Vgl. Law Com No 313, 4.20 FN 18.
403 A.-G.´s Reference (No. 2 of 1982) [1984] QB, 624.

# E. Versuch

Die Versuchsstrafbarkeit ist seit dem Criminal Attempts Act 1981 ausschließlich gesetzlich bestimmt. § 1 Abs. 1 CAA 1981 normiert:

> „Falls eine Person mit der Absicht eine Straftat, auf welche diese Paragrafen Anwendung finden, zu begehen, zu diesem Zweck eine Handlung ausübt, die mehr als bloße Vorbereitung zur Begehung einer Straftat ist, macht sich des Versuches strafbar..."[404]

## I. Unter § 1 Abs.1 CAA 1981 fallende Strafvorschriften

Der Versuch einer Straftat ist im englischen Strafrecht nur dann mit Strafe bedroht, wenn es sich bei der Straftat um eine „schwerere Tat"[405] handelt, die bei ihrer hypothetischen Vollendung in England und Wales verfolgbar wäre.[406]
Gemäß § 1 Abs. 1 b) 1906 Act kann Bestechung als „schweres Delikt" angeklagt werden. Eine grundsätzliche Versuchsstrafbarkeit für die Delikte der Bestechung und Bestechlichkeit nach dem 1906 Act ist also vorgesehen.

## II. Actus reus

Im Hinblick auf das tatsächliche Handeln ist festzustellen, dass § 1 Abs. 1 CAA 1981 lediglich von „Handlung"[407], und nicht von „Unterlassen" spricht.[408] Dadurch kann die Frage aufgeworfen werden, ob denn ein Versuch durch Unterlassen überhaupt möglich ist. Dies wird wohl grundsätzlich zu bejahen sein und die Nichtaufnahme der Unterlassung in das Gesetz kann lediglich als redaktionelles Versehen seitens des Gesetzgebers verstanden werden.[409]
Die Tat muss sich in einem Stadium befinden, das über das der bloßen Vorbereitungshandlung hinausgeht. Wann dies genau der Fall ist, wird nicht näher bestimmt.

---

404 "If, with intent to commit an offence to which this section applies, a person does an act which is more than merely preparation to the commission of the offence, he is guilty of attempting to commit the offence…".

405 "indictable offence".

406 § 4 Criminal Attempts Act 1981.

407 "…does an act…".

408 Siehe zum Begriff des Handelns Ahmad (1987) Cr App R 64 (CA).

409 Vgl. Jonathan Herring, Criminal Law, S. 826.

Nach dem alten Common Law wurde beispielsweise gefragt, ob der Täter bereits den letzten Schritt vor Ausführung des Delikts getätigt hat.[410]
Die Jury muss also letztlich eine Entscheidung treffen, die einerseits dem allgemeinen Interesse, Straftaten möglichst früh zu unterbinden, und andererseits der individuellen Freiheit genügt.

## III. Mens rea

Der Täter muss mit Absicht dahingehend handeln, die Straftat zu vollenden. Hinsichtlich des Begriffes der Absicht gilt das oben Gesagte.[411]

## IV. Die versuchte Bestechung und Bestechlichkeit

Vergleicht man nun den Tatbestand des 1906 Act mit den Anforderungen von § 1 Abs. 1 CAA 1981, so kommt man zu dem Ergebnis, dass der Anwendungsbereich der Versuchsstrafbarkeit sehr schmal ist.
Denn bereits das „Einverstanden-sein-mit“ bzw. das „Anbieten-von“ Vorteilen genügt als vollendete Tathandlung nach dem 1906 Act. Ein Erfolg ist gerade nicht erforderlich.[412]
Eine Handlung, die also gerade noch kein vollendetes Delikt darstellt und zugleich mehr als lediglich eine straffreie Vorbereitungshandlung ist, ist nur schwer vorstellbar. Denn wo soll die Grenze zwischen der Vorbereitungshandlung und dem Versuch verlaufen? Während beispielsweise die Beschaffung der Vorteile durch den potentiellen Täter lediglich als Vorbereitungshandlung angesehen werden darf, ist der nächste logische Schritt das Anbieten dieser, bereits die Vollendung der Tat.
Demzufolge ist in der Praxis lediglich dann Raum für eine Versuchsstrafbarkeit, wenn es im Rahmen des „Deliktgeschehens“ zu Irrtümern kommt.
Eine solche Konstellation liegt zum Beispiel vor, wenn die Zahlung eines Geldbetrages, zu welcher der Zahlende aufgrund etwaiger Verträge verpflichtet ist, erfolgt, von dem Empfänger, der ein Angestellter im Sinne des 1906 Acts ist, fälschlicherweise als Schmiergeld interpretiert wird, und er dieses mit dem entsprechenden Vorsatz annimmt.

---

410 R v Eagleton (1855) Dears CC 515, [1843-60] All ER 363.

411 In R v Pearman (1984) 80 Cr App R 259 (CA) wird ebenfalls zum subjektiven Tatbestand des Versuches Stellung genommen und bestätigt die gemachten Ausführungen.

412 Vgl. oben.

Eine Strafbarkeit wegen vollendeter Bestechlichkeit scheidet hier aus, da es an dem Merkmal des Vorteils fehlt. Unter den Voraussetzungen des Versuchs ist dieser Fall aber erfasst.
Auch hierzu ist allerdings festzustellen, dass die tatsächliche Anwendung gering ist, da sich die Aufdeckung solcher Taten als sehr schwierig erweisen dürfte.

## F. Auslandstaten

Grundsätzlich gilt in England das „Territorialprinzip".[413] Dies bedeutet, dass eine Straftat in England oder Wales begangen sein muss, um als solche verfolgt werden zu können. Dabei sieht die nach dem Common Law geltende Regel vor, dass die englische Gerichtsbarkeit dann über eine Straftat eröffnet ist, wenn entweder die verbotene Handlung oder deren Konsequenzen in England oder Wales stattfinden.[414]
Wird eine Straftat dagegen außerhalb dieses Gebietes verübt, kann der Täter, auch wenn es sich hierbei um einen Briten, bzw. eine unter englischem Recht eingetragene juristische Person, handelt, nicht strafrechtlich belangt werden.
Eine Ausnahme hiervon wird nur dann gemacht, wenn dies durch eine „*Statute*" zugelassen ist. Sofern eine solche nicht existiert, gehen die Gerichte grundsätzlich von einer territorial begrenzten Anwendbarkeit der Norm aus.[415]
Daraus folgt, dass jedenfalls dann eine Strafbarkeit nach englischem Recht in Betracht kommt, wenn das Angebot, die Annahme, die Zustimmung zum Angebot oder zur Annahme eines Bestechungsgeldes in England oder Wales stattfindet.
Die Konsequenz hiervon ist, dass bereits das Senden einer Email oder ein Telefonat nach England oder Wales die strafrechtliche Verfolgbarkeit begründen kann.[416]
Grundsätzlich gelten die Prevention of Corruption Acts auch für Schottland und Nordirland, wobei dann die dortigen Gerichte die judikative Gewalt innehaben.[417]

---

413 G. Williams, Venue and Ambit in the Criminal Law, LQR 81 (1965) 395.

414 Treacy v DDP [1971] AC 537; R v Sansom [1991] 2 QB 130; R v Smith (Wallace Duncan) (No 4) [2004] 3 WLR 229(CA).

415 Treacy v DDP [1971] AC 537, 551; Air India v Wiggins [1980] 1 WLR 815(HL).

416 Vgl. R v Baxter [1972] 1 QB 1.

417 1889 Act, ss 8 und 4 (2); 1906 Act, s 3; Halsbury´s Statutes Criminal Law 159, 164, 188.

Durch den Anti-terrorism Crime and Security Act 2001[418] wurde eine, wie eben auch erforderliche, Ausnahme für die Fälle der Korruption geschaffen. Denn Teil 12 (§ 109) ATCSA 2001[419] bestimmt, dass Straftaten gemäß § 1 1906 Act, die nach in Kraft Treten des ATCSA 2001 begangen wurden, auch dann als Straftaten im dem Vereinigten Königreich verfolgt werden können, wenn britische Bürger oder eine unter einem beliebigen Recht des U.K. eingetragene juristische Person außerhalb des U.K. gehandelt hat und dies eine Straftat nach englischem Recht darstellt. Dabei ist es unbeachtlich, ob die Tat in einem sachlichen Zusammenhang mit dem U.K. steht oder ob die Tat überhaupt als Straftat in dem Land, in welchen sie verübt wurde, mit Strafe bedroht ist.

Zu den britischen Bürgern werden britische Staatsangehörige, aber auch Staatsangehörige der britischen Überseegebiete[420] und des britischen Kronbesitzes[421] gezählt, § 109 Abs. 4 ATCSA 2001.
Dagegen wird von dem Gesetz hinsichtlich juristischer Personen gefordert, dass diese unter irgendeinem Teil des Rechts, welches in dem United Kingdom gilt, eingetragen sein müssen.
Dies hat zwei Konsequenzen:
Zum einen bedeutet dies, dass juristische Personen, die in Überseegebieten oder Gebieten des Kronbesitzes eingetragen sind, nicht erfasst werden. Denn das Vereinigte Königreich umfasst lediglich Großbritannien[422] und Nordirland[423].
Ferner ist die Anwendung des ATCSA 2001 auf eingetragene juristische Personen beschränkt. Nicht eingetragene Gesellschaftsformen werden also nicht erfasst. Dagegen wird eine etwaige Strafbarkeit der hinter diesen Gesellschaften stehenden natürlichen Personen nicht berührt.
Wie bereits erläutert, bezieht sich der ATCSA 2001 auf Straftaten, welche außerhalb des Vereinigten Königreichs begangen worden sind.
Wird eine Straftat aber in Schottland verübt, so wird diese, obwohl innerhalb des U.K., nicht nach englischem Recht verfolgt. Denn obwohl der Prevention of Corruption Act 1906 auch grundsätzlich in Schottland und Nordirland Anwendung findet, besteht die generelle Regel, dass eine Straftat, die gänzlich auch unter schottischem oder nordirischem Recht verfolgt werden kann, nur nach diesem zu beurteilen ist.

---

418 ATCSA 2001.

419 Teil 12 ATCSA findet keine Anwendung in Schottland (siehe Criminal Justice (Scotland) Act 2003, ss 68 und 69). Anders in Nordirland (ATCSA 2001, s 128 (2)).

420 Es existieren 14 Überseegebiete.

421 Es existieren 3 Kronbesitze.

422 England, Schottland und Wales.

423 Interpretation Act 1978, § 5 in Verbindung mit Anhang 1.

Folglich wäre im Falle der Bestechung in Schottland die schottische Gerichtsbarkeit zuständig.

Als problematisch wird die Strafbarkeit eines Briten oder einer unter beliebigen Recht des U.K. eingetragenen juristischen Person angesehen, wenn dieser nur Teilnehmer einer durch einen Ausländer im Ausland begangenen Haupttat ist.[424] Denn in diesem Fall fehlt es nach englischem Recht an einer teilnahmefähigen Haupttat, welche allerdings zwingende Voraussetzung für die Begründung einer Strafbarkeit für einen Teilnehmer ist.[425]

## G. Täterschaft und Teilnahme

Grundsätzlich kennt das englische Strafrecht eine Unterscheidung zwischen Mittätern[426] und Teilnehmern[427] einer Straftat.
Dabei herrscht allerdings das Prinzip der Einheitstäterschaft, wie § 8 Accessories and Abbettors Act 1861[428] festlegt, sodass Gehilfen, Anstifter, Mittäter und mittelbare Täter wie der Täter behandelt werden.[429] Dennoch ist eine Unterscheidung der einzelnen Beteiligungsformen vorzunehmen, da diese verschiedene Voraussetzungen haben und folglich unterschiedlich zu beweisen sind.

Hinsichtlich des objektiven Tatbestandes ergeben sich keine Besonderheiten, sodass in jedem Einzelfall zu prüfen ist, ob eine entsprechende Beteiligungsform gegeben ist.[430]

---

424 So Law Com No 313, 8.17 f.

425 Vgl. Law Com No 313, 8.18.

426 "Joint Principals".

427 "Accomplices".

428 Geändert durch den Criminal Law Act 1977.

429 § 8 Accessories and Abettors Act 1861:
"Whoever shall aid, abet, counsel, or procure the commission of any indictable offence, whether the same be an offence at common law or by virtue of any act passed or to be passed, shall be liable to be tried, indicted, and punished as a principal offender.".

430 Zu den im Einzelnen erforderlichen Voraussetzungen werden hier keine Ausführungen gemacht, da es sich hierbei um Probleme des Allgemeinen Strafrechts handelt, auf welche im Rahmen dieser Arbeit nicht eingegangen werden kann. Vgl. zu den Voraussetzungen u.a. Jonathan Herring, Criminal Law, S. 887 ff.

Ebenfalls in subjektiver Hinsicht sind die üblichen Prüfungen vorzunehmen. Dabei ist es erforderlich, dass der Komplize seinen Tatbeitrag mit der Absicht erbringt, den Täter zu unterstützen und zudem vorhersieht, dass der Haupttäter die Tat mit den unterstützenden Handlungen oder der Förderung begehen wird.[431]

Dagegen ist im Falle der Mittäterschaft in subjektiver Hinsicht lediglich erforderlich, dass der Mittäter bei Leistung seines Tatbeitrags das Tatgeschehen vorhersah, sodass der Täter die Straftat ausüben könnte, was letztlich auch geschah.[432]

Ein Arbeitgeber ist Beteiligter einer Bestechung bzw. Bestechlichkeit, wenn ein Arbeitnehmer eine solche Straftat begangen, er von den wesentlichen Umständen gewusst und die Zahlung der Vergütung nicht verhindert hat.[433]
Dies gilt auch für den Fall, dass es sich bei dem Arbeitnehmer um einen Unternehmensangestellten handelt, der Arbeitgeber also eine juristische Person ist. Das „Unternehmenswissen“ ist dabei nach den eben genannten Grundsätzen der Identifikationstheorie zu bemessen.

Aus diesen Grundsätzen ergeben sich aber keine Besonderheiten für die Bestechungsdelikte, sodass hier eine, wie auch sonst übliche, Prüfung in den jeweiligen Konstellationen vorzunehmen ist.

Das englische Recht kennt ferner die Verabredung zur Begehung einer Straftat im Sinne einer *„statutary offence“*.[434]
Hierzu ist eine Verabredung zwischen mindestens zwei Personen erforderlich, die auf die spätere Begehung der anvisierten Straftat gerichtet ist, wobei die Begehung dieser Tat subjektiv beabsichtigt sein muss.[435]
Die von dem 1906 Act erfassten Bestechungsdelikte sind grundsätzlich geeignete Taten, um Gegenstand einer solchen Konspiration zu sein.[436]
Als Sanktion kommt eine Freiheitsstrafe bis zu 7 Jahren oder eine Geldstrafe in Betracht, § 3 Criminal Law Act 1977.

---

431 R v Bryce [2004] 2 Cr App R 35.

432 R v Powell and Daniels [1997] 4 All ER 545.

433 Tuck v Robson [1970] 1 All ER 1171.

434 „conspiracy to commit a statutory offence” gemäß § 1 Abs. 1 Criminal Law Act 1977 i.V.m. § 5 Criminal Attempts Act 1981.

435 Vgl. Jonathan Herring, Criminal Law, S. 843 ff.

436 So Nicholls/Daniel/Polaine/Hatchard, 2.69.

# H. Begleitdelikte

## I. Diebstahl

Sofern ein Beauftragter eine Schmiergeldzahlung ohne Wissen seines Auftraggebers annimmt, macht sich dieser neben der Bestechlichkeit auch noch des Diebstahl gegenüber seinem Auftraggeber strafbar.
Gemäß § 1 Abs. 1 Theft Act 1968 liegt ein Diebstahl nach englischem Recht in folgendem Fall vor:

> „Eine Person macht sich des Diebstahls strafbar, wenn sie sich unredlich fremdes Eigentum aneignet, um dieses dem anderen dauerhaft zu entziehen.“ [437]

Problematisch war lange Zeit das Tatbestandsmerkmal „fremdes Eigentum“. Denn nach den englischen zivilrechtlichen Grundsätzen wurde das Schmiergeld nicht Eigentum des Auftraggebers. Folglich konnte auch keine Verurteilung wegen Diebstahls erfolgen.[438]
Die Rechtsprechung hat sich aber nach Kritik aus der Literatur geändert, sodass nun das Bestechungsgeld als Eigentum des Geschäftsherren betrachtet wird und somit derjenige, welcher ein solches ohne Kenntnis dessen annimmt, sich des Diebstahls strafbar macht.[439]

## II. Erpressung

Zu einer Erpressung kommt es insbesondere dann, wenn dem Beauftragten von einem Dritten keine Vorteile dafür geboten werden, dass er jemanden im Rahmen des Geschäftsbetriebs seines Geschäftsherren bevorzugt, sondern vielmehr nachteilige Konsequenzen angedroht werden für den Fall dies nicht zu tun.
Denn gemäß § 21 Theft Act 1968 macht sich derjenige der Erpressung strafbar, der, um sich oder einen anderen zu bereichern oder um einem anderen einen Schaden zuzufügen, unberechtigte Ansprüche unter Drohungen erhebt; es sei denn, dass er glaubt berechtigte Gründe zur Geltendmachung des Anspruchs zu haben oder dass seine Drohungen ein angemessenes Mittel zur Eintreibung der Forderung ist.[440]

---

437 § 1 Abs. 1 Theft Act 1968:
"A person is guilty theft if he dishonestly appropriates property beloning to another with the intention of permanently depriving the other of it…".

438 Lister & Co v Stubbs (1980) 45 Ch D 1.

439 Attorney General for Hong Kong v Reid [1993] 3 WLR 1143.

440 "A person is guilty of blackmail if, with a view to gain for himself or another or with intent to cause loss to another, he makes any unwarranted demand with menaces; and

### III. Geldwäsche

Im Rahmen des Proceeds of Crime Act 2002[441] wurde die bis dahin bestehende Regelung bzgl. Geldwäsche erweitert, indem die Unterscheidung zwischen drogenbezogenen und nicht drogenbezogenen aufgehoben und drei neue Straftatbestände geschaffen wurden.

Zentraler Begriff ist hier das „*criminal property*“, welches sich als direkter oder indirekter Ausfluss aus einer kriminellen Handlung definiert.[442] Eine kriminelle Handlung liegt vor, wenn diese eine Straftat innerhalb des UK darstellt, oder eine solche wäre, falls sie dort passierte.
Demzufolge werden auch die Bestechung und Bestechlichkeit erfasst.
Unerheblich ist dabei, wer die ursprüngliche Straftat ausführte, wer davon profitierte und ob die Korruption schon vor Erlass des POCA 2002 stattfand.

# I. Die Strafverfolgung

## I. Grundsätze des englischen Rechts

### *1. Strafverfolgungsbehörden*

#### a) Der Crown Prosecution Service

Die hauptsächlich zuständige Strafverfolgungsbehörde ist der Crown Prosecution Service (CPS), welcher 1986 dem Prosecution of Offences Act 1985 folgend gegründet wurde.
Sie ist eine nicht-ministerielle Regierungsorganisation, welche im Gebiet England und Wales zuständig ist. Die Organisation erfolgte in 42 Bezirken, wobei jedem Bezirk ein *Chief Crown Prosecutor* vorsteht.[443]
Der Leiter des CPS ist der Director of Public Prosecution (DPP), der wiederum dem Attorney General unterstellt ist. Letzterer ist für den CPS direkt dem Parlament verantwortlich.[444]

---

for this purpose a demand with menaces is unwarranted unless the person making it does so in the belief—
(a)that he has reasonable grounds for making the demand; and
(b)that the use of the menaces is a proper means of reinforcing the demand.".

441 POCA 2002.

442 POCA 2002, s 340(3).

443 Vgl. Nicholls/Daniel/Polaine/Hatchard, 4.54.

444 Vgl. Vorwort zum Code for Crown Prosecutors (2004).

Der CPS ist für ca. 80% der Strafverfolgungen in England und Wales verantwortlich.[445]

b) Das Serious Fraud Office

Das Serious Fraud Office (SFO) wurde durch den Criminal Justice Act 1987 gegründet. Nach diesem Act ist das SFO für Ermittlungen und die Strafverfolgung zuständig, wenn es sich bei der begangen Tat um eine besonders schwerwiegende oder komplexe handelt, die in England, Wales oder Nordirland begangen worden ist.[446]
Eine solche Tat wird in der Regel angenommen, wenn ein Betrug eine Million Pfund übersteigt, eine besondere internationale Reichweite des Falles gegeben ist, dieser im Interesse der Öffentlichkeit liegt, besondere Kenntnisse erforderlich sind oder es der Gebrauch von besonderen Ermächtigungen notwendig ist.[447]
Das SFO ist ein unabhängiges Regierungsdepartment, welchem ein Direktor vorsteht, der selber dem Attorney-General untersteht.

*2. Die Strafverfolgung* [448]

Das englische Recht kennt kein Legalitätsprinzip. Der Beginn der Strafverfolgung beruht dagegen auf einer Ermessensentscheidung der zuständigen Strafverfolgungsbehörde.
Diese Ermessensentscheidung kann auch nicht gerichtlich überprüft werden. Eine Ausnahme hierzu wird jedoch in Fällen des offensichtlichen Missbrauchs gemacht.[449]

Die Ermessensentscheidung, ob überhaupt weitergehend gegen eine Person ermittelt wird, wird jedoch nicht völlig frei getroffen. Es existiert ein zweistufiger Prüfungsaufbau[450], welcher *„full Code test"* genannt wird:

---

445 Vgl. Nicholls/Daniel/Polaine/Hatchard 4.45.

446 CJA 1987, s 1(3) und (5).

447 CJA 1987, s 2.

448 Es wird im folgenden nur auf Strafverfahren Bezug genommen, die durch den CPS bzw. das SFO eingeleitet werden. Verfahren, die beispielsweise durch die Polizei eingeleitet werden können, werden nicht dargestellt.

449 R v Metropolitan Police Commissioner ex parte Blackburn [1968] 2 QBD 118.

450 http://www.cps.gov.uk/about/principles.html.

Auf der ersten Stufe prüft der Staatsanwalt, ob nach seiner Ansicht eine ausreichende Wahrscheinlichkeit für eine Verurteilung des Angeklagten hinsichtlich jeder in Betracht kommenden Straftat gegeben ist.[451]
Auch etwaiges Verteidigungsvorbringen seitens des Verdächtigen ist hier bereits zu beachten.[452]
Demnach ist die Frage zu stellen, ob eine Jury oder Richter eher zu einer Verurteilung tendieren würde als zu einem Freispruch. Nur in ersterem Fall werden die Ermittlungen weitergeführt.[453]
Sofern der Crown Prosecutor zu einem anderen Ergebnis gelangt, muss er nicht weiter ermitteln, unabhängig von der Schwere des Delikts.

Ist der Crown Prosecutor jedoch von der Verurteilung überzeugt, prüft er nun, ob eine Strafverfolgung auch im öffentlichen Interesse ist.[454]
Dabei sind die Argumente für und gegen eine Strafverfolgung sorgfältig gegeneinander abzuwägen.[455] In der Regel wird es jedoch zu Untersuchungen kommen, es sei denn, dass die Gründe gegen eine Ermittlung deutlich mehr Gewicht besitzen[456].

Erst wenn auch diese zweite Prüfung erfolgte, kommt es zu Ermittlungen bzw. wird die Strafverfolgung fortgesetzt.

Dieser Prüfungsaufbau, wie auch der gesamte Code for Crown Prosecutors, gilt ebenso für das SFO.[457]

## II. Strafverfolgung von Tätern nach § 1 Prevention of Corruption Act 1906

Im Falle, dass Straftaten nach § 1 Prevention of Corruption Act 1906 verfolgt werden, gibt es folgende Besonderheiten:

451 „Evidential test“; Code for Crown Prosecutors (2004) 5.2.
452 Code for Crown Prosecutors (2004) 5.2.
453 Code for Crown Prosecutors (2004) 5.3.
454 „Public Interest test“; Code for Crown Prosecutors (2004) 5.7.
455 Code for Crown Prosecutors (2204) 5.8.
456 Code for Crown Prosecutors (2004) 5.7.
457 Nicholls/Daniel/Polaine/Hatchard, 4.23.

*1. Zustimmung durch den „Attorney General“*

Bevor mit der Strafverfolgung im eigentlichen Sinne begonnen werden kann, muss eine Zustimmung zur Strafverfolgung durch den obersten Ankläger (Attorney-General) abgegeben werden.[458]
Da also der Attorney-General durch seine Zustimmung entscheiden kann, ob es zu einem Verfahren kommen soll oder nicht, kann dieser alleine den weiteren Gang des Verfahrens bestimmen.
Grundsätzlich ist es möglich diese Entscheidung durch ein Rechtsmittel anzugreifen, falls er die Strafverfolgung ablehnt, obwohl es starke Hinweise auf ein begangenes Korruptionsdelikt gibt.[459]

*2. Auswirkungen auf die Verfolgbarkeit etwaiger Begleitdelikte*

Ohne Zustimmung des Attorney-General können etwaige Begleitdelikte wie Diebstahl oder Erpressung verfolgt werden, da diese nicht unter § 2 Abs. 1 Prevention of Corruption Act 1906 fallen.[460]
Diese Delikte können also nach den oben genannten Grundsätzen verfolgt werden.

*3. Privatklage*

Möglich ist aber auch eine Privatklage.[461]
Diese kann jedermann erheben. Es ist also weder notwendig, dass der Privatkläger Opfer ist noch muss er ein spezielles Interesse an dem Fall geltend machen.

Allerdings kann der Attorney-General eine solche Privatklage unterbinden, indem er eine sogenannte „writ of nolle prosequi“[462] bei Gericht einreicht, was die Ausübung eines Vorrechts darstellt.
Diese führt dazu, dass sämtliche in der Anweisung genannten Gerichtsverfahren unverzüglich einzustellen sind.
Das bis dahin mit der Sache befasste Gericht kann aber die Richtigkeit der Entscheidung des „Attorney-General“ nicht selbst anfechten.

458 § 2 Absatz 1 Prevention of Corruption Act 1906.
459 R v DDP ex parte C [1995] 1 Cr AppR. 136.
460 Vgl. G.R. Sullivan, Commercial Bribery, S. 72.
461 „private prosecution“.
462 Die Anweisung die Strafverfolgung einzustellen.

Lediglich eine Person, die ein berechtigtes Interesse geltend machen kann, wie z.B. ein Opfer, hat die Möglichkeit die Entscheidung des Attorney-General vor dem High Court überprüfen zu lassen.[463]

# J. Sanktionen

## I. Die Strafandrohung des Prevention of Corruption Act 1906

Im Rahmen der Strafandrohung ist zunächst zwischen einem leichteren Fall der Tatbegehung auf der einen, und den mittelschweren und schweren Fällen auf der anderen Seite zu unterscheiden.
Erstere werden in einem *„summary trial"*[464] abgeurteilt, während letztere Gegenstand eines formellen Verfahrens vor der Jury sind.
§ 1 Abs. 1 a) Prevention of Corruption Act 1906 bestimmt, dass derjenige, der in einem summarischen Verfahren verurteilt wird, zu einer Freiheitsstrafe von bis zu sechs Monaten und/oder einer Geldstrafe, die das gesetzliche Limit aber nicht überschreiten darf, verurteilt werden kann.

Gemäß § 1 Abs. 1 b) Prevention of Corruption Act 1906 beträgt die Strafandrohung maximal 7 Jahre Haft und/ oder eine unbegrenzte Geldstrafe.

Fälle des plea-bargaining sind selten, da es an einer weniger schweren Strafnorm fehlt[465] und zudem die Zustimmung des Attorney General notwendig ist, bevor mit der Strafverfolgung begonnen werden kann.[466]

---

463 Die Judikabilität von der Ausübung königlicher Hoheitsrechte durch Regierungsminister wurde durch das House of Lords bejaht: Council of Civil Service Unions and Minister for the Civil Service [1985] AC 374.

464 Es handelt sich hierbei nicht um ein summarisches Verfahren in dem Sinne eines verkürzten Prozesses, sondern mit diesem Begriff wird ein Strafverfahren bezeichnet, in welchem „nur" vor zwei oder mehr „Juniorrichtern" („justices of the peace") oder einem Einzelrichter („magistrate"), aber in jedem Fall nicht vor einer Jury verhandelt wird. Das entscheidende Gericht ist in England und Wales der Magistrates´Court.

465 Vgl. zu den Voraussetzungen und den Grenzen des plea bargaining: Sprack, Criminal Procedure, 17.29 ff.

466 Vgl. auch G.R. Sullivan, Commercial Bribery, S. 74.

## II. Weitere Sanktionen

### *1. Entziehung der Berufszulassung*

Sofern der Täter zur Ausübung seines Berufes eine Berufszulassung benötigt, wie beispielsweise ein Rechtsanwalt, wäre eine Verurteilung wegen Korruption zugleich unweigerlich eine Verletzung des Berufskodex, welche zur Entziehung der Berufszulassung führen würde.[467]

### *2. Berufsverbot*

Falls der Täter der Geschäftsführer eines Unternehmens ist, so kann ihm nach dem Company Directors Disqualification Act 1986 verboten werden, für eine gewisse Zeit als Geschäftsführer zu arbeiten.[468]
Sofern er hiergegen verstößt, stellt dies eine eigene Straftat dar.[469] Dies gilt auch dann, wenn er einen Strohmann einsetzt.

### *3. Einkünfte aus der Korruption*

#### a) Allgemeines

Ziel der Rückführung von Erlösen aus einer Straftat ist zum einen, den Tätern keine Vorteile aus der Tat zu überlassen, und zum anderen, den Schaden der Opfer, sofern dies möglich ist, auszugleichen.

Grundsätzlich können die im Folgenden beschriebenen Verfahren nur durch einen Staatsanwalt, oder einen Richter eingeleitet werden, nachdem eine Verurteilung erfolgte. Ferner hatte dieses Recht auch die Assets Recovery Agency[470] inne, welcher allerdings durch den Serious Crime Act 2007[471] aufgrund von Erfolglosigkeit wieder abgeschafft worden ist.

---

467 So G.R. Sullivan, Commercial Bribery, S. 74.

468 § 2 Company Directors Disqualification Act 1986.

469 §§ 13, 14, 15 Company Directors Disqualification Act 1986.

470 ARA. Die ARA wurde im Januar 2003 geschaffen und sollte für die Ingangsetzung und Durchführung von Beschlagnahme- und Rückführungsverfahren zuständig sein. Dabei wurde sie mit umfangreichen Befugnissen ausgestattet. Ursprünglich war geplant, dass diese Behörde ab den Jahren 2005/2006 selbstfinanzierend ist. Nachdem aber im Jahr 2006 £ 23 Millionen Einnahmen £65 Millionen Ausgaben gegenüberstanden, hatte sie dieses Ziel bereits verfehlt. Das endgültige Aus für die ARA wurde durch den Bericht des National Audit Office vom Februar 2007 besiegelt, worin festgestellt wurde, dass sie kaum erfolgreich bei der Umsetzung der ihr zugedachten Aufgaben gewesen ist.

471 SCA 2007.

Die meisten der der ARA zustehenden Aufgaben und Befugnisse wurden aber der Serious and Organised Crime Agency (SOCA) übertragen. Die Ermächtigungen hinsichtlich der zivilen Rückgewinnungen wurden unter den Direktoren der SOCA, des Revenue and Customs Prosecutions, des Serious Fraud Office und des DDP aufgeteilt.
Demzufolge hat sich an der rechtlichen Lage und den sich hieraus ergebenden Möglichkeiten letztlich nur wenig in materieller Hinsicht geändert.

Für den Fall, dass Eigentum oder Gelder zurückerlangt werden, stehen diese dem Staat und nicht den Opfern zu.
Die zentralen Regelungen finden sich vor allem in dem POCA 2002 sowie den Erweiterungen durch den Serious Organised Crime and Police Act 2005[472] und dem SCA 2007 wieder.
Der POCA 2002 hat die bis dahin bestehenden Regelungen deutlich erweitert, sodass den Gerichten nun erweiterte Befugnisse im Rahmen von Beschlagnahmungen zu stehen.
Ferner wurde ein Verfahren geschaffen, bei dem es sich um ein Zivilverfahren handelt, in welchem der Staat als Kläger gegen den vermutlichen Straftäter auftritt.[473] In diesen Verfahren kann auch eine Beschlagnahme von Vermögensgegenständen, sofern eine gewisse Wahrscheinlichkeit dafür besteht, dass diese direkter oder indirekter Ausfluss einer Straftat sind, angeordnet werden.

b) Beschlagnahme

Beschlagnahmeverfahren richteten sich früher ausschließlich nach dem Drug Trafficking Act 1994 und dem Criminal Justice Act 1988, welcher durch den Proceeds of Crime Act 1995 massiv erweitert worden ist und zu weiterreichenden Befugnissen der Strafverfolgungsbehörden führte.
Heute findet sich eine einzelne Regelung in Teil 2 §§ 6 - 91 POCA 2002 wieder, welche wiederum vor allem durch den SCA 2007 geändert wurde.
Es handelt sich hierbei aber nicht um eine Beschlagnahme im eigentlichen Sinn, sondern vielmehr ist das Ergebnis eines solchen Verfahrens, dass der Angeklagte dazu verurteilt wird, einen bestimmten Geldbetrag zugunsten der Krone zu zahlen.
Die Vorschriften des POCA 2002 sind allerdings nur dann anwendbar, wenn die Straftaten, aufgrund derer die Anklagte erfolgte, nach dem 23. März 2003 begangen wurden. Für davor ausgeübte Straftaten gelten die oben genannten Reglungen weiter. Aufgrund der doch nun schon recht großen zeitlichen Spanne seit

472 SOCPA 2005.
473 Näher beschrieben unter e).

in Kraft Tretens des POCA 2002, werden nur die Regelungen nach dem POCA 2002 im Folgenden dargestellt werden.

Das Beschlagnahmeverfahren stellt ein eigenes Verfahren losgelöst von dem des Hauptverfahrens gegen den Angeklagten dar und ist abhängig von einer Verurteilung in letzterem.
Erst wenn eine Verurteilung[474] erfolgte, kann die Staatanwaltschaft[475] oder das Gericht, wenn dieses es für angebracht hält[476], das Verfahren einleiten, wobei zuständiges Gericht der Crown Court ist.[477]
Sofern das Verfahren einmal eingeleitet ist, ist die weitere Vorgehensweise, wie sie auch folgend beschrieben wird, zwingend.[478]

Hiernach muss das Gericht zunächst feststellen, ob der Angeklagte einen „kriminellen Lebensstil“[479] führt.[480]
Dies ist der Fall, wenn der Täter aufgrund eines „Lifestyle-Delikts“, wie es im Anhang 2 des POCA 2002 aufgezählt wird, verurteilt wurde. In der Auflistung erwähnt werden u.a. Menschen- und Waffenhandel, Zuhälterei sowie Erpressung, nicht dagegen die Bestechungsdelikte.

Daher kann ein „krimineller Lebensstil“ im Bereich der Bestechungsdelikte nur festgestellt werden, wenn die Straftat die Begründung einer Handlung ist, welche sich als Bestandteil eines kriminellen Betätigungsablaufes darstellt.[481]
Die Tat ist dann als im Rahmen eines kriminellen Betätigungsablaufes begangen anzusehen, wenn der Täter in dem der aktuellen Verurteilung zugrundeliegenden Verfahren in mindestens drei Fällen verurteilt worden ist, wobei jede Tat an oder nach dem 24. März 2003 verübt worden sein und der Täter hieraus Vorteile erlangt haben muss.[482]
Dasselbe gilt, wenn der Täter in zwei unterschiedlichen Verfahren innerhalb der letzten sechs Jahre vor dem gegenwärtigen Prozess aufgrund einer solchen Straf-

474 § 6 Abs. 2 a POCA 2002.
475 § 6 Abs. 3 a POCA 2002.
476 § 6 Abs. 3 b POCA 2002.
477 Vgl. Blackstone´s POCA 2002, 3.26.
478 Vgl. Blackstone´s POCA 2002, 3.36.
479 „Criminal lifestyle”.
480 § 6 Abs. 4 a POCA 2002 i.V.m. § 75 Abs. 2 a POCA 2002.
481 § 75 Abs. 2 b POCA 2002.
482 § 75 Abs. 3 a POCA 2002.

tat verurteilt worden ist. Unbeachtlich ist in diesem Fall, ob die Taten vor dem 24. März 2003 erfolgten.[483]
Die Annahme eines kriminellen Betätigungsablaufes wird auch begründet, sofern die Straftat über die Dauer von mindestens sechs Monaten begangen wurde und der Angeklagte von dieser Tat profitiert hat.[484]
Voraussetzung ist jedoch in diesen Fällen, dass der Täter einen Vorteil in Höhe von mindestens £ 5.000 erzielte.[485]

Sofern das Gericht zu dem Ergebnis kommt, dass ein „krimineller Lebensstil" gegeben ist, muss geprüft werden, ob der Täter aufgrund seiner „generellen kriminellen Handlungsweise"[486] einen Vorteil aus der Tat[487] erlangt hat.
Im konträren Fall, wenn also kein „krimineller Lebensstil" festgestellt werden kann, muss geprüft werden, ob der Täter möglicherweise einen Vorteil aus seiner „im einzelnen vorliegenden kriminellen Handlungsweise"[488] erlangt hat[489].

Die Unterscheidung zwischen der „im Einzelnen und im Generellen vorliegenden Handlungsweise" hat massive Auswirkungen auf die Anordnung der Beschlagnahme, da hieran unterschiedliche Voraussetzungen im Rahmen der Beweisführung anknüpfen.

So muss das Gericht in dem Fall, dass ein *„general criminal conduct"* gegeben ist, bestimmte gesetzliche Vermutungen hinsichtlich einiger Voraussetzungen zugrunde legen, wofür normal die Staatsanwaltschaft beweispflichtig wäre.
So wird u.a. vermutet, dass Einkünfte aus den letzten sechs Jahren grundsätzlich Früchte kriminellen Handelns sind.[490] Diese Vermutung bleibt bestehen, bis der Täter das Gegenteil bewiesen hat.
Allerdings muss die Staatsanwaltschaft ungeachtet dieser Vermutungen selbst den Beweis über die Einkünfte und die kriminellen Handlungen beibringen.
Nicht erforderlich ist dagegen der Kausalitätsnachweis, dass diese Einkünfte aus genau diesen Straftaten herrühren.

483 § 75 Abs. 3 b POCA 2002.
484 § 75 Abs. 2 c POCA 2002.
485 § 75 Abs. 4 POCA 2002.
486 „general criminal conduct".
487 § 6 Abs. 4 b POCA 2002.
488 „particular criminal conduct".
489 § 6 Abs. 4 c POCA 2002.
490 § 10 Abs. 2 und 8 POCA 2002.

Im Unterschied hierzu gilt bei Vorliegen eines *„particular criminal conduct"* in diesen Verfahren die vorgenannte Vermutung zu Lasten des Täters nicht, wonach sämtliche Einkünfte aus den letzten sechs Jahren als Früchte kriminellen Handelns gewertet werden. Vielmehr ist hier eine wie auch sonst übliche Beweisführung seitens der Staatsanwaltschaft auf Grundlage von Beweisen von Nöten.

Der nächste Schritt im Rahmen des Verfahrensablaufes ist, dass das Gericht die wiederzubeschaffende Summe festsetzt.
Detaillierte Regelungen zur Bestimmung des Wertes finden sich in den §§ 76 ff. POCA 2002 wieder. So wird u.a. klar gemacht, dass nicht der reine Gewinn, sondern bereits der Umsatz als Vorteil anzusehen ist.[491]

Von der Bestimmung des Wertes und damit von der Festsetzung einer Beschlagnahmung kann das Gericht absehen, wenn es davon ausgeht, dass ein Opfer der Tat ein Verfahren wegen Schadensersatz gegen den Angeklagten begonnen hat oder anstreben wird.[492]
In die Betrachtung nicht mit einbezogen werden darf Eigentum, über welches eine Rückerlangungsanordnung oder ein Verfall in Kraft ist.[493]

Hiernach wird der verfügbare Wert beim Täter festgelegt. Sofern die wiederzubeschaffende Summe den verfügbaren Wert übersteigt, wird der Wert auf die wiederzubeschaffende Summe begrenzt.[494]

Sofern eine Beschlagnahmung in der beschriebenen Art und Weise erfolgt, kann der Verurteilte gegen diese Anordnung Berufung einlegen. Diese hat zwar keinen Suspensiveffekt, doch wird in der Regel vor der Vollstreckung der Ausgang des Berufungsverfahrens seitens der Gerichte abgewartet.
Ebenso kann auch die Strafverfolgungsbehörde Berufung einlegen.

c) Entschädigungszahlungen

Der Täter kann grundsätzlich auch dazu verurteilt werden, Entschädigungszahlungen an eine Person zu tätigen, sofern ihr Verluste durch den Korruptionsfall entstanden sind, §§ 130 ff. Power of the Criminal Courts (Sentencing) Act 2000.

491 Vgl. Blackstone´s POCA 2002, Rn 3.140.
492 § 6 Abs. 6 POCA 2002.
493 § 7 Abs. 4 POCA 2002.
494 § 7 Abs. 2 POCA 2002.

Dies stellt aber kein Adhäsionsverfahren dar. Denn ein solches kennt das englische Strafrecht nicht. Vielmehr stellt der Staatsanwalt den Antrag auf Verurteilung zur Schadensersatzzahlungen an Geschädigte.
Problematisch hieran ist jedoch, dass die Gerichte in der Regel diesem Antrag nur dann folgen, wenn der eingetretene Schaden bereits durch die im Strafprozess erhobenen Beweise eindeutig festgestellt wird und sie zudem davon überzeugt sind, dass der Täter die Zahlungen auch tätigen kann. Dies bedeutet, dass die Entschädigungszahlungen nur bei einfach gelagerten Fällen zugesprochen werden. Da aber gerade Korruptionsfälle häufig äußerst komplex sind, bleibt nur ein sehr schmaler Anwendungsbereich für diese Vorschriften.
Darüber hinaus ist vor dem *Magistrates Court* die Verurteilung zu einer solchen Zahlung der Höhe nach auf 5.000 £ begrenzt.[495]

Ferner dürfen sich Opfer grundsätzlich nicht in etwaige, wie oben genannte Beschlagnahmeverfahren, mit dem Ziel der Rückgewinnung von Verlusten einschalten. Dies hängt schon damit zusammen, da ansonsten den Opfern die sehr weitreichenden Vermutungen, wie sie oben beschrieben wurden, zum Vorteil gereichen würden, obwohl diese für die Beschlagnahmung durch den Staat vorgesehen sind. Dennoch stellen die Staatsanwälte in den geeigneten Fällen den Antrag auf Entschädigungszahlungen an die Opfer, sodass diese letztendlich doch von diesen Vorteilen profitieren können.
Denn die letztlich vom Gericht als Entschädigung festgesetzte Summe, kann dann aus der „Beschlagnahmungssumme" an das Opfer erfolgen.[496] Dies ist dann der Fall, wenn das Gericht sowohl eine Beschlagnahmungsanordnung als auch eine Kompensationszahlung angeordnet hat und der Täter nach Ansicht des Gerichts nicht fähig ist, beide beizubringen.[497]

d) Einziehung

Gemäß § 143 Powers of Criminal Courts (Sentencing) Act 2000 kann das Gericht die Anordnung treffen, dass alles, was der Täter bei Ausübung der Tat benutzt hat, eingezogen wird.

e) Zivilrechtlicher Rückgriff

Nicht behandelt werden sollen hier die Möglichkeiten, welche sich einem Opfer in zivilrechtlicher Hinsicht bieten, um gegen einen Straftäter, hier also einen Bestechenden bzw. Bestochenen, vorzugehen. Vielmehr soll der in England vorge-

495 § 131 Abs. 1 Power of the Criminal Courts (Sentencing) Act 2000.
496 § 13 Abs. 5 und 6 POCA 2002.
497 § 13 Abs. 5 POCA 2002.

sehene Sonderfall, wonach eine Behörde auf dem zivilrechtlichen Weg klagt, behandelt werden.

Gemäß Teil 5 POCA 2002 i.V.m. Anhang 8, Teil 2 SCA 2007 kann nämlich der Direktor der jeweils zuständigen Behörde[498] in einem zivilrechtlichen Verfahren auf Einziehung der Gewinne aus einer Straftat klagen, sodass hiervon grundsätzlich auch die Korruptionsdelikte erfasst sind.

Vor dem *Magistrates Court* kann so der Verfall von Bestechungsgeldern erreicht werden.[499]

Der Sinn hinter dieser Regelung besteht darin, dass so auf Bestechungsgelder zugegriffen werden kann, wenn nicht ausreichend Beweise für eine Strafverurteilung vorliegen. Denn für einen zivilrechtlichen Rückgriff in der hier behandelten Form ist es stets ausreichend, dass rechtswidrige Handlungen im zivilrechtlichen Sinne vorliegen, sodass ein strafbares Handeln im Sinne des Strafrechts nicht erforderlich ist.

Weitere Anwendungsfälle sind gegeben, wenn die Person, welche die Tat vermutlich begangen hat, tot ist, oder wenn der Täter nicht unter die englische Gerichtsbarkeit fällt.[500]

Problematisch ist dieses Verfahren aber hinsichtlich der Erfolgschancen, da hier natürlich die zivilrechtlichen Beweisregeln eingreifen, wonach die Beweise über „berechtigten Zweifel“[501] hinweghelfen müssen.

f) Steuerliche Behandlung

Bis 2002 waren Bestechungsgelder, welche ins Ausland gezahlt wurden, nach § 577 Income and Corporation Taxes Act 1988 steuerlich absetzbar. Dies wurde durch § 68 Abs. 2 Finance Act 2002 geändert, wonach ab dem 1. April 2002 Zahlungen, die außerhalb des United Kingdom erfolgten, dann nicht mehr absetzbar waren, wenn diese Zahlungen eine Straftat in dem United Kingdom darstellen würden.

Ferner kann nach Part 6 POCA 2002 i.V.m. §§ 92 ff. Anhang 8 SCA 2007 der Direktor der SOCA[502] die Einkünfte aus einer Straftat nachträglich besteuern, sodass er in diesem Fall die Funktionen des Finanzamtes ausübt.

---

498 Vgl. § 91 in Anhang 8, Teil 2 SCA 2007:
"[...] in relation to England and Wales, means SOCA, the Director of Public Prosecutions, the Director of Revenue and Customs Prosecutions or the Director of the Serious Fraud Office, [...]".

499 §§ 289-303 POCA 2002.

500 Vgl. Nicholls/Daniel/Polaine/Hatchard, 7.72.

501 “reasonable doubt”.

502 Serious and Organised Crime Agency.

# K. Probleme des englischen Rechts

Die englischen Regelungen hinsichtlich der Bestrafung von Korruption werden allgemein als unklar, undurchsichtig und zu komplex angesehen. Daraus ergebe sich auch große Rechtsunsicherheit.[503]
Die Ursachen hierfür finden sich vor allem in dem Umstand wieder, dass die Abgrenzung zwischen einer Bestechung im privaten und einer solchen im öffentlichen Bereich teilweise sehr schwierig ist und ferner, obwohl es letztlich um dasselbe Delikt „Bestechung" geht, die Tatbestandsmerkmale in den verschiedenen Acts sowie dem Common Law hinsichtlich Terminologie und Umfang unterschiedlich ausgelegt werden.

Um die einzelnen Abgrenzungsprobleme im Detail und verständlich darstellen zu können, ist es erforderlich, die einschlägigen Tatbestände an dieser Stelle aufzuführen und kurz auf diese einzugehen. Wie bereits geschildert, soll aber lediglich auf das Common Law und den 1889 Act eingegangen werden, da diese Regelungen die Grundlagen der Bestechung im Amt darstellen.

## I. Common Law[504]

Bestechung wird nach dem Common Law wie folgt definiert:[505]

> *„Ein Fall der Bestechung liegt vor, wenn irgendeine Person, die in einem öffentlichen Amt tätig ist, eine ungehörige Gegenleistung annimmt oder anbietet, um ihre Verhaltensweise im Amt beeinflussen zu lassen und dazu tendiert entgegen den geltenden Regeln von Redlichkeit und Rechtschaffenheit zu handeln."*[506]

503 OECD, United Kingdom: Phase 2, report on the application of the convention on combating bribery of foereign public officials in international business transactions (March 2005), Absätze 15 und 194.

504 Das Common Law kennt grundsätzlich zwei verschiedene Formen der Bestechung. Zum einen stellt es eine Straftat dar, wenn jemand einem Richter, einem Richter am Magistrates Court oder einem anderen Justizbeamten ein Geschenk oder eine Belohnung dafür anbietet oder gibt, um so sein Verhalten zu beeinflussen oder als Belohnung für etwas bereits Getanes vorsieht. Ebenso ist es für den Justizbeamten strafbar ein solches Geschenk anzunehmen.
Auf diesen Tatbestand soll hier nicht näher eingegangen werden, da er sich ausschließlich mit der Bestechung von Richtern befasst und somit bereits sehr speziell ist.
Der andere Tatbestand wird in der Arbeit näher erläutert.

505 Russel on Crime (12th ed 1964) S. 381.

506 „Bribery is the receiving or offering [of] any undue reward by or to any person whatsoever, in a public office, in order to influence his behavior in office, and incline him to act contrary to rules of honesty and integrity.".

*1. Der Vorteil*

In der genannten Definition wird das Schmiergeld als *„any undue reward"*, also jede unangemessene Gegenleistung, bezeichnet. In dem *Bodmin Case*[507] führte Richter J. Willes aus, dass er schwören musste, keine Geschenke von Leuten anzunehmen, die eine Klage bei ihm anhängig haben, es sei denn, es handelt sich dabei um Fleisch oder ein Getränk und dies von geringem Wert.

*2. Der Täter*

Grundsätzlich kann Jedermann Täter im Falle der aktiven Bestechung sein. Erforderlich ist aber, dass die Bestechung bzw. der Bestechungsversuch gegenüber einer Person erfolgt, die in einer öffentlichen Einrichtung tätig ist. Dabei spielt es keine Rolle, ob es sich hierbei um eine rechtsprechende, ministeriale oder andere Einrichtung handelt.[508]
Spiegelbildlich kann auch ein solcher Beamter Täter einer passiven Bestechung sein.

*3. Das Strafmaß*

Bestechung ist nach dem *Common Law* lediglich aufgrund einer Anklage (*indictment)* zu verurteilen und wird mit einer Geldstrafe und/oder einer unbegrenzten Freiheitsstrafe bestraft. Allerdings hat sich das Gericht hierbei an dem Strafrahmen eines vergleichbaren *„statutory offence"* zu orientieren.[509]

## II. Der 1889 Act

Bestechung bzw. Bestechlichkeit im Sinne des Prevention of Corruption Act 1889 liegt vor, wenn,

§ 1 Abs.1:

> *"Eine Person, die alleine, durch oder zusammen mit einer anderen Person auf korrupte Weise für sich selbst oder eine andere Person ein Geschenk, Darlehen, eine Vergütung, Belohnung oder einen sonstigen Vorteil als Anreiz oder Belohnung dafür erbittet, annimmt oder billigend annimmt, dass sie im Namen eines Mitglieds, leitenden Angestellten oder Beamten einer in diesem Gesetz genannten Behörde in Bezug auf eine die Behörde betreffende tatsächliche oder beabsichtigte Angelegenheit*

507 (1869) 1 O'M.&H. 121.
508 R v Whitaker [1914] 3 KB 1283, 1296; 10 Cr App R 245; Russel on Crime, S. 381.
509 Nicholl/Daniel/Polaine/Hatchard, 2.70.

*oder Geschäft eine Handlung vornimmt oder unterlässt, macht sich eines Vergehens schuldig.“*[510]

§ 1 Abs. 2:

*“Eine Person, die alleine, durch oder zusammen mit einer anderen Person auf korrupte Weise einer anderen Person zu deren eigenem Vorteil oder zum Vorteil eines Dritten ein Geschenk, Darlehen, eine Vergütung, Belohnung oder einen sonstigen Vorteil als Anreiz oder Belohnung dafür gibt, verspricht oder anbietet, dass sie im Namen eines Mitglieds, leitenden Angestellten oder Beamten einer in diesem Gesetz genannten Behörde in Bezug auf eine die Behörde betreffende tatsächliche oder beabsichtigte Angelegenheit oder Geschäft eine Handlung vornimmt oder unterlässt, macht sich eines Vergehens schuldig.“*[511]

### *1. Der Vorteil*

Nach § 1 1889 Act muss es sich bei dem Bestechungsmittel um ein „Geschenk, Darlehen, eine Vergütung, Belohnung oder einen sonstigen Vorteil“[512] handeln. Eine Definition der Begriffe „Geschenk“, „Darlehen“ und „Belohnung“ erfolgt jedoch nicht.

Dagegen umfasst das Merkmal „Vorteil“[513] in § 7 1889 Act jede Erlangung eines Amtes oder einer Würde, oder jedes Unterlassen, Geld oder geldwerte oder wertvolle Dinge zu verlangen, sowie jede Hilfe, Wahlstimme, Zustimmung oder Beeinflussung als auch jede vorgespiegelte Hilfe, Wahlstimme, Zustimmung oder Beeinflussung, wie auch jedes Versprechen bzw. Vermittlung von, bzw. Vereinbarung oder Bemühen zu beschaffen, oder das Aufrechterhalten von Er-

---

510 „Every person who shall by himself or by or in conjunction with any other person, corruptly solicit or receive, or agree to receive, for himself, or for any other person, any gift, loan, fee, reward, or advantage whatever as an inducement to, or reward for, or otherwise on account of any member, officer, or servant of a public body as in this Act defined, doing or forbearing to do anything in respect of any matter or transaction whatsoever, actual or proposed, in which the said public body is concerned, shall be guilty of an offence.“.

511 „Every person who shall by himself or by or in conjunction with any other person corruptly give, promise, or offer any gift, loan, fee, reward, or advantage whatsoever to any person, whether for the benefit of that person or of another person, as an inducement to or reward for or otherwise on account of any member, officer, or servant of any public body as in this Act defined, doing or forbearing to do anything in respect of any matter or transaction whatsoever, actual or proposed, in which such public body as aforesaid is concerned, shall be guilty of an offence.“.

512 „gift, loan, fee, reward or advantage“.

513 „advantage“.

wartungen auf ein Geschenk, Darlehen, eine Vergütung, Belohnung oder sonstigen Vorteil, wie er definiert wurde.[514]

Nach Ansicht der Rechtsprechung umfasst die Belohnung[515] auch nachträgliche Geschenke, die für eine vergangene Bevorzugung erfolgten, selbst wenn eine dahingehend lautende Vereinbarung in der Vergangenheit nicht geschlossen wurde.[516]
Denn das die Strafe begründende Verhalten ist in der Annahme eines Bestechungsmittels und nicht in einer etwaigen Bevorzugung zu sehen.[517] Die Belohnung hat allerdings für Bevorzugungen durch den Begünstigten zu erfolgen, wobei diese in einem Zusammenhang mit Angelegenheiten der Behörde stehen müssen.

*2. Der Täter*

Als Täter kommt im Falle der aktiven Bestechung Jedermann in Betracht, während es sich im Falle der passiven Bestechung um einen Amtsträger handeln muss. Was dabei unter Amtsträger zu verstehen ist, wird über den Begriff der „Behörde"[518] definiert, welche selbst in § 7 1889 Act beschrieben wird. Dieser Begriff wurde u.a. durch den 1916 Act erweitert.
Gemäß § 4 Abs. 2 1916 Act ist unter dem Begriff *„public body"* jede Behörde jeder Art[519] zu verstehen.[520] Dass diese doch recht klar anmutende Formulierung

---

514 "The expression "advantage" includes any office or dignity, and any forbearance to demand any money or money's worth or valuable thing, and includes any aid, vote, consent, or influence, or pretended aid, vote, consent, or influence, and also includes any promise or procurement of or agreement or endeavour to procure, or the holding out of any expectation of any gift, loan, fee, reward, or advantage, as before defined.".

515 „reward".

516 R v Andrews-Weatherfoil Ltd (1972) 56 Cr App R 31 (CA).

517 R v Parker (1986) 82 Cr App R 69 (CA).

518 „public body".

519 "In this Act and in the Public Bodies Corrupt Practices Act 1889, the expression "public body" includes, in addition to the bodies mentioned in the last-mentioned Act, local and public authorities of all descriptions.".

520 Wie bereits beschrieben, wurde dieser Begriff u.a. nochmal durch den ATCSA 2001 erweitert, welcher den Begriff der öffentlichen Körperschaft u.a. auch auf ausländische Amtsträger ausdehnte. Eine weitergehende Erörterung dieses Begriffes soll an dieser Stelle allerdings unterbleiben, da sich die Arbeit nicht mit dem Amtsdelikt der Bestechung/Bestechlichkeit auseinandersetzen soll und die hier dargestellte Form ausreicht, um diverse Abgrenzungsprobleme aufzuzeigen.

nicht frei von Problemen und weitläufigen Diskussionen ist, wird sich noch zeigen.

*3. Das Verhältnis zwischen der Bestechung und dem erwünschten Verhalten*

Der Prevention of Corruption Act 1889 fordert eine bestimmte Angelegenheit oder ein bestimmtes Geschäft[521], welches durch die Bestechung beeinflusst werden soll. Dies wird durch die gewählte Formulierung des Gesetzes deutlich, wonach die Zuwendung als Anreiz oder Belohnung für die Durchführung oder das Versprechen der Durchführung einer Amtshandlung zu erfolgen hat.[522] Dies bedeutet, dass eine konkrete Gegenleistung, auch wenn diese in der Vergangenheit liegen sollte, notwendig ist, um ein tatbestandliches Verhalten zu begründen.
In diesem Sinne wurde auch der Fall *R v. Parker* entschieden, welcher durch den Court of Appeal bestätigt wurde.[523] Hier wurde ausgeführt, dass nicht jede Zahlung an ein Ratsmitglied rechtswidrig ist, sondern nur dann, wenn eine Verbindung zwischen der Zahlung und einer Handlung in Ausübung des öffentlichen Amtes besteht. Demnach muss sich die Belohnung auf eine Handlung oder Unterlassung bezüglich einer Ratsangelegenheit beziehen.
Folglich ist also vor dem Hintergrund eines tatbestandsmäßigen Handelns eine Beziehung zwischen der Vorteilszuwendung und der Amtshandlung erforderlich.

*4. Das Strafmaß*

Im Strafmaß wird zwischen einer *„summary conviction"* und einer *„conviction on indictment"* unterschieden, wobei erstere eine Freiheitsstrafe von bis zu 6 Monaten und/oder eine in der Höhe beschränkte Geldstrafe vorsieht, während nach letzterer eine Freiheitsstrafe von bis zu 7 Jahren und/oder eine unbegrenzte Geldstrafe möglich ist.[524]

Daneben sind in § 2 b-e 1889 Act noch weitere Sanktionen vorgesehen, wie beispielsweise unter lit. c die Aberkennung des passiven Wahlrechts hinsichtlich öffentlicher Ämter für die Dauer von bis zu fünf Jahren.

---

521 „matter or transaction".

522 „...any gift... as an inducement to or reward for... doing or forbearing to do...".

523 (1985) 82 Cr App R 69, 73, 74.

524 § 2 a 1889 Act; § 2 (a) a.F. wurde durch den Criminal Justice Act 1988, §§ 47(1)(3), 123(6), Sch. 8 § 16 ersetzt.

## III. Der Act 1916

Ferner ist der Prevention of Corruption Act 1916[525] zu beachten, welcher kein selbständiger Straftatbestand wie die 1889 und 1906 Acts ist, sondern eine Ausweitung des Begriffs „public body“, eine Anhebung des Strafmaßes für Fälle der Korruption im Zusammenhang mit der Regierung oder öffentlichen Körperschaften[526] und eine Beweislastumkehr enthält:

### *1. Die Beweislastumkehr*[527]

> *„Sofern in einem Verfahren gegen eine Person wegen einer Straftat nach dem Prevention of Corruption Act 1906 oder dem Public Bodies Corrupt Practices Act 1889 bewiesen wird, dass ein Geldbetrag, ein Geschenk oder eine sonstige Leistung zugunsten einer Person, die bei der Regierung, einer Regierungsabteilung oder einer öffentlich-rechtlichen Körperschaft angestellt ist,*
>
> *seitens oder von einer Person, oder einem Angestellten einer Person, die in einem Vertragsverhältnis mit der Regierung, einer Regierungsabteilung oder einer öffentlich-rechtlichen Körperschaft steht oder einen solchen Vertrag zu erhalten versucht, bezahlt, zugewendet oder von dieser angenommen worden ist, wird vermutet, dass der Geldbetrag, das Geschenk oder die sonstige Leistung zu korrupten Zwecken im Sinne eines Anreizes oder einer Belohnung, wie es in den genannten Act definiert wird, gezahlt, hingegeben oder angenommen worden ist, bis das Gegenteil bewiesen wird.“*[528]

§ 2 1916 Act regelt die Anwendung einer Beweislastumkehr für den Fall, dass bestimmte Amtsträger eine Zuwendung von einer Person erhalten, die einen Vertrag mit der Majestät, der Regierung oder einer öffentlichen Körperschaft inne haben oder erstreben.

---

525 Der Prevention of Corruption Act 1916 wurde als eine Art Notfallmaßnahme eingeführt, da es während des Krieges zu Skandalen im Verteidigungsministerium in Bezug auf die Vergabe von Verträgen gekommen war. P. Fennel und P.A. Thomas, „Corruption of England and Wales; An Historical Analysis“; S. 167, 174 und 186.

526 Das Strafmaß wurde von 2 Jahren “harte Arbeit” auf 7 Jahre erhöht.

527 “Where in any proceedings against a person for an offence under the Prevention of Corruption Act 1906, or the Public Bodies Corrupt Practices Act 1889, it is proved that any money, gift, or other consideration has been paid or given to or received by a person in the employment of [Her] Majesty or any Government Department or a public body by or from a person, or agent of a person, holding or seeking to obtain a contract from [Her]Majesty or any Government Department or public body, the money, gift, or consideration shall be deemed to have been paid or given and received corruptly as such inducement or reward as is mentioned in such Act unless the contrary is proved.”.

528 § 2 1916 Act.

Denn bei Vorliegen dieser Konstellation wird vermutet, dass die Zuwendung zu korrumpierenden Zwecken erfolgte.
Wie sich aus dem Wortlaut der Vorschrift ergibt, fallen lediglich Amtsträger in den Anwendungsbereich, die direkt von der Krone, einem Ministerium oder einer Behörde angestellt sind. Wie bereits ausgeführt, werden daher Angestellte, die einem privatrechtlichen Anstellungsverhältnis unterstehen, ebenso wenig erfasst wie Angestellte privatrechtlicher Unternehmen, die Tätigkeiten für ein Regierungsdepartement ausüben.[529]
Ferner ist zwingend erforderlich, dass ein Vertrag Gegenstand der Tat ist.[530]
Dies hat zur Folge, dass der Beweis durch den Beschuldigten erbracht werden muss, dass die Zahlung nicht in einem korrumpierenden Sinn erfolgte, wobei dieser die Vermutung nur widerlegen kann, indem er die Jury von der Möglichkeit, dass die Zahlung unschuldig getätigt wurde, überzeugt.[531] Es ist also der Beweis des Gegenteils erforderlich.

Wie sich aus § 110 ATCSA 2001 ergibt, findet die Beweislastumkehr jedoch keine Anwendung auf Fälle, die von Bürgern des United Kingdoms oder von einer in dem UK eingetragenen juristischen Person im Ausland begangen wurden und nur aufgrund der §§ 108, 109 ATCSA 2001 strafrechtlich verfolgt werden können.[532]
Die Beweislastumkehr des 1916 Act ist allerdings nicht undiskutiert. Denn es wurde eingewandt, dass diese einen Verstoß gegen die Unschuldsvermutung gemäß Art. 6 Abs. 2 der Europäischen Menschenrechtskonvention, welche durch den Human Rights Act 1998 in das englische Recht inkorporiert wurde, darstellt. Daraufhin empfahl die Law Commission die Abschaffung der Beweislastumkehr.[533]
Dennoch wurde in zwei Fällen[534], die zwar nichts mit Korruption zu tun hatten, denen aber eine ähnliche Beweislastregelung zugrunde lag, durch die entscheidenden Richter *obiter dictum* festgestellt, dass ein Verstoß gegen die Unschuldsvermutung nicht vorliege, da die Beweisregelungen sich eben nur auf die Beweiserhebung bzw. Beweislast beziehen.

---

529 Vgl. S. 58.
530 So auch Law Com No 248, 2.16.
531 Braithwaite [1983] 1 WLR 385, 389; R v Carr-Briant [1943] KB 607.
532 § 110 ATCSA 2001:
"Section 2 of the Prevention of Corruption Act 1916 (c. 64) (presumption of corruption in certain cases) is not to apply in relation to anything which would not be an offence apart from section 108 or section 109.".
533 So die Law Commission mit ausführlicher Begründung in: Law Com No 248, 4.1 ff.
534 R v Lambert [2002] 2 AC 545, HL; R v Matthews [2003] 3 WLR 693(CA).

Auch Transparency International trat dem von der Law Commission gemachten Vorschlag, die Regelung abzuschaffen, entgegen. So wurde argumentiert, dass die Erwartungen an die Integrität von Beamten besonders hoch und daher ein erhöhter strafrechtlicher Druck gerechtfertigt sei.[535]

Auch diese Diskussion zeigt wieder, dass die Acts 1889-1916 keinesfalls frei von Kritik und Problemen sind.

### *2. Der Begriff des Public Body*

Zum einen definiert § 4 Abs. 2 1916 Act den Begriff des *„public body"* in der bereits geschilderten Art und Weise.[536]

Daneben legt § 4 Abs. 3 1916 Act fest, dass alle Personen, die bei einer solchen Behörde im Dienst stehen, auch als *„agents"* im Sinne des 1906 Act angesehen werden, wobei die Begriffe *„agent"* und *„consideration"* wie im 1906 Act definiert, zu verstehen sind. Auf die hierdurch entstehenden Probleme ist nun im Folgenden einzugehen.

## IV. Die problematische Unterscheidung zwischen privater und „öffentlicher" Korruption im Hinblick auf den 1916 Act

Wie sich deutlich aus dem Wortlaut der Regelung des Common Law und des 1889 Act ergibt, kann Täter in diesen Fällen nur ein Amtsträger sein.
Dagegen wird in § 1 Prevention of Corruption Act 1906 lediglich der Begriff des *„agents"* zugrundegelegt, welcher aber, wie ausgeführt, auch Amtsträger verschiedener Arten umfassen kann.

So gesehen ist eine Abgrenzung in zweierlei Hinsicht vorzunehmen. Denn es sind zum einen Angestellte in der Privatwirtschaft von Mitgliedern, Amtsträgern oder Angestellten öffentlicher Körperschaften und zum anderen von solchen der Zentralverwaltung, welche im Namen der Krone erfolgt und aus dem Amt der Königin, ihren Ministern und deren Verwaltungen bestehen, voneinander abzugrenzen.
Diese Abgrenzung hat insbesondere in Hinblick auf die im 1916 Act geregelte Beweislastumkehr fundamentale Bedeutung, da diese, wie geschildert, nur anwendbar ist, wenn der Bestochene ein Amtsträger im Sinne des § 2 1916 Act ist.

---

535 Vgl. Nicholls/Daniel/Polaine/Hatchard, 2.42.

536 Siehe S. 106.

Dass diese Abgrenzungen und die Frage nach dem Umfang und der Reichweite der einzelnen Tatbestandsmerkmale nicht gerade einfach sein kann, zeigte sich bereits in der Vergangenheit, da es hier zu Fehlern in der Anklage kam:
So wurde in *Natji* [537] der Angeklagte, der ein Beratungsunternehmen für Einwanderer betrieb, auf der Grundlage des 1889 Act zunächst verurteilt, weil er einem Beamten des „Immigration and Nationality Department", Bestandteil des Innenministeriums, Geld versprochen hat, falls dieser ihm Informationen und Daten bezüglich seiner Klienten zukommen ließe. Der Richter befand, dass das genannte Department in den Anwendungsbereich des 1889 Act fiele, da dieses eine Behörde im Sinne von § 4 Abs. 2 1916 Act sei, welche das Tatbestandsmerkmal „Behörde" als Behörden aller Art definiert.
Dieses Urteil wurde aber wieder aufgehoben. Denn nach Auffassung des Berufungsgerichts kann weder ein Regierungsdepartment noch die Krone unter den Begriff der Behörde im Sinne von § 4 Abs. 2 1916 Act subsumiert werden, sodass hier das Department nicht als öffentliche Körperschaft gemäß des 1889, 1916 Act angesehen werden kann und damit die Entscheidung des Richters falsch war.
Argumentiert wurde hierbei wie folgt[538]:
Zunächst wurde festgestellt, dass sich die Staatsanwaltschaft und die Verteidigung darüber einig waren, dass der Bestochene ein Angestellter der Krone im Sinne des 1906 Act gewesen ist und damit eine Anklage jedenfalls unter diesem hätte erfolgen können.
Hinsichtlich der Frage, ob nun auch der 1889 i.V.m. § 4 Abs. 2 1916 Act diesen Fall erfasst, wurde zum einen ausgeführt, dass der 1906 Act, welcher unstreitig auf unter der Krone Dienende anwendbar ist, nicht als Erweiterung des 1889 Act, sondern als völlig selbstständige Vorschrift, zu sehen sei. Folglich werden Täter, die unter der Krone dienen, direkt von dem 1906 Act erfasst, so dass es aus Sicht des Gesetzgebers keinen Sinn macht, durch den 1916 Act diese Täter in den Begriff der Behörden aller Art einzubeziehen und so einer Strafbarkeit nach 1889 Act zugänglich zu machen. Außerdem wird die „Krone" in § 4 Abs. 2 1916 Act überhaupt nicht erwähnt.
Zum anderen wurde § 2 des 1916 Act vergleichend herangezogen. Als Ergebnis wurde festgestellt, dass dort eine Unterscheidung zwischen der Krone, Regierungsdepartments und Behörden getroffen wird.[539] Folglich wäre diese aus-

537 R v Natij [2002] 1 WLR 2337.
538 Vgl. R v Natji [2002] 1 WLR 2337, 2343 f. (CA).
539 "…in the employment of [Her] Majesty or any government department or public body…".

drücklich unterscheidende Formulierung unnötig, wenn dann § 4 1916 Act mit dem Begriff der Behörden aller Art auch die Krone und Regierungsdepartments erfassen würde. Dies könne jedoch keinesfalls beabsichtigt gewesen sein.

## V. Widersprüche und Unsicherheiten in der Terminologie und Umfang der Tatbestandsmerkmale

Die bestehenden „Straftatbestände" verfügen über keine einheitliche Terminologie hinsichtlich der einzelnen Tatbestandsmerkmale.
Dies ist aber doch recht problematisch, da es letztlich um „dasselbe" Delikt geht, auch wenn einmal ein Privatmann und ein anderes Mal ein Amtsträger bestochen wird bzw. besticht.
Darüber hinaus sind aber zudem Unterschiede im Umfang der Anwendungsbereiche der Delikte auszumachen, wodurch eine Unterscheidung zwischen Amtsträgern und Privatpersonen eine noch größere Bedeutung erlangt.

### *1. Der Vorteilsbegriff*

Während das Common Law lediglich von einem *„undue reward"*, also einer ungerechtfertigten Gegenleistung, spricht, werden im 1889 Act folgende Begriffe verwendet: Geschenk, Darlehen, Entgelt, Gegenleistung oder Vorteil.[540]
Nach dem Prevention of Corruption Act 1906 ist dagegen ein Geschenk oder eine Gegenleistung[541] erforderlich.
Hierin zeigen sich bereits grundlegende Probleme. Denn in diesen drei Fällen wird stets eine unterschiedliche Terminologie verwendet, sodass es durchaus gerechtfertigt erscheint, die Frage aufzuwerfen, ob denn der Bestechungsgegenstand auch tatsächlich jeweils anders beschaffen sein kann bzw. muss.
Die Law Commission geht jedenfalls davon aus, dass ein gewisser Unterschied zwischen dem Begriff des Vorteils im Sinne des 1889 Act und dem des 1906 Acts besteht, wobei sie den des ersteren für etwas weiter hält als letzteren.[542]
Ebenfalls nicht unproblematisch ist der *„undue reward"*, da hier über die Leistung an sich eine Wertung vorgenommen wird, nach welcher die Gegenleistung ungerechtfertigt sein soll.

Hierin zeigt sich deutlich die Verworrenheit der aktuellen Rechtslage. Denn es verwundert doch schon sehr, wenn im Rahmen des Vorteils unterschiedliche

540 „gift, loan, fee, reward or advantage".
541 „gift or consideration".
542 Law Com No 248, 5.38.

Zuwendungen erfasst werden, obwohl es letztlich immer um ein Bestechungsdelikt geht.

*2. Der Bestochene*

Nach dem Common Law muss es sich bei dem Bestochenen um einen Beamten im öffentlich rechtlichen Sinn[543] handeln. Dagegen nennt der 1889 Act ein Mitglied, einen Beamten oder Bediensteten der öffentlichen Verwaltung.[544] Am weitesten geht der 1906 Act, der mit dem Begriff *„agent"* sowohl den privaten als auch öffentlich-rechtlichen Sektor abdeckt. Obwohl dieser Begriff aber allgemein als sehr weit angesehen wird, herrscht dennoch auch hier Unsicherheit, da wie bereits geschildert, nicht klar ist, ob bestimmte Fallgruppen von diesem erfasst werden.
Auch wenn eine gewisse gemeinsame Schnittmenge zwischen den einzelnen Regelungen besteht, kann die Differenzierung zwischen diesen Rechtsgrundlagen zudem dann von entscheidender Bedeutung sein, wenn im Falle einer Bestechung die Person, die zu der „unlauteren Bevorzugung" bewegt werden soll, nicht die Person ist, die auch das Bestechungsmittel erhält.
Denn der 1906 Act erfordert, dass der Bestochene und der die Bevorzugung Ausübende dieselbe Person ist.
Im Gegensatz hierzu reicht es nach dem 1889 Act aus, wenn ein Dritter das Bestechungsmittel erhält.[545]
Demzufolge ist der Anwendungsbereich der beiden Normen in diesem Punkt so verschieden, dass hier die Unterscheidung über Verurteilung oder keine Anklage entscheiden kann.

Ein weiterer Unterschied besteht darin, dass nach dem 1889 Act ein Fall von Korruption auch dann vorliegen kann, wenn der Bestochene zur Zeit der Bestechung nicht mehr oder noch nicht Amtsträger ist.[546]
Dagegen wird angenommen, dass der Angestellte im Sinne des Act 1906, der Bestechungsgelder annimmt oder sich hierzu bereit erklärt, nur dann strafrechtlich belangt werden kann, wenn dies während seiner Tätigkeit als Angestellter geschah.

543 „public officer".
544 „member, officer, or servant of a public body".
545 Vgl. Law Com No 248, 3.5.
546 So Law Com No 248, 3.6.

### *3. Der Zusammenhang zwischen der Bestechung und dem erstrebten Verhalten*

Während nach dem 1889 Act ein konkreter Vorteil als Gegenleistung erbracht werden muss, ist dies nach dem 1906 Act gerade nicht notwendig, da hier bereits die Bestechung mit dem Ziel, eine generell bevorzugte Behandlung zu erhalten, ausreicht.
Demnach ist § 1 1906 Act sehr viel weiter als der 1889 Act, obwohl auch unter ersteren, wie oben gezeigt, Beamte im öffentlichen Dienst fallen können.

### *4. Das Tatbestandsmerkmal des „korrupten Handelns“*

Wie bereits oben beschrieben, herrscht Streit und Verwirrung über die Frage, ob das Wort „corruptly“ als Tatbestandsmerkmal im „klassischen Sinne“ zu verstehen ist oder lediglich deskriptiven Charakter hat.
Da sowohl der 1889 Act als auch der 1906 Act dieses Wort in derselben Art und Weise verwenden, sei an dieser Stelle auf die oben gemachten Ausführungen verwiesen.

### *5. Die Strafandrohung*

Die Hauptstrafandrohungen sind in dem 1889 Act und dem 1906 Act dieselben. Auffällig ist hierbei, dass eine Unterscheidung dahingehend, dass das Amtsdelikt mit einer höheren Strafe bewehrt wäre, nicht getroffen wird. Andererseits ist dies vor dem Hintergrund, dass der 1906 Act auch Amtsträger erfassen kann, konsequent. Unterschiede bestehen aber hinsichtlich der zusätzlichen Sanktionen, die lediglich nach dem 1889 Act möglich sind.
Allerdings sind diese Differenzen nicht überzubewerten, da es beispielsweise nach dem Company Disqualification Act 1986 oder dem POCA 2002 Möglichkeiten gibt, gleichartige Sanktionen zu verhängen.
Wie schon beschrieben, ist das Strafmaß nach dem Common Law unbeschränkt, wobei eine Orientierung an den vergleichbaren *Statutes*, hier den 1889 und 1906 Acts, erfolgt.

### *6. Bestechung außerhalb von England und Wales*

Trotz des ATCSA 2001, welcher wie schon dargestellt, die Strafbarkeit von Briten und unter englischem Recht eingetragenen Firmen im Ausland massiv erweitert hat, wird diese Regelung teilweise immer noch als unzureichend empfunden. So wird insbesondere vorgebracht, dass ebenfalls Ausländer, die ihren Wohnsitz oder ihren ständigen Aufenthalt in England und Wales haben, strafrechtlich belangbar sein müssten, wenn diese Bestechungen im Ausland ausführen, da ansonsten die Staatsangehörigen des United Kingdom schlechter stünden.[547]

Ferner werden Strafbarkeitslücken in folgendem Fall befürchtet:
Wenn ein Brite bzw. eine unter englischem Recht eingetragene juristische Person einen Ausländer zu einer Bestechung anstiftet bzw. zu einer solchen Beihilfe leistet, begründet dies keine strafrechtlichen Konsequenzen.
Denn nach den allgemeinen strafrechtlichen Grundsätzen ist es erforderlich, dass der Haupttäter eine Straftat begangen hat, da die Strafbarkeit des Tatbeteiligten von der des Haupttäters abhängig ist.[548]
Daran fehlt es in dem genannten Beispiel aber, so dass die Anstiftung bzw. Beihilfe straffrei sind.

547 Vgl. Law Com No 313, 8.15, 8.32 ff.

548 Johnson (1805) 6 East 583; Jameson [1896] 2 QB 425.

# Kapitel 3: Vergleich

Wie sich im Folgenden zeigen wird, weisen die deutschen und die englischen Tatbestände zum Teil deutliche Parallelen auf. Dies ist vor allem darauf zurückzuführen, dass der 1906 Act bei der Schaffung der deutschen Regelung als Vorbild fungierte.[549]
Allerdings existieren ebenso einige große Unterschiede in der Handhabung von Korruptionsdelikten.
Diese Gemeinsamkeiten und Differenzen werden nun im Folgenden dargestellt werden.

## A. Der Schutzumfang

Zunächst kann festgestellt werden, dass bezüglich der Frage, welche Rechtsgüter unter den Schutzbereich des § 299 StGB in Deutschland fallen, eine breit angelegte grundsätzliche Diskussion stattfindet, während in England diese Thematik kaum und schon gar nicht vertiefend problematisiert wird.
Im Ergebnis kann aber festgehalten werden, dass sowohl im deutschen wie auch im englischen Recht der faire Wettbewerb ein zentral geschütztes Rechtsgut ist.
Zudem wird nach englischer Ansicht auch der Geschäftsherr durch den 1906 Act vor Treuebrüchen geschützt. So eindeutig sind die Stimmen in Deutschland zwar nicht, doch bejaht auch in der Bundesrepublik die herrschende Meinung einen solchen Schutz.
Ebenfalls ist nach beiden Rechtordnungen auch ein Schutz für Mitbewerber im Schutzumfang der Regelungen enthalten, und dies, obwohl es in England an dem Wettbewerbserfordernis grundsätzlich fehlt.

Unterschiede ergeben sich dagegen im Bereich der internationalen Anwendung der Normen bei Taten, die im Ausland begangen werden.
So ist zwar in Deutschland nach h.M. anerkannt, dass sich der Schutzbereich grundsätzlich weltweit erstreckt, doch sind bei der Bestimmung im Einzelfall die §§ 3 ff. StGB zu beachten. Dies hat zur Konsequenz, dass eine ausschließlich im Ausland begangene Tat nur dann in Deutschland verfolgt werden kann, wenn die Handlungen auch im Auslandsstaat unter Strafe gestellt sind.
Dagegen unterscheidet sich die englische Regelung hiervon doch weitgehend. In Deutschland werden die §§ 3 ff StGB allgemein auf alle Strafnormen angewandt, sodass alle durch Deutsche im Ausland begangene Straftaten unter den

549 Vgl. auch Vogel, in: Weber-FS, S. 403 FN 45.

zusätzlichen Voraussetzungen des § 7 StGB verfolgt werden können, sofern nicht schon eine Verfolgbarkeit nach den §§ 4 bis 6 StGB gegeben ist.
Obwohl in England die Ausgangslage grundsätzlich „enger" ist, da dort das Territorialprinzip Anwendung findet, hat der 1906 Act einen weitergehenden Anwendungsbereich als § 299 StGB, da durch den Erlass des ATCSA 2001 die Verfolgbarkeit international ausgeübter Bestechungen losgelöst vom Tatortrecht zu betrachten ist.
Dabei geht die englische Regelung sogar so weit, dass nicht einmal ein Zusammenhang zu dem United Kingdom erforderlich ist.
Sicherlich kann hier die Frage aufgeworfen werden, ob hierdurch nicht in die Strafverfolgungssouveränität anderer Staaten eingegriffen wird, wenn ein am Tatort legitimes Verhalten in England strafrechtlich verfolgt wird. Andererseits muss natürlich auch beachtet werden, dass gerade durch die internationale Korruption nationale Schäden verursacht werden und die Effektivität der Korruptionsbekämpfung durch eine solche Regelung erhöht sein dürfte. Insbesondere einheimische Firmen können auf diesem Weg nämlich umfassender vor wettbewerbswidrigem Verhalten ausländischer Konkurrenten geschützt werden.
Ein Kritikpunkt an der aktuellen Gesetzeslage ist in England unter anderem der Umstand, dass eine Teilnahme an einem durch einen Ausländer im Ausland begangenen Bestechungsdelikts mangels der Strafbarkeit der Haupttat nicht sanktioniert werden kann.
Hierzu ist festzustellen, dass die Rechtslage in Deutschland eine derartige Lücke nicht aufweist. Nach § 9 Abs. 2 S. 2 StGB gilt für den in Deutschland handelnden Teilnehmer einer Auslandstat "das deutsche Strafrecht, auch wenn die Tat nach dem Recht des Tatorts nicht mit Strafe bedroht ist". Fraglich ist demnach auch hier, inwieweit dem Akzessorietätsgrundsatz Genüge getan werden muss.
Nach herrschender Meinung wird die ausländische Haupttat für Anstifter und Gehilfen im Inland wie eine inländische beurteilt, "sodass es für die Akzessorietät der Teilnahme nur noch darauf ankommt, ob die Haupttat, wäre sie im Inland begangen, als vorsätzliche Inlandstat tatbestandsmäßig und rechtswidrig" wäre.[550]
Wäre die Bestechung - diesen Grundsatz zugrunde legend - in Deutschland begangen worden, so würde man unproblematisch zu einer teilnahmefähigen Haupttat und damit zur Strafbarkeit der Teilnahme gelangen.

550 Vgl. Gribbohm, JR 1998, 177 ff.; Fischer, § 9 Rn 10.

# B. Täter und Tathandlung

## I. Täter

Der potentielle Täterkreis im Falle einer Bestechlichkeit ist nur zum Teil identisch, obwohl nach beiden Vorschriften eine weite Auslegung der Begriffe *„agent"* bzw. Angestellter erfolgt, wobei in Deutschland durch das Merkmal des „Beauftragten" ein zusätzliches Auffangtatbestandsmerkmal zur Verfügung steht, so dass nach beiden Rechtsordnungen eine sehr weitreichende Subsumtion möglich ist.
Zusätzlich ist nach der deutschen Norm erforderlich, dass der Täter Angestellter/Beauftragter eines geschäftlichen Betriebes ist. Ein solcher Zusatz ist im 1906 Act nicht vorgesehen, wobei hier für die Bejahung eines *„agent"* jedes Auftrags- oder Angestelltenverhältnis ausreicht, so dass sich letztlich die Begriffe in dieser Hinsicht doch decken.
Erforderlich ist aber nach beiden Rechtslagen immer, dass auch tatsächlich ein Rechtsverhältnis besteht, so dass ein lediglich vorgetäuschtes Angestelltenverhältnis nie ausreicht.
Der große Unterschied ist aber darin auszumachen, dass der 1906 Act auch bestimmte Beamte erfasst, sofern diese unter § 1 Abs. 3 1906 Act i.V.m. § 4 Abs. 3 1916 Act subsumierbar sind. Dagegen sind Beamte durch § 299 StGB überhaupt nicht erfasst, da diese ausschließlich unter die §§ 331 ff. StGB fallen.
Dass die englische Lösung als unglücklich betrachtet wird, wurde bereits durch die schon oben dargestellten Probleme bei der Anwendung der richtigen Grundnorm, also der Frage, ob aufgrund des ausschließlich Beamte erfassenden 1889 Act oder eben nach dem 1906 Act anzuklagen ist und dem damit verbundenen Problem, welche Art „Beamter" vorliegt, dargestellt. Andererseits muss auch festgestellt werden, dass die Situation in Deutschland nicht anders ist. Denn auch hier muss untersucht werden, ob nun ein Beamter, ein Privatmann oder eine öffentliche Aufgabenerfüllung durch Privatrechtssubjekte vorliegt. Diese Abgrenzung erfolgt dabei ausschließlich nach § 11 Abs. 1 Nr. 2 StGB. Werden an dieser Stelle Fehler gemacht, so kann es auch nach deutschem Recht zu fehlerhaften Anklagen kommen.
Letztlich stellt sich also in England und Deutschland dieselbe Problematik: Es muss eine rechtliche Abgrenzung von der Beamteneigenschaft vorgenommen werden, wobei das englische Recht als zusätzliches Problem die genaue Einordung des Beamten beinhaltet, da diese eben teilweise auch unter den 1916 Act fallen.

Als Täter einer Bestechlichkeit ausgeschlossen ist nach den Vorschriften beider Länder der Geschäftsherr selber, da dieser niemals Angestellter bzw. Beauftragter oder „*agent*“ sein kann. Zwar wird dies teilweise in beiden Ländern kritisiert, doch Abhilfe kann hier nur eine Gesetzesänderung schaffen, da der Wortlaut der Normen eindeutig ist.

Dagegen unterscheidet sich der potentielle Täterkreis bei einer Bestechung zwischen § 299 Abs. 2 StGB und § 1 Abs. 1 Alt. 1 1906 Act, obwohl dieser nach dem Wortlaut identisch ist. Denn beide Tatbestände haben ein offenes Täterfeld, da lediglich von *„wer“* bzw. *„eine Person“* die Rede ist. Wie bereits dargestellt, ist aber nach der deutschen Norm erforderlich, dass der Täter zu Zwecken des Wettbewerbs handelt, woraus sich eine Begrenzung auf Mitbewerber und solche Personen, die im Interesse eines Mitbewerbers handeln, ergibt.

Hieran fehlt es im englischen Recht.

Im englischen Recht ist eine grundsätzliche Strafbarkeit juristischer Personen vorgesehen. So können diese auch im Fall von Bestechungsdelikten sanktioniert werden.
In Deutschland ist die Verhängung einer Kriminalstrafe dagegen grundsätzlich nicht möglich. Allerdings bietet § 30 OWiG die Möglichkeit juristische Personen mit einem Bußgeld zu belegen. Auch hier sind, ähnlich zu der englischen Identifikationstheorie, bestimmte Repräsentanten der juristischen Person Anknüpfungspunkt zur Sanktionierung, welche selbst eine Straftat verübt haben müssen.
Demnach ist die Bestrafung an letztlich sehr ähnliche Voraussetzungen geknüpft: Nämlich zum einen, dass das Bestechungsdelikt durch eine natürliche Person verübt wurde. Zum anderen, dass diese Person in leitender Position ist bzw. mit weitreichenden Befugnissen ausgestattet handelte.
Enger ist die deutsche Regelung dadurch, dass, sofern eine Pflichtverletzung im Sinne des § 30 OWiG abgelehnt wird, eine Bereicherung der juristischen Person erfolgt bzw. beabsichtigt gewesen sein muss, während dies nach englischer Rechtslage gerade nicht erforderlich ist.
Selbiges gilt für Personenvereinigungen, welche sowohl von § 30 OWiG als auch von dem 1906 Act erfasst werden.

## II. Tathandlung

Die eigentliche Tathandlung im Rahmen einer Bestechlichkeit ist nach § 299 Abs. 1 StGB und § 1 Abs. 1 Alt. 1 1906 Act quasi identisch, da nach beiden Vorschriften, auch wenn der Wortlaut etwas unterschiedlich ist, letztlich das Fordern, Sich-Versprechen-Lassen oder das Annehmen für ein tatbestandliches Handeln ausreichend ist.

Ebenso so verhält es sich im Hinblick auf die Variante der Bestechung, wonach das Anbieten, Versprechen oder Gewähren zu einer Verwirklichung des Tatbestands führt.

Nie erforderlich ist, dass es zu einer tatsächlichen Bestechung bzw. Bestechlichkeit in dem Sinn, dass eine Bezahlung erfolgt, kommt oder dass ein Schaden bei dem Geschäftsherren oder einem etwaigen Konkurrenten eintritt. Dabei ist nach beiden Rechtsordnungen eine weite Vorverlagerung in den Bereich der Versuchsstrafbarkeit festzustellen, da in beiden Fällen bereits das Fordern bzw. das Anbieten eines Schmiergeldes eine vollendete Bestechlichkeit/Bestechung darstellt. Allerdings geht die englische Regelung noch weiter, da sie zudem eine Versuchsstrafbarkeit bereit hält, an welcher es in Deutschland fehlt. Der tatsächliche Anwendungsbereich ist aber sehr schmal, da eine versuchte Bestechlichkeit kaum vorstellbar ist. Einzig denkbar sind Konstellationen in Verbindung mit Irrtümern auf einer Seite, so wie beispielsweise der Fall, dass etwas ohne Bestechungsabsicht angeboten wird, der Angestellte aber von einer Bestechung ausgeht und sich bestechen lassen wollte.[551]

Während dies ein Fall der versuchten Bestechlichkeit nach englischem Recht darstellt, ist dies nach deutschem Recht straflos, da zwar der Tatbestand subjektiv erfüllt ist, es aber an der objektiven Kongruenz fehlt, so dass ein Versuch vorliegt, welcher eben nicht mit Strafe bedroht ist.[552]

Die Tathandlung hat darüber hinaus nach § 299 StGB im *geschäftlichen Verkehr* zu erfolgen, wodurch das Erfordernis des Betriebsbezugs bestimmt wird und eine Abgrenzung zu lediglich privaten oder betriebsinternen Vorgängen erfolgt. Vergleichend kann hierzu das Tatbestandsmerkmal der notwendigen Verbindung der Handlung zu den *Angelegenheiten oder Geschäften des Dienstherren*[553] herangezogen werden, § 1 1906 Act. Hierdurch wird ebenfalls eine Abgrenzung zu privaten oder jedenfalls nicht mit dem Betrieb in Verbindung stehenden Handlungen notwendig.

---

551 Siehe auch Beispiel auf S. 82.

552 §§ 22, 23 Abs. 1, 12 StGB.

553 "[…] in relation to his principal affairs or business […]".

Somit haben diese Tatbestandsmerkmale dieselbe Funktion. Es soll sichergestellt werden, dass die Handlung nur dann tatbestandsmäßig sein kann, wenn auch ein Zusammenhang zu den Geschäften des Dienstherren bzw. des Betriebes besteht. Denn nur in diesem Fall kann auch eine unsachgemäße Entscheidung getroffen werden, welche letztlich den Wettbewerb, das geschützte Rechtsgut, verzerrt.

Durch das § 299 StGB zugrundeliegende Wettbewerbsmodell ist weitere Voraussetzung, dass die Bevorzugung im Wettbewerb bzw. zu Wettbewerbszwecken erfolgt.
Hiervon unterscheidet sich der englische Tatbestand deutlich, da hiernach keine Wettbewerbssituation in diesem Sinne erforderlich ist.

## III. Vorteilsbegriff und die Drittzuwendung

Die in den jeweiligen Rechtsordnungen verwendeten Vorteilsbegriffe weisen dem Grunde nach eine hohe Ähnlichkeit auf. Zwar ist in dem 1906 Act von *„Geschenk oder Gegenleistung"* die Rede, doch sind hiervon letztlich dieselben Zuwendungen erfasst wie nach § 299 StGB.
Unterschiede können sich aber bei der Behandlung von lediglich bagatellartigen Zuwendungen ergeben. Denn nach einer Auffassung in Deutschland sind solche Zuwendungen zwar als Vorteile im Sinne des § 299 StGB zu sehen und damit ein Vorteil zu bejahen, es wird dann aber ein tatbestandsmäßiges Handeln aufgrund der fehlenden „Unlauterkeit" abgelehnt oder jedenfalls eine Rechtfertigung angenommen. In England wird bereits das Tatbestandsmerkmal des „Vorteils" verneint, wie es auch nach der herrschenden Meinung in Deutschland der Fall ist.
Dieser Unterschied, welcher nur im Falle der geschilderten Mindermeinung zum Tragen kommt, hat aber keine praktischen Auswirkungen, sondern ist lediglich theoretischer Natur, da es vom Ergebnis her unbedeutend ist, ob nun der Vorteil an sich oder die Unlauterkeit abgelehnt wird.
Ungeklärt und Aufgabe der Rechtsprechung im Rahmen von Einzelfallentscheidungen ist in beiden Ländern die Beantwortung der Frage, bis zu welchem Wert eine Zuwendung als noch sozialadäquat eingestuft werden kann. Denn Richtlinien oder ähnliches existieren nicht.

Der Fall der Drittzuwendung wird bei Vorliegen einer Bestechlichkeit nach englischem und deutschem Recht gleich behandelt, da beide diese tatbestandlich erfassen.

Im Gegensatz hierzu erfasst nur § 299 Abs. 2 StGB die Drittzuwendung im Rahmen einer Bestechung, während der 1906 Act an dieser Stelle eine massive Strafbarkeitslücke aufweist, da eine solche unter diesem nicht strafbar ist. Im Hinblick hierauf kann die in England festgestellte Reformbedürftigkeit des 1906 Acts nur bejaht werden.

## IV. Gegenleistung und Unrechtsvereinbarung

Fundamentale Unterschiede bestehen im Rahmen der Gegenleistung und der Unrechtsvereinbarung.

Während nach deutschem Recht ein Gegenleistungsverhältnis in Form einer Unrechtsvereinbarung mit dem Ergebnis erforderlich ist, dass eine konkret bestimmte Handlung als Gegenleistung für das erhaltene Schmiergeld vollzogen wird, erfordert die englische Regelung gerade keine konkrete Gegenleistung im Sinne eines solchen Gegenleistungsverhältnisses. Vielmehr reicht bereits eine ganz allgemein vollzogene Besserbehandlung in Form einer „Klimapflege“ aus. Eine solche ist in Deutschland aber lediglich nach § 331 StGB bei einer Vorteilsannahme durch einen Amtsträger unter Strafe gestellt.

Eine Unrechtsvereinbarung in der dem § 299 StGB zugrundeliegenden Form ist im Rahmen des 1906 Acts jedenfalls nicht erforderlich. Überhaupt wird kaum darauf geachtet, ob eine Unrechtsvereinbarung gegeben ist. Vielmehr steht bei der Beurteilung im Fokus, ob es denn nun eine Bevorzugung, unabhängig davon, ob konkret oder generell, an sich gab.

Darüber hinaus ist auch eine nachträgliche Belohnung eines Angestellten, welche ohne vorherige Absprache im Sinne einer Gratifikation erfolgt, nach dem 1906 Act tatbestandsmäßig, wogegen sich nach § 299 StGB die Absprache stets auf eine künftige Bevorzugung zu beziehen hat. Nachträgliche Zuwendungen sind folglich nicht von § 299 StGB erfasst.

Betrachtet man die englische Norm, so ist es aufgrund des fehlenden Erfordernisses einer Unrechtsvereinbarung im „deutschen Sinn“ nachvollziehbar, dass auch nachträgliche Zuwendungen zu einer Strafbarkeit nach dem 1906 Act führen können. Denn die Unrechtsvereinbarung erfordert von sich aus schon den Bezug auf künftige Handlungen. So gesehen ist das englische Recht noch in sich schlüssig.

Allerdings geht es im Vergleich zu weit. Denn diese Auslegung verstößt schon gegen den Wortlaut der Norm, da hier ebenso wie in dem deutschen Straftatbestand das Wort *„dafür“* verwendet wird, wodurch an sich das Bestehen einer konkreten Unrechtsvereinbarung verlangt wird. Diesem Erfordernis wird aber kaum Beachtung geschenkt.

Ferner ist, wie bereits mehrfach erwähnt, das zentral geschützte Rechtsgut der faire Wettbewerb. Eine nachträgliche Zuwendung, welche tatsächlich ohne jede vorherige Absprache erfolgte, ist schon gar nicht geeignet, dieses Rechtsgut zu gefährden, geschweige denn zu verletzten. Denn die ausschlaggebende Entscheidung durch den Angestellten, welche beispielsweise zu einer Auftragserteilung zugunsten des im Nachhinein „Bevorzugenden" führt, ist frei von jedweden betriebsexternen Einflüssen und unsachgemäßen sowie sachfremden Überlegungen getroffen worden.
Aber auch im Rahmen eines Gefährdungsdelikts ist zumindest eine potentielle Gefahr für das geschützte Rechtsgut von Nöten.
Selbst wenn man sich auf den Standpunkt stellte, dass auch der Geschäftsinhaber vor Pflichtverletzung seiner Angestellten ihm gegenüber geschützt ist, so gelangt man ebenfalls zu keinem anderen Ergebnis. Denn auch hier ist eine Entscheidung im Sinne des Betriebes und somit zugunsten des Prinzipals getroffen worden, auf welche eine nachträgliche Belohnung keinerlei Einfluss hat, so dass der Geschäftsinhaber und etwaige zwischen diesem und dem Angestellten bestehenden Pflichten nicht gefährdet sind. Demnach liegt auch keine Pflichtverletzung gegenüber dem Geschäftsherren vor.
Noch fragwürdiger erscheint diese Gesetzesauslegung vor dem Hintergrund, dass im englischen Zivilrecht im Gegensatz zum Strafrecht nachträgliche Zuwendungen eben nicht als Bestechungsgelder eingeordnet werden, sondern lediglich als Gratifikationen. Es ist hier sogar ein Bruch hinsichtlich der Einheit der Rechtsordnung gegeben, welcher aufgrund der dargestellten mangelnden Gefährlichkeit nicht nachvollziehbar ist.
Demzufolge wird hier der Strafverfolgung wegen ein hoher Preis gezahlt, da ein solches Strafrecht nicht überzeugen kann.

Allerdings erfasst die englische Regelung auch solche Fälle, in denen der zu Bestechende zunächst eine unlautere Handlung ohne irgendeine vorherige Absprache vornimmt und dabei bereits auf eine spätere Belohnung hierfür seitens des Bevorzugten spekuliert. Denn sofern es schlussendlich zu dieser Belohnung kommt, liegen sowohl ein vollendeter Fall der Bestechlichkeit wie auch ein solcher der Bestechung vor.
Dagegen wäre ein solches Vorgehen gemäß § 299 StGB straflos, obwohl hier ebenfalls sachfremde Erwägungen bei der Entscheidung des Angestellten eine Rolle spielen, da es an einer Unrechtsvereinbarung fehlt.
Diesem Beispiel kann jedoch zum einen entgegengehalten werden, dass es in der Praxis sehr unüblich sein dürfte auf Verdacht derartige Bevorzugungen vorzunehmen, sodass die englische Erfassung solcher Fälle in der Theorie praktisch, in der Realität aber unnötig ist. Zum anderen ist es in Deutschland auch mög-

lich, an eine strafrechtliche Verfolgung nach § 266 StGB wegen Untreue zu denken, sodass hier kein strafrechtsfreier Raum besteht.

## V. Die Unlauterkeit

Wie ausführlich beschrieben, ist bei der Anwendung des § 299 StGB nicht erforderlich, dass eine Unlauterkeit im eigentlichen Sinne nachgewiesen wird. Daher stellt dies auch kein eigenständiges Tatbestandsmerkmal dar. Allerdings sind im Rahmen der Auslegung die anderen Tatbestandsmerkmale stets vor dem Hintergrund der Unlauterkeit zu sehen, so dass diesem Merkmal in dieser Hinsicht sehr wohl eine gewisse, wenn auch nicht selbstständige Bedeutung zukommt.
Eine quasi identische Diskussion findet in England zu dem Merkmal *corruptly* statt. Auch dort hat sich die überwiegende Auffassung dahingehend durchgesetzt, dass diesem Merkmal eine eigenständige Bedeutung nicht zuzuerkennen ist.

## VI. Subjektiver Tatbestand

Grundsätzlich ist festzustellen, dass nach beiden Rechtsordnungen jedenfalls Kenntnis bezüglich der objektiven Tatbestandsmerkmale notwendig ist, um ein tatbestandliches Handeln bejahen zu können.

Unterschiede bestehen allerdings im Hinblick auf die Frage, inwiefern auch Absicht erforderlich ist.
Denn nach der deutschen Rechtslage ist eine solche in den Fällen des Forderns und des Anbietens dahingehend notwendig, dass der andere Teil den Vorteil als eine Gegenleistung für eine Bevorzugung versteht. Darüber hinaus muss der Täter einer Bestechung mit Wettbewerbsabsicht gehandelt haben.
Demgegenüber sieht die englische Rechtslage vor, dass der Täter stets mit der Absicht gehandelt haben muss, etwas als Gegenleistung für das Bestechungsmittel zu tun, bzw. zu erhalten. Dies stellt aber keine Absicht, die auf eine Unrechtsvereinbarung gerichtet sein könnte, dar, da diese Absicht nur einseitig vorliegen und keine wechselseitige Vereinbarung getroffen werden muss. Dagegen reicht es aus, wenn die jeweils andere Partei erkannt hat, dass der Vorteil für eine Bevorzugung gewährt wird.
Demzufolge setzen der englische und deutsche Tatbestand an unterschiedlichen Stellen mit dem Erfordernis der Absicht an, da sich diese nach ersterem auf das Erhalten eines Vorteils bezieht, während nach letzterem das Absichtserfordernis

auf die Unrechtsvereinbarung abstellt und die Kenntnis dieser seitens des Anderen im Fokus steht.
Eine Wettbewerbsabsicht im Sinne des deutschen Tatbestandes ist nach dem 1906 Act nie erforderlich, da das englische Regelungsmodell schon kein Wettbewerbsmodell ist.

## VII. Rechtfertigung

Weder nach der englischen noch nach der deutschen Rechtslage ist die Kenntnis des Geschäftsherren bei der Beurteilung der Strafbarkeit des Angestellten letztlich von Bedeutung, da sich diese nicht rechtfertigend auf das Handeln auswirkt. Auch sonst erfolgt eine identische Bewertung der Frage, ob ein rechtswidriges Handeln gegeben ist. Gerade im Falle der Korruptionsdelikte ist ein gerechtfertigtes Handeln ein absoluter Ausnahmefall, der eher theoretischen Charakter haben dürfte. Denn weder eine Nötigung des Prinzipals gegenüber dem Angestellten in für eine Rechtfertigung ausreichend massivem Maße noch ein geisteskranker Angestellter (im englischen ein Rechtfertigungsgrund) sind das Übliche im realen Geschäftsalltag.

## VIII. Täterschaft und Teilnahme

Wie ein Vergleich der beiden Rechtsordnung zeigt, kennen zwar beide sehr ähnliche Formen der Täterschaft und Teilnahme, unterscheiden sich aber bereits grundsätzlich darin, dass das englische Recht von einer Einheitstäterschaft ausgeht, während die deutschen Regelungen jedenfalls in den Fällen der Teilnahme Strafmilderungsgründe vorsehen.
Die auszuübenden Tathandlungen stellen sich in objektiver Hinsicht quasi identisch dar, da beispielsweise eine Anstiftungshandlung oder Gehilfenhandlung vorgenommen werden muss. Dagegen sind größere Unterschiede im Bereich des subjektiven Tatbestandes auszumachen, da nach englischem Recht, ausgenommen der Mittäterschaft, Absicht hinsichtlich des eigenen Tatbeitrags erforderlich ist, während in Deutschland lediglich dolus eventualis vorliegen muss. Somit sind die Anforderungen diesbezüglich strenger.
Besonderheiten für die Fälle der Bestechung und Bestechlichkeit sehen aber beide Rechtsordnungen nicht vor, außer dass der Tatbeteiligte ein notwendiger Teilnehmer der Tat ist.

Unterschiede ergeben sich im Hinblick auf die Bestrafung von einer Verabredung zu einer Bestechung bzw. Bestechlichkeit. Eine solche ist in England strafbar.
In Deutschland existiert lediglich die Verabredung zu einem Verbrechen gemäß § 30 Abs. 2 StGB, sodass die Korruptionsdelikte gemäß § 299 StGB hiervon nicht erfasst werden, da es sich bei diesen nicht um Verbrechen handelt.

## IX. Strafmaß und sonstige Sanktionen

### *1. Das Strafmaß*

Hinsichtlich des Strafmaßes ist festzustellen, dass das englische Strafrecht wesentlich schwerere Sanktionen im Falle einer Bestechlichkeit/Bestechung bereit hält als das deutsche.
So stehen bis zu 7 Jahren Freiheitsstrafe im englischen Recht lediglich 5 Jahren gegenüber und dies auch nur, wenn die zusätzlichen Voraussetzungen des schweren Falls nach § 300 StGB bejaht werden können. In allen anderen Fällen handelt es sich um nur 3 Jahre im deutschen Strafrecht.

Ebenfalls eklatant ist der Unterschied im Rahmen der Geldstrafe. Diese beträgt nach der letzten Gesetzesänderung des Strafgesetzbuches zwar auch schon 10,8 Millionen Euro bzw. 21,6 Millionen Euro im Falle einer Gesamtstrafe, doch ist die mögliche Geldstrafe in England der Höhe nach unbegrenzt.

Zudem ist zu erwähnen, dass nach dem 1906 Act eine Freiheitsstrafe problemlos mit einer Geldstrafe kombiniert werden kann.
§ 299 StGB spricht dagegen von Freiheitsstrafe oder Geldstrafe. Eine Kombination ist nur unter den Voraussetzungen des § 41 StGB möglich, welcher allerdings bisher kaum praktische Relevanz erlangt hat.

### *2. Sonstige Sanktionen*

**a)** Sowohl das deutsche als auch das englische Strafrecht sehen die Möglichkeit vor, den Täter mit einem Berufsverbot zu belegen. Unterschiede bestehen vor allem darin, dass nach deutschem Recht das Berufsverbot nicht als Kriminalstrafe, sondern als eine Maßnahme der Besserung und Sicherung ausgestaltet und auf alle Berufe anwendbar ist.
Dagegen erfolgt der Ausspruch des Berufsverbots in England aufgrund des Company Directors Disqualification Act 1986, so dass dieser ausschließlich auf Geschäftsführer angewandt werden kann.

Identisch sind die Konsequenzen bei einem Verstoß gegen das Berufsverbot. Dieser stellt eine eigene Straftat dar.

**b)** Ebenso ist es nach beiden Rechtsordnungen möglich, Gegenstände, die der Täter bei der Ausübung der Tat benutzt hat, über die jeweilig einschlägigen Vorschriften einzuziehen.

**c)** Gar nicht so unterschiedlich, wie man auf den ersten Blick meinen möchte, gestaltet sich das Vorgehen im Rahmen der Anordnung eines „Verfalls".
Auch das englische Recht ermöglicht eine Art „Verfall" in Form einer Beschlagnahmeanordnung bezüglich der Früchte, die aus der Tat gewonnen wurden.
Allerdings ist, wie oben ausführlich dargestellt, das Ergebnis bei Durchführung der gesetzlich vorgeschriebenen Vorgehensweise, dass der Täter dazu verurteilt wird, eine bestimmte Geldsumme an die Krone zu zahlen. Dagegen ist das grundsätzliche Ergebnis einer Verfallsanordnung nach § 73 Abs. 1 StGB, dass das Erlangte an sich aus der Straftat bzw. das Surrogat nach § 73 Abs. 2 StGB an den Staat herauszugeben ist. Die Zahlung eines Geldbetrages als Wertersatz ist nur unter den zusätzlichen Voraussetzungen des § 73 a StGB zulässig, wenn also die Herausgabe wegen der Beschaffenheit der Sache nicht möglich oder der Täter aus einem anderen Grunde zur Herausgabe außerstande ist. Gerade bei Zahlung von Bestechungsgeldern dürfte § 73 a StGB eine Rolle spielen, da aufgrund der Vermengung des Bestechungsgeldes mit vorhandenem Geld eine Individualisierung der betroffenen Geldscheine nicht erfolgen und so lediglich ein Wertersatz geleistet werden kann.

Zudem ist das Verfahren grundsätzlich anders als in Deutschland. Denn in England wird ein eigenständiges Verfahren eröffnet, um diese Beschlagnahme anzuordnen. Anknüpfungspunkt ist dabei die im „Vorverfahren" abgeurteilte Tat. Dementsprechend endet das Verfahren mit einem eigenständigen Urteil gegen welches auch ein Rechtsmittel eingelegt werden kann.
Sofern die Voraussetzungen einer generell kriminellen Handlungsweise gegeben sind, finden zahlreiche Beweislastumkehrungen Anwendung, welche das Verfahren aus Sicht der Strafverfolgungsbehörde deutlich vereinfachen.
Sucht man nach einer vergleichbaren Regelung in Deutschland, kommt man zu dem Ergebnis, dass die Regelung des erweiterten Verfalls der englischen Regelung am nächsten kommt. Denn sofern die zusätzlichen Voraussetzungen nach § 73 d StGB vorliegen, ist nicht mehr erforderlich, dass die Verfallsobjekte aus einer konkreten Tat zu stammen brauchen. Zudem sind geringere Anforderungen an den Verdacht zu stellen.

Beide Länder begeben sich mit diesen Abweichungen vom normalen Strafprozess hart an die Grenze der Unschuldsvermutung und damit der Verfassungsmäßigkeit.

Sofern lediglich ein *particular criminal conduct* gegeben ist, muss auch in England eine Beweisführung im „klassischen Sinn“ erfolgen.
Dies ist mit dem einfachen Verfall nach § 73 StGB vergleichbar, da dieser ebenfalls keine Beweiserleichterungen oder Vermutungen vorsieht, so dass eine vollumfängliche Beweisführung notwendig ist.

In beiden Ländern findet zudem eine „Bruttoberechnung“ statt, so dass letztlich der Erlös aus der Straftat zugrunde zu legen ist ohne Abzug etwaiger Kosten.
Auch sehen beide einschlägigen Normen vor, dass im Falle des Bestehens zivilrechtlicher Ansprüche von der Anordnung eines Verfalls abzusehen ist, um so die Durchsetzung dieser Ansprüche nicht zu gefährden. Einen bedeutenden Unterschied macht jedoch der Umstand aus, dass diese Klausel in Deutschland zwingend und in England in das Ermessen des Richters gestellt ist.
Ferner gibt es nach dem deutschen Recht keine Möglichkeit den durch die Straftat Verletzten aus der Verfallssumme zu befriedigen. Dies ist dagegen nach den Normen des POCA 2002 sehr wohl möglich, wenn das Gericht sowohl einen „Verfall“ als auch eine Kompensationszahlung an den Geschädigten anordnet und beide Ansprüche zusammen durch den Täter nicht befriedigt werden können.
Dennoch können auch die Verfallsregelungen in Deutschland für den Verletzen wirken, da die Gegenstände, die dem Verfall unterliegen, von den Strafverfolgungsbehörden schon im Ermittlungsverfahren sichergestellt werden können gemäß § 111b Abs. 1 StPO und auf diesem Weg eine Zurückgewinnungshilfe unter Einsatz staatlicher Zwangsmaßnahmen geleistet wird.[554]

**d)** Einen Antrag seitens der Staatsanwaltschaft auf Zahlung eines Entschädigungsausgleiches an den Verletzten im Strafprozess, wie es in England nach den §§ 130 ff. Power of the Criminal Court (Sentencing) Act 2000 möglich ist, kennt das deutsche Strafprozessrecht nicht.
Dagegen kann nach letzterem unter den Voraussetzungen der §§ 403 ff StPO der Verletzte oder sein Erbe eine Entschädigung im Strafprozess im Rahmen eines Adhäsionsverfahrens geltend machen. Das Adhäsionsverfahren hat in der deutschen Rechtspraxis allerdings bisher keine nennenswerte Bedeutung erlangt.[555]

554 Vgl. Achenbach, NStZ 2001, 401 ff.
555 Fischer, Vor § 403, Rn 1.

Ob ein Antrag durch die Staatsanwaltschaft auf Zahlung einer Entschädigung grundsätzlich sinnvoll ist, kann durchaus bezweifelt werden. Denn grundsätzlich obliegt es an sich den Verletzten ihre Ansprüche in einem Zivilprozess geltend zu machen. Zwar kann es durchaus prozessökonomisch sein, wenn das Strafgericht, welches den Fall bereits in allen Details kennt, auch zugleich über Schadensersatzansprüche entscheidet, auch wenn sich in der Praxis zeigt, dass hiervon nicht allzu gern Gebrauch gemacht wird. Sinnvoller wäre es aber, der Staatsanwaltschaft keine Kompetenz zur Verfolgung solcher Ansprüche einzuräumen, sondern ausschließlich den Geschädigten zu ermächtigen, eventuelle Kompensationsforderungen zu stellen. Es ist nämlich auch denkbar, dass, aus welchen Gründen auch immer, überhaupt kein Interesse an einer Entschädigungszahlung besteht.
In diesem Fall würde dem Verletzten die Geltendmachung eines Anspruches sozusagen aufgedrängt werden, was doch etwas zweifelhaft erscheint.
Ferner muss man sich klar machen, dass es nach der englischen Rechtslage möglich ist, den Täter zum einen im Rahmen eines „Verfalls" zur Zahlung eines Geldbetrages an die Krone und zum anderen zur Entrichtung einer Entschädigungszahlung zu verurteilen, wobei auch beide Zahlungen zu erfolgen haben, sofern ausreichende Mittel zur Verfügung stehen. Sicher ist es erstrebenswert, ein Gesetz zu haben, welches dem Grundsatz „crime doesn´t pay" genügt. Hier läuft der Täter allerdings Gefahr, mehrfach für die Vermögensverschiebung aus einer einzigen Tat aufkommen zu müssen.

**e)** Auch in steuerrechtlicher Hinsicht haben sich Deutschland und England in dieselbe Richtung entwickelt. Denn während in Deutschland seit 1999 Bestechungsgelder nicht mehr als Betriebsausgaben geltend gemacht werden können, gilt dies seit 2002 in England.
Diese Maßnahmen sind Ausdruck einer gesteigerten Sensibilität gegenüber dem „white collar crime" in Form der Korruption und eine Ablehnung der Duldung von Schmiergeldzahlungen als Grundlage geschäftlicher Beziehungen.

**f)** Die Bebußung eines Aufsichtspflichtigen ist unter den Voraussetzungen des § 130 OWiG möglich. Eine solche Vorschrift kennt das englische Recht nicht. Dies ist auch nicht notwendig, da ein solcher Aufsichtspflichtiger dort bereits nach herrschender Meinung ein Beteiligter der Bestechung bzw. Bestechlichkeit ist.
Demzufolge ergeben sich große Unterschiede in der Strafandrohung, da nach § 130 OWiG lediglich die Verhängung eines Bußgeldes bis zu einer Million Euro möglich ist, während nach dem 1906 Act eine Freiheitsstrafe bis zu sieben Jahren und/oder eine unbegrenzte Geldstrafe im Raum steht.

**g)** Ein Verfahren wie das nach Teil 5 POCA 2002 i.V.m. Anhang 8, Teil 2 SCA 2007, wonach eine Behörde auf zivilrechtlichem Weg auf Einziehung der Gewinne aus einer Straftat klagt, ist dem deutschen Recht gänzlich fremd. Gewinne aus einer Straftat sind über die Vorschriften des Verfalls einzuziehen. Für die Geltendmachung von „Rückzahlungsansprüchen" vor einem Zivilgericht fehlt die Aktivlegitimation. Es existieren auch keine Ausnahmetatbestände, die hierüber hinweghelfen würden.

## X. Begleitdelikt

Besonders auffällig ist der Unterschied im Rahmen der Begleitdelikte im Falle des nach englischem Recht angenommenen Diebstahls des Bestochenen gegenüber dem Geschäftsherren, wenn der Bestochene das Schmiergeld annimmt und ohne Wissen des Geschäftsherren für sich behält.
Denn wie der deutsche Tatbestand gemäß § 242 StGB fordert auch der englische Tatbestand, dass eine fremde Sache gestohlen wird.
Problematisch ist damit vor allem das Merkmal „fremde Sache". Während in England eine Änderung der Rechtsprechung erfolgte, sodass nun das gezahlte Schmiergeld als im Eigentum des Geschäftsherren stehend angesehen wird, wird hier weiter an den Grundsätzen der Eigentumsübertragung nach den §§ 929 ff BGB festgehalten, womit ein solches Ergebnis unmöglich ist, da es keinen denkbaren Ansatz dafür gibt, die erforderliche rechtswirksame Einigung und Übergabe, in welcher Form auch immer, zu konstruieren. Auch würde eine „Änderung der Rechtsprechung" nichts nützen bzw. ist eine solche unmöglich, da diese stets contra legem wäre.
Abgesehen davon ist eine so künstlich geschaffene Strafbarkeit in Deutschland auch überhaupt nicht notwendig, da stets die Möglichkeit einer veruntreuenden Handlung im Sinne des § 266 StGB in Betracht zu ziehen ist, wie beispielsweise bei den nicht unüblichen Kick-back-Zahlungen.

Bestechung und Bestechlichkeit im geschäftlichen Verkehr fallen nicht unter die in § 261 Abs. 1 Satz 2 StGB genannten Delikte, sodass die Verwirklichung einer Geldwäsche im Gegensatz zur englischen Rechtslage nicht in Betracht kommt.

## XI. Strafverfolgung

In der Strafverfolgung bestehen weniger Unterschiede aufgrund etwaiger Eigenheiten des Deliktes Bestechlichkeit/Bestechung im geschäftlichen Verkehr als vielmehr grundsätzliche Unterschiede bei der Verfolgung von Straftaten.

So beruht der Beginn der Strafverfolgung auf einer Ermessensentscheidung des Staatsanwalts in England, während in Deutschland das Legalitätsprinzip zunächst die Aufnahme von Ermittlungen gebietet.
Auch durch den Umstand, dass es grundsätzlich in England mehrere Strafverfolgungsbehörden gibt, macht einen großen Unterschied aus, da in Deutschland immer die Staatsanwaltschaft zuständig ist, auch wenn innerhalb dieser unterschiedliche Abteilungen mit eigenen Zuständigkeiten bestehen.

Der auf die Bestechungsdelikte bezogene größte Unterschied besteht darin, dass zur Verfolgung dieser in England die Zustimmung des Attorney-General notwendig ist, während in Deutschland keinerlei besondere zusätzliche Voraussetzungen an die Verfolgung der Bestechungsdelikte geknüpft sind.

# Teil 2: Vergleich der aktuellen Rechtslage in Deutschland mit der künftigen in England/Wales

Wie bereits eingangs angekündigt, befindet sich die Rechtslage in England hinsichtlich der Korruptionsdelikte in einem Reformprozess. Daher ist es notwendig bereits jetzt einen Blick auf die künftige Rechtslage, sofern dies möglich ist, zu werfen, um so eine Entwicklungsrichtung feststellen und eine Aussage darüber treffen zu können, ob sich die Normen weiter annähern oder doch voneinander Abstand nehmen werden. Letztlich können so auch Überlegungen angestellt werden, ob eine Reform auch in Deutschland erforderlich wäre. Zwar hat es bereits im Jahre 2007 konkrete Reformvorschläge für den § 299 StGB gegeben. Diese sind jedoch bisher nicht umgesetzt worden und werden nach Auskunft des Bundesjustizministeriums in absehbarer Zeit auch nicht Gegenstand einer Reform sein.

## Kapitel 1: Die bevorstehende Reform im englischen Recht

Die momentan bestehenden Regelungen hinsichtlich der Bestechung in dem hier behandelten Sinn werden in England allgemein als veraltet, unzureichend und, wie bereits gesagt, zu unübersichtlich empfunden.
Wie beschrieben, sind insbesondere Amtsdelikte und die Bestechung im Geschäftsbetrieb sowie Inhalt und Umfang der Normen nur schwer abzugrenzen.
Darüber hinaus wurde die englische Rechtslage insbesondere im Hinblick auf die Bestechung von ausländischen Amtsträgern durch die OECD[556] stark kritisiert, da nach deren Meinung eine solche nur unzureichend von den einschlägigen englischen Regelungen erfasst werde.[557]
Daher verwundert es auch nicht, dass es seit längerer Zeit Bemühungen gibt, das Strafrecht in dieser Hinsicht völlig neu zu gestalten.

556 Organisation For Economic Co-Operation And Development.

557 Vgl. Bericht der Arbeitsgruppe Bribery in International Business Transactions vom 17. März 2005.

# A. Die bisherige Entwicklung

Ausgangspunkt der Reformüberlegungen war der sogenannte „Nolan Committee´s Report on Standards in Public Life“ aus dem Jahre 1995. Im Rahmen dessen wurde das Verhalten von Beamten innerhalb ihrer Tätigkeitsbereiche untersucht und bewertet, da die Befürchtung aufgekommen war, diese könnten sich unrechtmäßig verhalten. Als Ergebnis wurde festgestellt, dass zwar die Mehrheit den hohen Anforderungen des öffentlichen Dienstes entspricht, aber ebenso Schwachstellen auszumachen waren.

Die „Law Commission“ veröffentlichte daraufhin im Jahre 1997 ein „consultation paper“[558], auf welches 1998 ein Endbericht[559], welcher auch einen Gesetzesentwurf enthielt, folgte.

In den Jahren 1998 bis 2000 schuf die Regierung eine Arbeitsgruppe bestehend aus Interessenvertretern. Als Ergebnis wurde eine Gesetzesvorlage erarbeitet.[560]

Die Regierung zeigte sich mit dieser zufrieden und fertigte 2003 einen Gesetzesentwurf an.[561]

Dieser Gesetzesentwurf wurde sodann einem „Joint Committee“[562] vorgelegt. Dieser Ausschuss bezweifelte zwar nicht die grundsätzliche Notwendigkeit einer Reform, kritisierte die gemachten Vorschläge jedoch massiv. Im Mittelpunkt der Kritik stand vor allem das Festhalten an dem Angestellten/Geschäftsherren Prinzip als Grundlage des Straftatbestandes. Der Gesetzentwurf scheiterte.

Daher veröffentlichte die Regierung ein weiteres „consultation paper“ im Dezember 2005. Ergebnis dieser Befragung war, dass zwar allgemein die Reform des aktuellen Rechts als immer noch notwendig erachtet wurde, die Frage der Umsetzung und Ausgestaltung des neuen Rechts aber umstritten war.

Im März 2007 beauftragte die Regierung die Law Commission damit, auf Grundlage der bis dahin gewonnenen Erkenntnisse die Möglichkeiten einer Reform weiter zu erörtern.

Die Law Commission veröffentlichte am 20.11.2008 einen Endbericht, welcher umfängliche Vorschläge für eine Reform der aktuellen Rechtslage hinsichtlich Bestechung und Bestechlichkeit enthielt.[563]

---

558 Corruption (1997) Law Commission Consultation Paper No 145.

559 Corruption (1998) Law Commission No 248.

560 Raising Standards and Upholding Integrity: the Prevention of Corruption June 2000 Cm 4759.

561 Corruption Draft Legislation Cm 5777.

562 Bei einem “Joint Committee” handelt es sich um einen gewählten Ausschuss, in welchen sowohl Mitglieder des House of Commons als auch des House of Lords berufen werden.

563 Law Commission No 313.

Auf diesem Bericht und den darin enthaltenen Empfehlungen basierend, wurde am 25. März 2009 ein Gesetzesentwurf seitens des Justizministeriums zur vorgesetzlichen Überprüfung veröffentlicht.[564]
Ein Joint Committee nahm zu dem Draft Bribery Bill am 28. Juli 2009 Stellung.[565] Eine Antwort seitens der Regierung erfolgte am 20. November 2009.

Das Regierungsprogramm hinsichtlich Gesetzgebungsverfahren, welches am 29. Juni 2009 veröffentlicht wurde, sieht die Umsetzung des Bribery Bill in der nächsten Parlamentssitzung vor.

## B. Die zuletzt gemachten Vorschläge

Die von der Law Commission gemachten und auch bisher im Wesentlichen übernommenen Vorschläge können durchaus als revolutionär bezeichnet werden.
Denn weitreichendste Reglungen hinsichtlich des bestehenden Strafrechts in Bezug auf die Thematik „Bestechung", insbesondere die in dieser Arbeit dargestellten Normen im Common Law, die 1889, 1906 und 1916 Acts, sowie weitere Vorschriften sollen abgeschafft und ein völlig neues Recht erlassen werden.
Hierbei würden grundlegende Änderungen vorgenommen werden:
Es soll keine Differenzierung zwischen Amtsträgern und Privatpersonen mehr erfolgen. Vielmehr soll es nur noch zwei Grundnormen geben. Nämlich eine, die den Fall der Bestechung behandelt und eine zweite, welche die Bestechlichkeit erfasst. Demzufolge würde das sogenannte „Einheitsmodell" das beherrschende im englischen Recht werden.
Daneben ist die Schaffung einer eigenständigen Norm vorgesehen, die ausschließlich die Bestechung von ausländischen Amtsträgern unter Strafe stellt.
Außerdem ist beabsichtigt eine spezielle Vorschrift hinsichtlich juristischer Personen einzuführen, welche das fahrlässige Unterlassen der Unterbindung von Bestechung durch Arbeitnehmer oder Angestellte unter Strafe stellt.

Es ist zwar davon auszugehen, dass der Gesetzesentwurf, wie er jetzt besteht, nicht unmittelbar übernommen werden wird, dennoch soll im Folgenden ein Überblick über die bis dato getroffenen Regelungen gegeben werden, da ebenso anzunehmen ist, dass die endgültige Fassung sich in diesem „Rahmen" bewegen

564 Draft Bribery Bill.
565 Joint Committee on the Draft Bribery Bill, First Report of Session 2008-09.

wird. Denn wie Lord Woolf[566] meint, müssen die gemachten Vorschläge zwar noch in ihre endgültige Fassung gebracht werden, es sei aber auch sicher, dass bereits diese Änderungen des bestehenden Rechts das Gesetz verbessern und sowohl inländischer als auch ausländischer Kritik abhelfen würden.[567]
Gerade die teilweise nur im Detail erfolgte Kritik durch das Joint Committee, welches den Draft Bribery Bill überprüfte, zeigt, dass mit einer doch weitgehenden Umsetzung der vorliegenden Form des Bribery Bill gerechnet werden kann.

Daher werden nun zunächst die beiden neuen allgemeinen Straftatbestände angesprochen. Danach soll ebenfalls noch kurz der bereits genannte Tatbestand für juristische Personen beleuchtet werden.
Auf die Neuregelung der Bestechung ausländischer Beamter wird nicht eingegangen, da dies nicht Gegenstand der Arbeit ist.

## I. Die Tatbestände der Bestechung und Bestechlichkeit

Die Tatbestände der Bestechung und Bestechlichkeit lauten wie folgt:

*§ 1: Die Straftat der Bestechung einer anderen Person*

*(1) Eine Person (P) macht sich strafbar, wenn einer der folgenden Fälle zutrifft.*

*(2) Fall 1 liegt vor, wenn –*
*(a) P einen finanziellen oder sonstigen Vorteil einer anderen Person an bietet, verspricht oder gibt, und*
*(b) P beabsichtigt durch den Vorteil –*
*(i) eine Person zu einer unlauteren Ausübung einer relevanten Funktion oder Tätigkeit zu beeinflussen, oder*
*(ii) eine Person für die unlautere Ausübung einer solchen Funktion oder Tätigkeit zu belohnen.*

---

566 Harry Kenneth Woolf, Baron Woolf (* 2. Mai 1933 in Newcastle) war vom 6. Juni 2000 bis zum 1. Oktober 2005 der amtierende Lord Chief Justice of England and Wales. Dieser ist nach dem Lordkanzler der zweithöchste Richter am Courts of England and Wales und der Vorsitzende Richter sowohl der Strafrechtsabteilung am Berufungsgericht (Court of Appeal) als auch in der Queen´s Bench Division des High Court.

567 "Although the proposals still have to be reduced to their final form, it is already clear that these amendments would result in a much needed improvement to our law and would redress the criticisms that have been made of our existing law by commentators from home or abroad.". http://www.lawcom.gov.uk/bribery.htm.

*(3) Fall 2 liegt vor, wenn*

*(a) P einen finanziellen oder sonstigen Vorteil einer anderen Person an bietet, verspricht oder gibt, und*

*(b) P weiß oder glaubt, dass die Annahme des Vorteils selbst eine unlau tere Ausübung einer solchen relevanten Funktion oder Tätigkeit darstellt.*

*(4) Im Fall 1 ist es ohne Bedeutung, ob die Person, welcher der Vorteil angeboten, versprochen oder gegeben wurde, dieselbe Person ist, welche die betreffende Funktion oder Tätigkeit ausüben wird oder ausgeübt hat.*

*(5) In den Fällen 1 und 2 ist es ohne Bedeutung, ob der Vorteil durch P selbst oder durch einen Dritten angeboten, versprochen oder gegeben wird.*

*§ 2: Die Straftat der Bestechlichkeit*

*(1) Eine Person (R) macht sich strafbar, wenn einer der folgenden Fälle zutrifft.*

*(2) Fall 3 liegt vor, wenn R einen finanziellen oder sonstigen Vorteil fordert, der Annahme eines solchen zustimmt oder annimmt und als Folge hiervon absichtlich eine relevante Funktion oder Tätigkeit unlauter (selbst oder durch eine andere Person) ausübt werden soll.*

*(3) Fall 4 liegt vor, wenn*

*(a) R einen finanziellen oder sonstigen Vorteil fordert, der Annahme eines solchen zustimmt oder annimmt und*

*(b) das Fordern, die Vereinbarung oder die Annahme selbst eine unlautere Ausübung einer relevanten Tätigkeit oder Funktion darstellt.*

*(4) Fall 5 liegt vor, wenn R einen finanziellen oder sonstigen Vorteil als Belohnung für die unlautere Ausübung einer relevanten Tätigkeit oder Funktion (durch sich selbst oder eine andere Person) fordert, der Annahme eines solchen zustimmt oder annimmt.*

*(5) Fall 6 liegt vor, wenn in Erwartung oder als Folge der Forderung, der Zustimmung zur Annahme oder der Annahme eines finanziellen oder sonstigen Vorteils seitens R eine relevante Funktion oder Tätigkeit unlauter ausgeübt wird –*

*(a) durch R, oder*

*(b) durch eine andere Person auf Rs Verlangen hin, mit Rs Zustimmung oder Duldung.*

*(6) In den Fällen 3 bis 6 ist es ohne Bedeutung,*

*(a) ob R den Vorteil selbst oder durch einen Dritten fordert, der Annahme eines solchen zustimmt oder annimmt (oder dazu bestimmt wird einen solchen zu fordern, der Annahme zuzustimmen oder annimmt),*

*(b) ob der Vorteil zugunsten R oder einer anderen Person ist (oder sein wird).*

*(7) In den Fällen 4 bis 6 ist es ohne Bedeutung, ob R weiß oder glaubt, dass die Ausübung der Funktion oder Tätigkeit unlauter ist.*

*(8) In Fall 6, wenn eine andere Person als R die Funktion oder Tätigkeit ausübt, ist es ebenfalls ohne Bedeutung, ob diese Person weiß oder glaubt, dass die Ausübung der Funktion oder Tätigkeit unlauter ist.*

*§ 3: Funktion oder Tätigkeit, auf welche sich die Bestechung beziehen muss*

*(1) Hinsichtlich dieses Gesetzes ist eine Funktion oder Tätigkeit eine relevante Funktion oder Tätigkeit, wenn –*

*(a) diese unter Absatz 2 subsumierbar ist, und*

*(b) eine oder mehr der Voraussetzungen A bis C vorliegt.*

*(2) Die folgenden Funktionen oder Tätigkeiten sind unter diesen Absatz subsumierbar –*

*(a) jede Funktion öffentlich-rechtlicher Natur,*

*(b) jede Tätigkeit, die in Verbindung mit Geschäften steht,*

*(c) jede Tätigkeit, die im Rahmen einer Arbeitsverhältnisses ausgeübt wird,*

*(d) jede Tätigkeit, die durch oder in Vertretung einer Personengesellschaft (unabhängig davon, ob dies eine juristische Person ist oder nicht) ausgeübt wird.*

*(3) Voraussetzung A ist, dass von der Person, welche die Funktion oder Tätigkeit ausübt, angenommen wird, in gutem Glauben zu handeln.*

*(4) Voraussetzung B ist, dass von der Person, welche die Funktion oder Tätigkeit ausübt, angenommen wird, dass diese unparteiisch handelt.*

*(5) Voraussetzung C ist, dass die Person, welche die Funktion oder Tätigkeit ausübt, aufgrund der Ausübung dieser eine Vertrauensstellung inne hat.*

*(6) Eine Funktion oder Tätigkeit ist selbst dann eine relevante Funktion oder Tätigkeit, wenn –*

*(a) diese keine Verbindung mit dem United Kingdom aufweist und*

*(b) diese in einem Land oder einem Gebiet außerhalb des United Kingdom ausgeführt worden ist.*

*(7) In diesem Paragraphen enthält der Begriff „Geschäfte" auch Handel und freie Berufe.*

*§ 4: Unlautere Ausübung, auf welche sich die Bestechung bezieht*

*(1) Hinsichtlich dieses Gesetzes wird eine Funktion oder Tätigkeit –*

*(a) unlauter ausgeübt, wenn diese unter Verletzung einer maßgeblichen Erwartung ausgeübt wird und*

*(b) als unlauter ausgeübt behandelt, wenn es unterlassen wird die Funktion oder Tätigkeit auszuüben und dieses Unterlassen selbst eine Verletzung der maßgeblichen Erwartung darstellt.*

*(2) Die in Absatz 1 genannte „maßgebliche Erwartung"-*

*(a) meint im Verhältnis zu einer Funktion oder Tätigkeit, welche mit den Voraussetzungen A oder B zusammentrifft, die Erwartung, welche in der betreffenden Voraussetzung genannt ist und*

*(b) meint im Verhältnis zu einer Funktion oder Tätigkeit, welche mit der Voraussetzung C zusammentrifft, jede Erwartung bezüglich der Art und Weise, auf welche, oder bezüglich des Grundes aufgrund dessen, die Funktion oder Tätigkeit ausgeübt werden wird, die aus der in dieser Voraussetzung genannten Vertrauensstellung herrührt.*

*(3) Alles, was eine Person, macht (oder unterlässt zu machen), was in Verbindung mit ihrer früheren Ausübung einer Funktion oder Tätigkeit in dem in Absatz 1 genannten Sinne steht, wird hinsichtlich dieses Gesetzes so behandelt als sei dies von der Person bei der Ausübung der Funktion oder Tätigkeit getan (oder unterlassen) worden.*

*§ 5: Erwartungstest*

*(1) Hinsichtlich der Paragraphen 3 und 4 ist der Test bezüglich dessen, was erwartet wird, ein Test dessen, was eine vernünftig denkende Person in dem United Kingdom hinsichtlich der Ausübung der jeweiligen Art der Funktion oder Tätigkeit erwarten würde.*

*(2) Bei der Entscheidung, was eine solche Person hinsichtlich der Ausübung einer Funktion oder Tätigkeit in dem Fall erwartet, dass diese Ausübung nicht unter das Gesetz irgendeines Teiles des United Kingdom fällt, ist jede ortsübliche Sitte oder Gewohnheit außer Acht zu lassen, es sei denn, diese ist erlaubt oder erforderlich nach geschriebenem Recht, welches in dem betreffenden Land oder Gebiet anwendbar ist.*

*(3) Das in Absatz 2 genannte „geschriebene Recht" beinhaltet –*
*(a) jede geschriebene Verfassung oder Vorschrift, die von oder unter der Legislativen geschaffen wurde, welche in dem betreffenden Land oder Gebiet anwendbar ist, oder*
*(b) jede richterliche Entscheidung, welche für sich anwendbar ist und in veröffentlichten schriftlichen Quellen bewiesen ist.*

### *1. Die neuen, einheitlich definierten Tatbestandsmerkmale*

Das neue Gesetz regelt die Tatbestände der Bestechung und Bestechlichkeit, wie bisher, in spiegelbildlicher Form, nur dass nun zunächst in § 1 BB 2009 der Tatbestand der Bestechung und darauf folgend in § 2 BB 2009 der Tatbestand der Bestechlichkeit geregelt wird.
Aber nicht nur die Umkehr der Reihenfolge der Tatbestände ist neu. Denn die einzelnen Begehungsweisen der Delikte werden nicht in der wie bisher üblichen abstrakten Art und Weise geschildert, sondern es wurden insgesamt sechs Fälle bzw. Szenarien gebildet, wobei jedes einzelne eine tatbestandliche Begehungsweise erfasst. So wurden zwei dieser Fälle für die aktive Bestechung gebildet, während die anderen vier die passive Bestechung schildern. Diese Gesetzgebungstechnik dürfte Ausdruck des Anspruches sein, ein für den Laien einfach zu verstehendes und nachvollziehbares Gesetz zu schaffen.[568] Auch inhaltlich sieht der Gesetzesentwurf Neuerungen vor.

568 So schon Law Com No 248, 1.10.

Bevor auf §§ 1 und 2 Bribery Bill 2009[569] im Einzelnen eingegangen wird, ist der Übersichtlichkeit halber bereits jetzt auf das durch diese geschützte Rechtsgut sowie auf drei Tatbestandsmerkmale einzugehen, die in beiden Paragraphen gleichermaßen verwendet und auch einheitlich definiert werden.

Grundsätzlich regelt das Gesetz die Fälle, dass der Bestechende einen Vorteil anbietet, um den anderen zu einer „unlauteren Handlung" im Rahmen dessen „relevanter Funktion oder Tätigkeit" zu veranlassen bzw. dass sich der zu Bestechende einen Vorteil für eine „unlautere Handlung" im Rahmen seiner „relevanten Funktion oder Tätigkeit" anbieten lässt.
Es ist also in beiden Fällen „ein Vorteil" (*„financial or other advantage"*) und „eine unlautere Handlung" (*„impoper performance"*) „im Betätigungsfeld" (*„relevant function or activity"*) des Bestochenen erforderlich.

a) Das geschützte Rechtsgut

Hinsichtlich des Schutzumfangs werden in dem neuen Gesetz weiterführendere Regelungen im Vergleich zu dem 1906 Act getroffen.
Zunächst kann aber festgestellt werden, dass der Bribery Bill 2009 jedenfalls auch weiterhin dieselben Rechtsgüter schützen soll, wie dies nach der bisherigen Rechtslage der Fall gewesen ist. Dies ergibt sich insbesondere daraus, dass § 1 Abs. 2 und § 2 Abs. 2, 4 BB 2009 im Wesentlichen den bisherigen Fall der Bestechung/Bestechlichkeit, wie er in dem 1906 Act geregelt ist, wiedergeben, auch wenn der Anwendungsbereich deutlich weiter sein wird, was aber keine Auswirkungen auf das geschützte Rechtsgut hat. Demnach werden weiterhin der faire Wettbewerb, die Chancengleichheit unter Mitbewerbern sowie das öffentliche Vertrauen in die Marktwirtschaft geschützte Rechtsgüter sein.
Allerdings sehen die §§ 1 Abs. 3; 3 BB 2009 und §§ 2 Abs. 3; 3 BB 2009 zudem vor, dass nun der Tatbestand auch dann erfüllt ist, wenn beispielsweise Bestechungsgelder angeboten oder angenommen werden, obwohl der Täter jeweils weiß, dass dies bereits für sich eine Verletzung des Dienstverhältnisses bedeutet. Folglich wird hierdurch der Schutz des Geschäftsherren explizit deutlich gemacht, da nun Pflichtverletzungen, welche ausschließlich auf dem zugrundeliegenden Rechtsverhältnis zwischen Angestelltem und Prinzipal beruhen, kriminalisiert werden. Demnach erhält auch das sogenannte „Geschäftsherrenmodell" Einzug in die englische Regelung.

569 Im Folgenden abgekürzt als BB 2009.

b) "Financial or other advantage" und Drittzuwendung

Nach der Gesetzesbegründung soll das Tatbestandsmerkmal des finanziellen oder sonstigen Vorteils in einem natürlichen Sinn verstanden werden.[570] Was also letztlich unter diese Begriffe zu subsumieren sein wird, werden die einschlägigen Entscheidungen der Gerichte zeigen. Sicherlich werden sich diese aber an der bisherigen Rechtsprechung orientieren.
Nach der Gesetzesbegründung ist es ausdrücklich nicht erforderlich, dass der Vorteil selbst „unangemessen" ist, sondern es ist hierbei auf die übrige Tat abzustellen.[571]

Wie sich aus § 1 Abs. 4 BB 2009 und § 2 Abs. 6 b) BB 2009 ergibt, ist auch der Fall der Drittzuwendung nun unter Strafe gestellt, sodass es nicht darauf ankommt, ob sich der Täter das Bestechungsmittel zu seinem Vorteil oder zu dem eines Dritten geben lässt.

Daneben ist es gemäß § 1 Abs. 5 BB 2009 sowie § 2 Abs. 6 a) BB 2009 ebenfalls unerheblich, ob der Täter den Vorteil selbst oder über einen Dritten dem Bestochenen zukommen lässt, bzw. dieser den Vorteil selbst oder über einen Dritten fordert.
In beiden Konstellationen ist der Täter ungeachtet der genannten Ausübungsformen stets als Haupttäter zu bestrafen.

c) Relevant function or activity

Eine Definition des Tatbestandmerkmals „Funktion oder Tätigkeit" findet sich in § 3 Abs. 1 bis 7 BB 2009 wieder.
Hiernach fallen unter dieses Begriffspaar sowohl Tätigkeiten öffentlich-rechtlicher Natur[572] als auch Tätigkeiten, die in einem Zusammenhang zu einem privaten Betrieb, Geschäft oder freien Beruf stehen[573].

Bewusst wurde auf eine detaillierte Definition von öffentlich-rechtlichen Tätigkeiten verzichtet, da insbesondere privat ausgeübte Tätigkeiten von öffentlich-rechtlichen Aufgaben die Einordnung als öffentlich-rechtlich oder privatrechtlich schwierig machen.[574] Es soll vielmehr durch den weiten Wortlaut den Ge-

---

570 Vgl. Ex Notes a.F., Rn 12 ; Law Com No 313, 3.38.

571 Der Tatbestand der Bestechung/Bestechlichkeit stelle gerade kein „improper payment" model dar. So Law Com No 313, 3.47.

572 § 3 Abs. 1 a) BB 2009, "any function of public nature".

573 § 3 Abs. 2 b), 7 BB 2009, "any activity connected with a business".

574 Vgl. Law Com No 313, 3.19.

richten ein Spielraum für Einzelfälle eröffnet werden, um in solchen eine Einordnung vorzunehmen zu können.[575]

Darüber hinaus machen § 3 Abs. 2 c) und d) BB 2009 klar, dass sowohl Arbeitsverhältnisse als auch solche Verhältnisse, bei denen im Namen einer Gruppe von Personen, sei es eine Gesellschaft oder nicht rechtsfähige Gesellschaft, gehandelt wird, erfasst werden.

Eine Definition von Arbeitsverhältnis, Betrieb, Geschäft und Beruf wird nicht zur Verfügung gestellt. Bei der Auslegung dieser Begriffe sei auf andere Gesetze zurückzugreifen, in welchen diese Merkmale ebenfalls verwendet werden.[576] Die Einführung der Begrifflichkeit von „einer Gesellschaft oder nicht rechtsfähigen Gesellschaft" diene zum einen dazu, Strafbarkeitslücken zu schließen und zum anderen der Einheit der Rechtsordnung,[577] da dieses Begriffspaar auch in anderen Strafnormen verwendet wird.[578]

Über § 4 Abs. 3 BB 2009 wird die Anwendbarkeit der Bestechungsvorschriften auf den Zeitraum hinaus ausgedehnt, zu welchem der Begünstigte nicht mehr in einem wie auch immer gestalteten Beschäftigungsverhältnis, welches aber unter § 3 Abs. 2 BB 2009 subsumierbar war, steht, aber noch Tätigkeiten, die aus dieser früheren Beschäftigung herrühren oder mit dieser in Zusammenhang stehen, ausübt. Für diese Handlungen wird fingiert, dass sie zum Zeitpunkt des früheren Beschäftigungsverhältnisses vorgenommen worden sind. Hierdurch wird verhindert, dass durch eine Umstellung oder Aufgabe des Beschäftigungsverhältnisses im Nachhinein ausgeübte unlautere Tätigkeiten straffrei bleiben.[579] Beispielweise sei hierzu eine Auskunft gegen ein Bestechungsgeld über vertrauliche Informationen bezüglich Interna eines Betriebes genannt, wobei der Auskunft Erteilende bei diesem angestellt war, aber nicht mehr ist.
Denn bisher war Voraussetzung, dass das Angestelltenverhältnis zum Zeitpunkt der Tat schon bzw. noch bestand.

Wie sich deutlich zeigt, wird durch diese Regelung die Unterscheidung zwischen öffentlich-rechtlichen und privatrechtlichen Anstellungsverhältnissen überflüssig, da jedenfalls beide Formen in derselben Art und Weise den Tatbestand erfüllen.

---

575 Vgl. Law Com No 313, 3.20.
576 Vgl. Law Com No 313, 3.24.
577 Vgl. Law Com No 313, 3.25.
578 Theft Act 1968, § 19.
579 Vgl. Law Com No 313, 2.27.

Im Ergebnis findet demnach über § 3 Abs. 2 BB 2009 eine Abgrenzung zu rein privaten Tätigkeiten statt, welche nicht in den Anwendungsbereich der Norm fallen.

Weitere Voraussetzung ist, dass von der Person, die eine solche Tätigkeit ausübt, erwartet wird, dass diese grundsätzlich in gutem Glauben, unparteiisch und/oder aus einer Vertrauensposition heraus handelt, § 3 Abs. 3, 4 und 5 BB 2009.
Liegen eine oder mehrere dieser Voraussetzungen kumulativ mit einer Tätigkeit im öffentlichen oder privaten Bereich vor, ist das Tatbestandsmerkmal der „function or activity" erfüllt.[580]

Wie sich aus § 3 Abs. 6 BB 2009 ergibt, ist es ohne Bedeutung, ob die Tätigkeit eine Verbindung zu dem United Kingdom aufweist oder ob diese außerhalb des Vereinigten Königreiches ausgeübt wird. Hierdurch wird der grenzübergreifenden Anwendbarkeit der Normen Genüge getan und somit die bisherige Rechtslage aufrechterhalten.

d) Improper performance

Über die Frage, wann eine unlautere Handlung vorliegt, gibt § 4 Abs. 1 und 2 BB 2009 Aufschluss.
Hiernach ist eine unlautere Handlung gegeben, wenn die eben beschriebene Tätigkeit unter Bruch einer der „genannten Erwartungen" ausgeübt wird, die Handlung also nicht in gutem Glauben, parteiisch oder unter Ausnutzung einer Vertrauensposition erfolgt.
Außerdem ist ein Unterlassen als unlauteres Handeln zu werten, wenn das Unterlassen einer Handlung selbst als ein Verstoß gegen die genannten Erwartungen angesehen werden kann, § 4 Abs. 1 b) BB 2009.
Grundsätzlich ist bei der Beurteilung, was von einer Person in dem oben genannten Sinn zu erwarten ist, ein objektiver Maßstab aus der Sicht eines vernünftig Handelnden anzulegen, § 5 Abs. 1 BB 2009. Diese Beurteilung wird als *expectation test* bezeichnet.
Die Einführung eines solchen Testes fand im Ergebnis Zustimmung, da auf diese Weise eine Balance zwischen Einfachheit, Sicherheit und Effektivität geschaffen wird, welche es vor allem der Jury ermöglicht, sich in die Lage eines moralisch Handelnden zu versetzen und so über lauteres bzw. unlauteres Handeln verhältnismäßig einfach zu entscheiden.[581]

580 Vgl. § 3 Abs. 1 BB 2009.
581 Vgl. Joint Committee on Draft Bill, Vol. I, S. 20.

Problematisch ist allerdings, dass so auch ein Handeln, das bisher lediglich als zivilrechtlicher Verstoß angesehen wurde, nun als unlauter im Sinne der Norm betrachtet und damit kriminalisiert werden kann. Insofern wurde noch eine Nachbesserung der Norm gefordert.[582] Die Regierung kam diesem Anliegen bisher nicht nach, sondern bekräftigte vielmehr, es bei der jetzigen Regelung belassen zu wollen, da derartige Fälle im Rahmen der durch die Strafverfolgungsbehörde zu treffenden Ermessensentscheidung berücksichtigt werden können.[583]
Zudem stellte sich die Frage, wie zu verfahren ist, wenn Taten vorliegen, die im Ausland begangen wurden und dort andere Vorstellungen von „gutem Glauben" und „Unparteilichkeit" herrschen. Um eine effektive Strafverfolgung zu gewährleisten und nicht die neuen Regelungen von vornherein völlig zu untergraben, wurde es als notwendig erachtet, den Test stets aus Sicht eines grundsätzlich moralisch Denkenden auszuführen, ohne dabei auf spezielle kulturelle Besonderheiten Rücksicht zu nehmen.[584] Mit dieser Auslegung wäre die Anwendung des Bribery Bill 2009 auch vergleichbar mit der Anwendung der bisherigen Regelungen, nach denen es bei Auslandstaten nicht darauf ankam, ob die Tat im Ausland mit einer Strafe bewehrt war oder nicht. Denn erklärtes Ziel ist die Vereinfachung der gesetzlichen Normen bei gleichzeitiger Erweiterung des Anwendungsbereiches, sodass eine derartige Auslegung vor dem Hintergrund des gesetzgeberischen Willens geboten erscheint.
Diese Überlegungen haben zur Einfügung der Absätze 2 und 3 in § 5 BB 2009 geführt, welche nun zu der geschilderten Situation Stellung beziehen. Hierin wird ausdrücklich klar gemacht, dass ausländische „Gewohnheiten" grundsätzlich unbeachtlich sind. Denn dies ist der einzige Weg, um eine effektive Bekämpfung der Korruption zu erreichen.[585]
Etwas anderes gilt nur, wenn sich solche Gewohnheiten in einer Verfassung, normierten Gesetzen oder in veröffentlichten richterlichen Entscheidungen wiederfinden.[586] Demzufolge wird hierdurch der Strafverfolgungsdrang etwas eingeschränkt, da nach alter Rechtslage die Tat unabhängig vom Tatortrecht zu beurteilen war, welches aber nun unter den genannten Voraussetzungen Einzug in die juristische Bewertung erhält.

---

582 So Joint Committee on Draft Bill, Vol. I, S. 20.

583 Government Response Rn 3.

584 So auch Law Com No 313, 3.10; Joint Committee on Draft Bill, Vol. I, S. 21.

585 Vgl. Government Response, Rn 4.

586 § 5 Abs. 3 BB 2009.

### *2. Der neue Tatbestand der Bestechung*

a) Der Täter

Der Täterkreis im Falle der Bestechung wird durch den Bribery Bill 2009 massiv ausgeweitet werden.
Denn betrachtet man den Wortlaut von § 1 BB 2009 muss festgestellt werden, dass nicht mehr von *„agent"* und *„principal"* die Rede ist, sondern schlicht von *„a person"*, ohne dass diese zunächst näher definiert wird. Demzufolge ist nun grundsätzlich jedermann tauglicher Täter dieses Deliktes, also u.a. auch der Geschäftsherr selber, der sich beispielsweise bestechen lässt.
Die gewählte Formulierung zeigt, dass das Angestellten-Prinzipal-Verhältnis, welches auch stark in der Kritik stand, nun aufgeben worden ist, um so einen breiteren Anwendungsbereich zu schaffen.[587]
Demzufolge ist es nun auch ohne weiteres möglich, Beamte, welcher Art auch immer, als taugliche Täter unter die Bestechung zu subsumieren, was die Anwendbarkeit und Verständlichkeit der Norm vereinfacht.
Die Law Commission hat damit auf die vielfach geäußerte Kritik, dass ein Grundproblem der Bestechungsdelikte die nach gegenwärtiger Rechtslage schwierige Differenzierung zwischen Privatpersonen und Amtsträgern sei, reagiert.
Dieses Problem wird insbesondere dadurch verschärft, dass öffentlich-rechtliche Einrichtungen immer öfter auf privatrechtliche Verwaltungsformen oder private Vertragspartner zurückgreifen.
Wird nun ein Tatbestand geschaffen, welcher den potentiellen Täterkreis offen lässt, so kann jedwede Abgrenzung unterbleiben. Dies ist auch im Sinne des erklärten Ziels der Law Commission, die ein Gesetz schaffen will, welches auch für den Laien leicht verständlich und in seinen Konsequenzen vorhersehbar ist.
Dabei soll neben dem Tatbestand der Bestechung der bisherige Straftatbestand des Fehlverhaltens im öffentlichen Dienst fortbestehen,[588] sodass der Umstand, wenn auch im Rahmen einer anderen Norm, dass die Stellung im Amt ausgenutzt wurde, weiter Beachtung findet.
Grundsätzlich wird der Vorschlag der Law Commission für gut geheißen. So haben bei den einschlägigen Befragungen 20 von 24 Befragten diese Änderung begrüßt.[589]

---

587 Dies war aufgrund der schon genannten Kritik der OECD auch notwendig, da gerade die Bestechung ausländischer Amtsträger nur unzureichend durch die §§ 1889-1916 Acts erfasst wurde; vgl. auch Law Com No 313, 3.120.

588 Vgl. zu der Straftat misconduct in public office Archbold, 25-381.

589 Law Com No 313, S. 57.

Erwähnt sei noch, dass § 15 BB 2009 ausdrücklich dieses Gesetz auch auf Angestellte der Krone für anwendbar erklärt.

Eine Einschränkung des Täterkreises erfolgt lediglich mittelbar über das oben erläuterte Merkmal der Funktion oder Tätigkeit nach § 3 BB 2009, in deren Rahmen das Delikt verübt werden muss. Denn sofern eine Person in keinem der in § 3 Abs. 2 BB 2009 genannten Verhältnisse steht, scheidet diese letztlich auch als Täter aus. Dies dürfte aber wiederum aufgrund des weitreichenden Umfangs selten der Fall sein.

Anhand von § 3 Abs. 2 d) BB 2009 wird auch deutlich, dass nach wie vor juristische Personen als Täter in Betracht kommen und zwar unabhängig von ihrer Rechtsnatur, da hier ausdrücklich sowohl eingetragene wie auch nicht eingetragene Gesellschaften genannt werden. Die Zurechnung erfolgt selbstverständlich dabei weiterhin nach den oben erläuterten Grundsätzen.

b) Die Gegenleistung

Ein Gegenleistungsverhältnis in dem Sinne, dass aufgrund des Vorteils eine konkret bestimmte Bevorzugung stattfindet, ist auch nach Schaffung der neuen Norm nicht notwendig. Es ist zwar gerade in Bestechungsfällen sehr wahrscheinlich, dass eine konkrete Belohnung für eine konkrete Gegenleistung angeboten wird, dies ist aber nicht zwingend erforderlich, um ein tatbestandliches Verhalten zu begründen.
Wie bereits der Wortlaut von § 1 Abs. 2 b) BB 2009 zeigt, ist es ausreichend, wenn der Bestochene dazu verleitet werden soll, eine (also unbestimmte) Tätigkeit unlauter auszuüben. Auch wird nicht mehr von einer *„Gegenleistung“*[590] gesprochen, was ein weiteres Zeichen dafür ist, dass eine solche in einer konkreten Form auch nicht notwendig ist. Zudem wurde auf das bisher verwendete *„dafür“*, von welchem auch noch in dem 1906 Act Gebrauch gemacht wurde, verzichtet, wobei dies schon nicht zur Bejahung eines konkreten Gegenleistungsverhältnisses geführt hatte. Folglich muss dies erst recht für den Bribery Bill 2009 gelten.
Dies steht auch mit dem Gesetzgebungswillen in Einklang, wonach eben eine Erweiterung und keine Einengung des Tatbestandes, was bei Bejahung eines konkreten Gegenleistungsverhältnisses der Fall wäre, erstrebt wird.
Die potentielle „Gegenleistung“ definiert sich demnach über irgendeine Funktion oder Tätigkeit im Sinne des § 3 BB 2009, die erbracht wird bzw. erbracht werden soll, welche, wie der weite Wortlaut der Norm zeigt, vielfältigster Natur

590 „consideration“ wie im 1906 Act verwendet.

sein kann.[591] Andersherum ist aber auch irgendeine solche Funktion oder Tätigkeit notwendig, da diese auch als „Schwellenvoraussetzung“[592] bezeichnet wird.[593] Nur das Anbieten eines Vorteils ohne „Hintergedanken“ ist also nicht tatbestandlich.
Erforderlich ist aber, dass die Gegenleistung eine unlautere Tätigkeit in dem genannten Sinn darstellt.[594] Ist die erwartete Tätigkeit überhaupt nicht unlauter, so kommt eine Bestrafung aufgrund versuchter Bestechung in Betracht.[595]

Unverändert gegenüber dem 1906 Act bleibt auch die Behandlung nachträglicher Zuwendungen in Form von „Belohnungen“. Diese sind gemäß § 1 Abs. 2 a), b) ii) BB 2009 unter Strafe gestellt. Hiernach ist Voraussetzung, dass der zu Begünstigende bereits eine unlautere Handlung begangen hat. Für diese muss er dann „belohnt“ werden. Nicht erforderlich ist, dass eine dahingehende vorherige Absprache stattgefunden hat.[596] Ein solches Erfordernis wäre auch nicht sinnvoll, da eine vorherige Absprache, in deren Rahmen auch eine Zuwendung Gegenstand des Gespräches ist, bereits von § 1 Abs. 2 a), b) i) BB 2009 erfasst wird und damit die Variante der nachträglichen Belohnung leer liefe.
Gerade diese Konstellation zeigt, dass ein konkretes, auf die Zukunft gerichtetes Gegenleistungsverhältnis nicht erforderlich ist und auch nicht sein kann, da ansonsten die Variante gemäß § 1 Abs. 2 b) ii) BB 2009 überhaupt nicht eintreten könnte.

Bezüglich der gänzlich neu eingeführten Straftat gemäß § 1 Abs. 3 BB 2009 ist von sich aus schon kein Gegenleistungsverhältnis erforderlich, da hier das Beschäftigungsverhältnis, in dessen Rahmen die Funktion oder Tätigkeit ausgeübt wird, Anknüpfungspunkt ist und nicht die etwaige unlautere Ausübung einer solchen im Sinne einer Gegenleistung.

c) Tathandlungen

Die Tathandlungen bleiben weitgehend wie gehabt, auch wenn sich der Wortlaut ändert. Denn auch nach § 1 Bribery Bill 2009 stellt das Anbieten, das Verspre-

591 So Law Com No 313, 3.196.
592 "The threshold condition".
593 Vgl. Law Com No 313, 3.3.
594 So Law Com No 313, 3.50.
595 Vgl. Law Com No 313, 3.50.
596 So auch Law Com No 313, 3.48, 3.49.

chen oder das Gewähren eines Vorteils ein tatbestandsmäßiges Handeln dar. Diese Begriffe sind in einem nichtjuristischen Sinn zu verstehen.[597]
Daher ist es weiterhin nicht erforderlich, dass es tatsächlich zu einer unlauteren Ausübung einer Tätigkeit oder Funktion kommt, sodass schon das Anbieten eines Vorteils, vorausgesetzt ein entsprechender Vorsatz ist vorhanden, zu der vollendeten Begehung des Deliktes ausreichen kann.[598] Dies bedeutet, dass an der weiten Vorverlagerung der Strafbarkeit festgehalten wird.
Demzufolge ist ein Schaden bei dem „Geschäftsherren" oder einem Konkurrenten weiterhin nicht erforderlich.

Ferner bleibt auch eine versuchte Bestechung unter den oben geschilderten Voraussetzungen strafbar.

d) Subjektiver Tatbestand

Der neu geschaffene Tatbestand der Bestechung macht auf recht einfache Weise klar, was in subjektiver Hinsicht erforderlich ist, um diesen zu erfüllen.
So ist bezüglich der Anbietens, Versprechens und Gebens weiterhin einfache Kenntnis erforderlich. Dies gilt für alle tatbestandlichen Varianten des § 1 BB 2009, also für die Fälle 1 und 2.

Hinsichtlich der subjektiven Bestimmung des Vorteils in Fall 1[599] fordert das Gesetz ausdrücklich Absicht dahingehend, dass der Vorteil den anderen zu einer unlauteren Handlung bewegen oder diesen für eine solche belohnen soll.

Dagegen ist in Fall 2[600] lediglich Kenntnis bzw. positiver Glaube[601] bezüglich des Umstandes notwendig, dass eine Annahme des angebotenen Vorteils per se eine unlautere Handlung im Rahmen des zugrundeliegenden Beschäftigungsverhältnisses darstellen würde. Wie die Formulierung zeigt, kommt es nicht darauf an, ob es auch tatsächlich zu der Annahme kommt. Schon die hypothetische „unlautere Annahme" kombiniert mit dem Wissen um diese Auswirkung genügt, um einen Bestechungsfall zu verwirklichen.

---

597 So Law Com No 313, 3.45.
598 Vgl. Law Com No 313, 3.41.
599 § 1 Abs. 2 b) BB 2009.
600 § 1 Abs. 3 b) BB 2009.
601 Vgl. zu den Begrifflichkeiten S. 69 f.

Nicht erforderlich ist, dass der Bestechende auch eine unlautere Ausübung einer Funktion oder Tätigkeit erwartet bzw. eine solche erstrebt.[602] Daher werden von diesem Tatbestand insbesondere *„facilitation payments“*[603] erfasst.

e) „Defence“

Die Rechtslage wird im Rahmen von rechtfertigenden Einwendungen durch die Einführung des § 12 BB 2009 verändert, da hier besondere Rechtfertigungsgründe vorgesehen sind. Diese beziehen sich allerdings ausschließlich darauf, dass ein Korruptionsdelikt nach §§ 1 und 2 BB 2009 durch eine Strafverfolgungsbehörde, welche schwere Verbrechen verfolgt, zur Verhütung, Aufdeckung oder Ermittlung, oder zur sachgerechten Ausübung von Funktionen eines Geheimdienstes oder des Militärs, welches im aktiven Dienst ist, notwendig war.[604]
Demzufolge handelt es sich hier um einen sehr speziellen Rechtfertigungsgrund, welcher mit Sicherheit nicht häufig zur Anwendung kommen wird.
Letztlich bleibt es damit bei der bisherigen Rechtslage hinsichtlich der Rechtfertigungsgründe.

*3. Der neue Tatbestand der Bestechlichkeit*

Der neue Tatbestand der Bestechlichkeit ist wie der der Bestechung aufgebaut. So werden hier aber insgesamt 4 Fälle gebildet, wonach sich der Täter der Bestechlichkeit strafbar machen kann. Dabei wird die Nummerierung der Fälle von dem Tatbestand der Bestechung ausgehend fortlaufend vorgenommen, sodass es sich um die Fälle drei bis sechs handelt.
Sowohl im Hinblick auf den „Vorteil“[605], als auch bezüglich der „unlauteren Handlung“[606] und der „Tätigkeit“[607] werden dieselben Definitionen, wie sie bereits beschrieben wurden, angewandt.

---

602 Vgl. Law Com No 313, 3.73.

603 Hierbei handelt es sich um Zahlungen an Beamte für eine Leistung, welche sowieso erbracht werden würde. Häufig geht es „lediglich“ darum, den Prozess bis zur Erbringung dieser Leistung zu beschleunigen.

604 Definitionen der genannten Begriffe erfolgen, wie auch sonst bei dem Bribery Bill 2009, in dem folgenden Absatz. Auf eine exakte Darstellung dieser wird aber aufgrund der wohl geringen praktischen Relevanz verzichtet.

605 “Advantage”.

606 “Improper performance”.

607 “Function or activity”.

a) Der Täter

Hinsichtlich des potentiellen Täters kann auf die zur Bestechung gemachten Ausführungen verwiesen werden, da auch hier *„a person"*, also jedermann, Täter sein kann. Eine Einschränkung erfolgt ebenfalls mittelbar über das Tatbestandsmerkmal der Funktion oder Tätigkeit im Sinne des § 3 BB 2009.
Auch hier findet § 15 BB 2009 grundsätzlich Anwendung, sodass auch Angestellte der Krone als Täter in Betracht zu ziehen sind.

b) Die Gegenleistung

Wie im Falle der aktiven Bestechung ist auch in den Varianten der passiven Bestechung die Vereinbarung über eine konkrete Gegenleistung in Form einer darauf gerichteten vorherigen Absprache nicht notwendig.
Allerdings, was auch in der Natur der Bestechungsdelikte liegt, geht das Gesetz von einer Verbindung zwischen dem erstrebten Vorteil und der beabsichtigten oder erfolgten unlauteren Handlung aus.[608] Damit ist aber kein konkretes Gegenleistungsverhältnis in dem eben geschilderten Sinn gemeint, auch wenn ein solches mit umfasst wird.
So ist in Fall 3 davon die Rede, dass die Ausübung einer unlauteren Handlung als Folge der Forderung, Zustimmung zur Annahme oder Annahme beabsichtigt sein muss. Hierbei ist aber kein Gegenleistungsverhältnis gemeint. Vielmehr dient Fall 3 nur der Verhinderung von Strafbarkeitslücken, welche ansonsten bei bloßer Existenz der Fälle 4 bis 6 entstehen würden. Denn während in den Fällen 4 bis 6 davon ausgegangen wird, dass es tatsächlich zu einer unlauteren Handlung kommt, setzt dies Fall 3 nicht voraus, sondern macht durch die Formulierung deutlich, dass hier das Vorhaben unlauteren Handelns bereits zur Vollendung der Tat bei entsprechendem Vorsatz genügt.[609] Es soll hierdurch nicht ein zusätzliches Erfordernis in Form einer konkreten Gegenleistung aufgestellt werden. Zudem ist laut Gesetzestext auch wieder nur eine (unbestimmte) Tätigkeit erforderlich, sodass eine allgemeine Bevorzugung in welcher Art auch immer für ein tatbestandliches Handeln ausreicht.

Dies wird auch durch die Tatvariante des Fall 5 bestätigt, wonach auch u.a. das Fordern einer nachträglichen Belohnung für eine bereits ausgeübte unlautere Handlung, ohne darauf abzielende vorherige Absprache, strafbar ist.[610] In die-

608 Vgl. Ex Notes Rn 22.
609 Vgl. Joint Committee on Draft Bill, Vol. 1, S. 23 Fn 91.
610 Vgl. Wertung im Fall des Bestechenden in Joint Committee on Draft Bill, Vol. 1, 3.48, 349.

sem Fall ist rein logisch schon kein Raum für eine solche Gegenleistungsvereinbarung, da in diesem Fall die unlautere Handlung bereits erfolgt ist.

Ebenso ist in Fall 6 keine konkrete Gegenleistung von Nöten. Dies ergibt sich, wie in den anderen Fällen, zum einen aus dem Wortlaut der Norm wie auch aus dem geschilderten gesetzgeberischen Willen, wonach eine Ausweitung des Anwendungsbereiches gewollt ist.

Wie im Parallelfall 2 ist auch in Fall 4 überhaupt keine Gegenleistung notwendig, da hier bereits das Fordern, die Zustimmung zur Annahme bzw. die Annahme selbst die unlautere Handlung darstellt.

c) Tathandlungen

Auch die Tathandlungen der Bestechlichkeit bleiben in dem Sinn des 1906 Acts erhalten, da als solche ein Fordern, eine Zustimmung zur Annahme oder eine Annahme eines Vorteils genannt werden.

Wie bereits geschildert, ist es in allen Fällen außer Fall 3 erforderlich, dass es zu einer unlauteren Handlung kommt. Somit ist auch hier die weite Vorverlagerung der Strafbarkeit festzustellen, da durch Fall 3 gewährleistet wird, dass auch ohne eine Gegenleistung die Strafbarkeit erhalten bleibt.

Grundsätzlich ist noch festzustellen, dass es zu Überschneidungen zwischen den einzelnen Fällen kommen kann, was allerdings hingenommen und auch nicht als Schwachpunkt der neuen Regelungen angenommen wird.[611]

Im Übrigen gilt das zur aktiven Bestechung Gesagte.

d) Subjektiver Tatbestand

Im Rahmen des subjektiven Tatbestandes ist zwischen dem Fall 3[612] und den Fällen 4 bis 6[613] zu unterscheiden.
Bei Fall 3 handelt es sich in subjektiver Hinsicht um einen „normalen“ Tatbestand, was bedeutet, dass zunächst ein vorsätzliches Fordern, eine vorsätzliche Zustimmung zur Annahme oder ein vorsätzliches Annehmen eines Vorteils notwendig ist. Darüber hinaus ist ausdrücklich klar gemacht, dass als Konse-

611 So Law Com No 313, 3.8, FN 13.
612 § 2 Abs. 2 BB 2009.
613 § 2 Abs. 3, 4 und 5 BB 2009.

quenz der geltend gemachten Forderung beabsichtigt werden muss, künftig eine Handlung unlauter auszuüben. Hierauf bezogen, ist also Absicht erforderlich.

Völlig anders und sehr extrem gestalten sich dagegen die Fälle 4 bis 6. In keinem dieser Fälle ist Absicht erforderlich. In jedem Fall ist ausreichend, dass der Täter Kenntnis von den objektiven Tatumständen hat. Aber nicht einmal dies ist erforderlich! Denn nach § 2 Abs. 7 BB 2009 schadet es auch nicht, wenn der Täter gerade keine Kenntnis oder keinen positiven Glauben dahingehend hat, dass die von ihm oder einem anderen ausgeübte Tätigkeit unlauter ist. Dies hat zur Folge, dass der Begünstigte hier aufgrund einer Bestechlichkeit verurteilt werden kann, wobei die Verurteilung lediglich auf einer objektiven Beurteilung des tatbestandlichen Verhaltens ohne den Nachweis eines subjektiven Fehlverhaltens erfolgt.
Selten hat die alte Volksweisheit „Unwissenheit schützt vor Strafe nicht" einen so unmittelbaren Niederschlag im Strafrecht gefunden. Zwar kennt das englische Strafrecht grundsätzlich die Deliktbegehung ohne Nachweis eines subjektiven Tatbestandes. Diese wird *„strict liability"* genannt. Eine solche ist jedoch nur bei leichten Delikten einschlägig.[614] Bei der doch massiven Strafandrohung der Bestechungsdelikte kann man diese sicherlich nicht hierzu zählen.
Daher muss festgestellt werden, dass hier schlicht ein Bruch mit der grundlegenden Strafrechtdogmatik sehenden Auges vorgenommen wird. Denn das Joint Committee äußerte sich hinsichtlich dieses Umstandes so, dass es die Regelung in der jetzigen Form unterstütze, auch wenn sonst das Vorliegen eines subjektiven Tatbestandes im Strafrecht allgemein erforderlich sei. Denn diese Form der Gesetzgebung sei Ausdruck der von Gesetzes wegen zu ändernden Gepflogenheiten, nach welchen die Annahme von Schmiergeldern noch salonfähig ist. Zudem ist das Komitee der Auffassung, dass von jemanden, der als in gutem Glauben handelnd, unparteiisch oder eine Vertrauensposition inne habend gilt, erwartet werden kann, dass dieser „zweimal denkt", bevor er einen Vorteil annimmt.[615]
Ob eine solche Argumentation befürwortet werden kann, muss stark bezweifelt werden. Es ist zwar schön und löblich, dass in England dem korrupten Treiben ein Ende bereitet werden soll. Sicher ist hierzu auch eine Verschärfung der Sanktionen und eine Ausweitung der Anwendbarkeit solcher ein richtiger Weg. Allerdings sollte ein solcher Kampf gegen die Korruption nicht um jeden Preis geführt werden. Denn diese Regelung, wie sie momentan vorliegt, verstößt gegen grundlegendste Prinzipien des Strafrechts zugunsten eines Billigkeitsrechts

---

614 So Jonathan Herring, Criminal Law, S. 223.

615 So die Argumentation in Joint Committee on Draft Bill, Vol. 1, S. 23.

mit zwar edlem Hintergedanken, aber dennoch in nicht mit der Dogmatik zu vereinbarender Art und Weise.
Ein solches Strafrecht mag zwar viele Täter, falls es sich dann, was ja nicht geklärt wird, um solche handelt, erfassen, kann aber letztlich nicht überzeugen.
Die Regierungsantwort hinsichtlich dieses Punktes war allerdings nur eine einzige Zeile lang, in welcher lediglich die Freude über die Unterstützung seitens des Joint Committee ausgedrückt wurde.[616]
Angesichts der gravierenden Verletzungen allgemeiner Grundsätze ist diese Antwort doch sehr enttäuschend, aber gleichzeitig Beleg für den unbedingten Willen bei Korruptionsdelikten künftig massiv durchzugreifen.

§ 2 Abs. 8 BB 2009 macht zudem klar, dass es in Fall 6 nicht darauf ankommt, ob der Dritte, der die unlautere Handlung ausübt, wusste oder glaubte, dass diese unlauter ist oder war.[617]
Hierzu kann auf das eben Ausgeführte verwiesen werden.

e) „Defence“

Auch für den Fall der Bestechlichkeit gilt der bereits oben genannte § 12 BB 2009. Ansonsten sind auch hier keine weiteren speziellen Rechtfertigungsgründe vorgesehen, sodass es insoweit bei der bisherigen Rechtslage bleibt.

*4. Auslandstaten*

Da auch die entsprechenden Regelungen des ATCSA 2001[618] abgeschafft werden sollen, wurde in dem Bribery Bill 2009 auch die Behandlung von Taten im Ausland bzw. mit Auslandsbezug geregelt.
So bestimmt § 11 Abs. 1 BB 2009, dass eine Straftat nach § 1 oder 2 BB 2009 bereits dann erfüllt ist, wenn irgendeine Handlung oder ein Unterlassen, welches einen Bestandteil der Norm darstellt, in einem Teil des United Kingdom stattfindet.

In dem Fall, dass die Tat überhaupt keine tatsächliche Beziehung zum United Kingdom aufweist, ist § 11 Abs. 2 bis 4 BB 2009 einschlägig.
Hiernach sollen die Straftatbestände der §§ 1 und 2 BB 2009 hinsichtlich natürlicher Personen nach wie vor auch auf Taten Anwendung finden, die eben außerhalb von England und Wales begangen worden sind und, sofern sie im Inland

616 Siehe Government Response, Rn 5.
617 Vgl. BB Ex Notes, Rn 22.
618 Es handelt sich um die §§ 108 bis 110.

begangen worden wären, ein solches Vergehen darstellen würden, § 11 Abs. 2 BB 2009.
Erforderlich ist hierzu, dass der Täter eine „nahe Verbindung" zum United Kingdom aufweist, die in § 11 Abs. 4 BB 2009 definiert wird. Hierdurch wird der potentielle Täterkreis gegenüber dem bisherigen erweitert werden. Denn neben den britischen Bürgern erfasst das neue Gesetz nun ausdrücklich auch Staatsangehörige der Überseegebiete[619] und Einwohner des United Kingdom.[620] Damit wird einem bisherigen Kritikpunkt abgeholfen.[621]

Bezüglich juristischer Personen ist erforderlich, dass diese unter irgendeinem Recht des Vereinigten Königreichs eingetragen sind.[622] Ansonsten gilt für diese das eben Gesagte.

§ 11 Abs. 5 BB 2009 macht zudem explizit klar, dass es für der Fälle der fahrlässigen Nichtverhinderung der Bestechung im Sinne des § 7 BB 2009, worauf noch im Detail einzugehen sein wird, nicht darauf ankommt, wo die tatbestandsmäßige Handlung vorgenommen bzw. unterlassen wurde.

*5. Tatbeteiligte*

Für den Fall, dass ein Direktor, Manager oder eine diesen gleichwertige Person einer juristischen Person einer Straftat nach §§ 1 oder 2 BB 2009, welche durch die juristische Person verübt wurde, zustimmte oder eine solche duldete, ist diese Person ebenfalls dieser Straftat schuldig, § 13 BB 2009.
Dabei ist diese weder Tatbeteiligte noch wird eine eigene Straftat „der Zustimmung oder Duldung" hierdurch begründet, sondern sie ist selber Täterin derselben Haupttat wie die juristische Person.[623]
Eine solche „Zurechnungsnorm" ist jedoch keinesfalls neu im englischen Strafrecht. Denn § 12 Fraud Act 2006 sieht ebenfalls diese Art und Weise der Strafbarkeit vor. Dieser hat bei der Schaffung von § 13 BB 2009 als Vorbild gedient.[624]
Zunächst ist zu prüfen, ob sich die juristische Person sicher der Bestechung/Bestechlichkeit schuldig gemacht hat.[625] Welche Form die juristische Per-

619 § 11 Abs. 4 b), c), d) BB 2009.
620 § 11 Abs. 4 g) BB 2009.
621 Vgl. hierzu oben.
622 § 11 Abs. 4 h) BB 2009.
623 Vgl. Ex Notes Rn 64.
624 Vgl. Law Com No 313, 6.128.
625 Vgl. Ex Notes Rn 63.

son dabei aufweist, ist ohne Bedeutung, sodass § 13 BB 2009 auf alle juristischen Personen Anwendung findet.[626]
Erst wenn die Strafbarkeit dieser zu bejahen ist, soll in einem weiteren Schritt die durch die etwaige Zustimmung oder Duldung begründete Strafbarkeit einer der genannten Personen untersucht werden.[627]
Wie sich aus § 13 Abs. 3 BB 2009 ergibt, ist es aber zwingend erforderlich, dass die potentiellen Täter eine „enge Verbindung" im Sinne des § 11 Abs. 4 BB 2009 aufweisen. Demzufolge können im Ausland lebende Manager, die keine britischen Bürger sind, nicht unter § 13 BB 2009 subsumiert werden, auch wenn das von ihnen geführte Unternehmen einer Straftat nach § 1 oder 2 BB 2009 schuldig ist und diese davon wussten. Dies verwundert auf den ersten Blick etwas, da man meinen möchte, dass die englische Justiz gerade führende Kräfte auch ausländischer Unternehmen für Bestechungen verantwortlich sehen will, was jedenfalls angesichts der sonstigen Verschärfungen durchaus realistisch erscheinen könnte.
Dieses Ergebnis ist allerdings konsequent und steht im Einklang mit dem Gesetz in sich, da Minimalvoraussetzung für die Begründung einer strafrechtlichen Verfolgbarkeit einer natürlichen Person das Bestehen einer „Verbindung" zum United Kingdom ist.

In der Konstellation, dass nicht der Bestechende den Vorteil selbst, sondern ein Dritter jenen auf dessen Geheiß hin anbietet, sind diese beiden grundsätzlich Täter einer je eigenen Haupttat, da beide einen Vorteil anbieten oder versprechen mit der Absicht, einen anderen zu einer unlauteren Tat zu bewegen.
Wenn der „Beauftragte" allerdings gegenüber dem zu Bestechenden zu erkennen gibt, dass er lediglich den Vorteil übermittelt, so ist der Hintermann Haupttäter einer Bestechung, während der Beauftragte Teilnehmer ist.[628]

### *6. Strafmaß*

Es ist vorgesehen, das Strafmaß an das des Betruges anzupassen. Dies bedeutet, dass eine Tat im Sinne der §§ 1 und 2 BB 2009 mit einer Freiheitsstrafe bis zu 10 Jahren, einer Geldstrafe oder beidem sanktioniert werden kann, wenn eine Verurteilung aufgrund einer Anklage erfolgt, § 11 Abs. 1 b) BB 2009. Die Geldstrafe ist dabei nach oben unbegrenzt.

---

626 Vgl. Ex Notes Rn 62.
627 Vgl. Ex Notes Rn 63.
628 So auch Law Com No 313, 3.71.

Dies bedeutet, dass das Strafmaß weiter angehoben wird. Dies wird seitens des Joint Committee begrüßt, da ein solches Gesetz „Zähne haben muss", um effektiv zu sein.[629]

In einem *„summary trial"* soll eine Höchststrafe von 12 Monaten verhängt werden können. Problematisch hieran ist momentan, dass die derzeit zulässige Höchststrafe, die durch ein Magistrates Court in England und Wales ausgesprochen werden kann, lediglich sechs Monate beträgt. Durch § 154 Criminal Justice Act 2003, welcher noch nicht in Kraft ist, wird diese aber auf 12 Monate angehoben werden. Bis dahin ist folglich in *„summary trials"* lediglich die Festsetzung einer Höchststrafe von sechs Monaten möglich.
Eine Geldstrafe ist in diesem Fall auf das „statutory maximum" begrenzt, welches 5000 Pfund beträgt.

Wie sich aus § 10 Abs. 3 BB 2009 ergibt, ist eine Straftat im Sinne des § 7 BB 2009 nur aufgrund einer Anklage zu bestrafen, sodass hier ein beschleunigtes Verfahren ausscheidet. Die Sanktion besteht folglich in einer in ihrer Höhe unbegrenzten Geldstrafe.

*7. Strafverfolgung*

Die Strafverfolgung soll nicht mehr von der Zustimmung des Attorney General abhängig sein. Gemäß § 9 BB 2009 ist nun die Zustimmung einer der drei Direktoren der jeweiligen Strafverfolgungsbehörde notwendig. Bei diesen handelt es sich um den Direktor der Public Prosecutions, den Direktor des Serious Fraud Office oder den Direktor der Revenue and Customs Prosecution.
In Nordirland ist die Zustimmung von einem der dortigen Direktoren der Strafverfolgungsbehörden erforderlich.[630]
Als Grund für diese Änderung wird angeführt, dass der Attorney General dem politischen Herz der Regierung zu nahe stehe und damit nicht dieselbe Unabhängigkeit gewährleistet sei, wie dies der Fall bei den Direktoren ist.[631]
Gemäß § 9 Abs. 3 BB 2009 kann der Direktor des Serious Fraud Office seine Funktionen auf ein autorisiertes Mitglied der Behörde delegieren. Für die anderen Direktoren bestehen ebenfalls Ermächtigungen zum Delegieren.[632]

---

629 Vgl. Joint Committee on Draft Bill, S. 5.

630 In Nordirland ist der Director of Public Prosecutions for Northern Ireland oder der Director of the Serious Fraud Office zuständig; vgl. § 9 Abs. 2 BB 2009.

631 Vgl. Joint Committee on Draft Bribery Bill, Vol. 1, S. 58.

632 Vgl. Ex Notes, Rn 53.

Für den Fall, dass es sich bei der anzuklagenden Straftat um eine solche im Sinne des § 7 BB 2009 handelt, welche durch eine Personengesellschaft begangen worden ist, muss § 14 BB 2009 beachtet werden, wonach das Gerichtsverfahren gegen die Personengesellschaft und nicht gegen die einzelnen Partner zu führen ist.

Daneben werden einige Vorschriften, welche sich auf juristische Personen beziehen, auch auf Personengesellschaften für anwendbar erklärt, § 14 Abs. 2 BB 2009.
§ 14 Abs. 3 BB 2009 bestimmt ferner, dass eine verhängte Geldstrafe aus dem Gesellschaftsvermögen zu zahlen ist.

*8. Sonstiges*

In § 16 BB 2009 wird die Abschaffung der bisher geltenden Gesetze hinsichtlich Bestechung und Bestechlichkeit normiert.

Zuletzt wird in § 17 BB 2009 festgelegt, dass dieses Gesetz künftig „Bribery Act 2010" heißen soll.

Ursprünglich war in § 15 BB 2009 a.F. vorgesehen, dass parlamentarische Rechte der Mitglieder der beiden Häuser des Parlaments bei Strafverfahren bezüglich der Bestechungsdelikte nicht zu einem Beweisverwertungsverbot führen können sollen. Hierbei geht es vor allem um Aussagen oder Handlungen im Rahmen des Parlaments.
Eine grundsätzliche Immunität in der Form, dass Mitglieder der Häuser des Parlaments strafrechtlich nicht verfolgt werden können, ist nicht in den parlamentarischen Rechten enthalten, sondern vor allem das Recht der freien Rede in Debatten oder Verfahren vor dem Parlament und das Recht für solche nicht vor Gerichten zur Verantwortung gezogen werden zu können.[633]
Problematisch war nach derzeitiger Rechtslage, dass weder das House of Lords noch das House of Commons unter 1889 oder 1906 Act subsumierbar waren, da diese keine Körperschaften des öffentlichen Rechts sind. Nach dem Bribery Bill ist die Erfassung von Mitgliedern dieser Häuser künftig kein Problem mehr und wird grundsätzlich auch begrüßt.[634] Doch wurde ausdrücklich davon Abstand genommen, eine Ausnahmeregelung hinsichtlich der Verwertbarkeit von grundlegendsten parlamentarischen Handlungen nur für den Bribery Bill vorzuneh-

633 Art. IX Bill of Rights 1689.
634 So Joint Committee on Draft Bribery Bill, Vol.1, S. 69.

men. Vielmehr wurde gefordert, wenn, dann eine generelle Regelung zu schaffen.[635]

## II. Der Tatbestand der Nichtverhinderung einer Bestechung

Wie bereits erwähnt, steht die Schaffung eines völlig neuen Straftatbestandes im Raum, welcher handeltreibende juristische Personen im Falle einer Nichtverhinderung einer Bestechung unter Strafe stellt. Dieses Vorhaben wird allgemein begrüßt.[636]

Hintergrund hierfür ist zum einen, dass die momentan zur Verfügung stehenden Möglichkeiten, um eine juristische Person für eine Bestechung verantwortlich zu machen, allgemein als nicht ausreichend angesehen werden.[637] Denn wie bereits beschrieben, kann eine solche strafrechtliche Verantwortlichkeit nur über die „Identifikationstheorie“ konstruiert werden. Die Identifikationstheorie wird aber in der Praxis als unzureichend beklagt, da die Anforderungen dieser den Nachweis eines Fehlverhaltens als sehr schwierig gestalten.[638] Daher wird diese Theorie in einer Welt, in der Entscheidungen dezentralisiert und zudem häufig in einem multinationalen Kontext getroffen werden, als nicht mehr angemessen angesehen.[639] Eine effektive Strafverfolgung ist auf Grundlage dieser jedenfalls nicht möglich.

Zum anderen sind es nach Ansicht des Gesetzgebers gerade die Unternehmen selbst, welche sich in der besten Lage befinden, um Bestechungen durch ihre Mitarbeiter und die damit verbundenen massiven Schäden zu unterbinden.[640] Folglich erscheint es auch angemessen, wenn diese für ein Fehlverhalten in diesem Bereich direkt sanktioniert werden können.

Ferner sollen sich Unternehmen, welche sich selbst im Wettbewerb einwandfrei verhalten, nicht solchen Unternehmen gegenüber sehen, die Bestechungen tole-

635 Vgl. Government Response, Rn 31, 32, 33, 34; Joint Committee on Draft Bribery Bill, Vol.1, S. 69 ff.

636 Vgl. Joint Committee on Draft Bribery Bill, Vol. 1, S. 35.

637 Vgl. beispielsweise Joint Committee on Draft Bribery Bill, Vol. 1, S. 5.

638 Vgl. C. Wells, Corporation and Criminal Responsibility (2. Auflage 2001), Kapitel 5, 7 und 8; G. R. Sullivan, „Reforming the Law of Bribery: Bribery outside England and Wales; Corporate Liabilitiy; Defences; Consent to Prosecution” [2008] Criminal Law Review 687.

639 G. R. Sullivan, „Reforming the Law of Bribery: Bribery outside England and Wales; Corporate Liabilitiy; Defences; Consent to Prosecution” [2008] Criminal Law Review 687; M. Pieth, in: Pieth/Low/Cullen, S. 179-180; Heine, in: FS Lampe, 2003, S. 583 Fn 26.

640 So Law Com No 313, 6.14.

rieren und hierfür nicht mit drastischen Sanktionen belegt werden können.[641] Denn dies stellt natürlich eine zusätzliche Motivation dar, sich ebenfalls unlauterer Methoden zu bedienen.
Darüber hinaus ist es auch der Leitgedanke, der aus den Verpflichtungen internationaler Abkommen[642] herrührt, welcher zu einem verstärkten Kampf gegen Korruption animiert und, selbst wenn dies nicht in dieser Form ausdrücklich gefordert wird, zu der Schaffung eines solchen Tatbestandes führt.[643]

Der Tatbestand soll in §§ 7 und 8 BB 2009 wie folgt, geregelt werden:

*§ 7: Nichtverhinderung seitens eines handeltreibenden Unternehmens Bestechung zu unterbinden*

*(1) Ein entsprechendes handeltreibendes Unternehmen (C) macht sich einer Straftat nach diesem Unterabschnitt schuldig, wenn eine Person (A), welche mit C verbunden ist, eine andere Person besticht und hierbei beabsichtigt –*

*(a) Geschäfte für C zu erlangen oder zu bewahren, oder*

*(b) einen Vorteil im Rahmen der Geschäftshandlungen von C zu bewahren oder zu erhalten.*

*(2) Allerdings kann C als Rechtfertigung beweisen, dass C geeignete Maßnahmen ergriffen hatte, um Personen, die mit C verbunden sind, von der Ausübung eines solchen Handelns abzuhalten.*

*(3) Hinsichtlich dieses Abschnittes besticht A eine andere Person, wenn, und nur wenn, A –*

*(a) selbst schuldig im Sinne einer Straftat nach § 1 oder § 6 ist oder wäre (unabhängig davon, ob A wegen einer solchen Tat strafrechtlich verfolgt wurde), oder*

*(b) einer solchen Straftat schuldig wäre, selbst wenn die §§ 11 Abs. 2 c) und Abs. 4 entfielen.*

---

641 So Law Com No 313, 6.14.

642 Insbesondere Art. 3 Abs. 2 of the Second Protocol of the Convention on the Protection of the European Community's Financial Interests; Art. 18 Abs. 2 of the Council of Europe's Criminal Law Convention on Corruption; Art. 5 Abs. 2 of the European Council's Framework Decision 2003/568/JHA; Art. 2 OECD Antibribery Convention; all diese Konventionen fordern die grundsätzliche Möglichkeit, eine juristische Person in die Haftung nehmen zu können.

643 Vgl. Law Com No 313, 6.14.

*(4) Siehe § 8 hinsichtlich der Bedeutung „eine Person verbunden mit C".*

*(5) In diesem Paragraphen –*
*bedeutet „Personengesellschaft"-*

*(a) eine Personengesellschaft im Sinne des Partnership Act 1890, oder*
*(b) eine Personengesellschaft mit begrenzter Haftung, welche nach dem Limited Partnerships Act 1907 registriert ist,*
*oder eine Gesellschaft oder eine juristische Person ähnlichen Charakters, welche nach dem Gesetz eines anderen Landes oder eines Gebietes außerhalb des United Kingdom gegründet wurde,*

*bedeutet „ein entsprechend handeltreibendes Unternehmen"-*

*(a) eine Gesellschaft, welche unter dem Recht irgendeines Teiles des United Kingdom eingetragen ist und Handel treibt (unabhängig davon,ob dort oder anderorts),*
*(b) jede andere juristische Person (wo auch immer eingetragen), die in irgendeinem Teil des United Kingdom Handel treibt, oder einen Teil ihres Handels dort treibt,*
*(c) eine Personengesellschaft, die unter dem Recht irgendeines Teiles des United Kingdom gegründet wurde und Handel treibt (unabhängig davon, ob dort oder anderorts), oder*
*(d) jede andere Personengesellschaft (wo auch immer gegründet), die in irgendeinem Teil des United Kingdom Handel treibt, oder einen Teil ihres Handels dort treibt,*

*und hinsichtlich dieses Paragraphen bedeutet Handel oder Beruf auch Geschäfte.*

*§ 8: Paragraph 7: Ergänzende Klausel*

*(1) Hinsichtlich des Paragraphen 7 ist eine Person („A") als mit C verbunden zu verstehen, wenn (ungeachtet eines in Erwägung gezogenen Bestechungsmittels) A eine Person ist, die Dienste für oder im Namen von C ausübt.*

*(2) Im Rahmen welcher Kompetenz A die Dienste für oder im Namen von C ausübt, ist ohne Bedeutung.*

*(3) Demzufolge kann A insbesondere Cs Arbeitnehmer, ein Angestellter oder eine Tochtergesellschaft sein.*

*(4) Ob A eine Person ist, die Dienste für oder im Namen von C ausübt, ist anhand von allen relevanten Umständen und nicht bloß anhand der Art der Beziehung von A und C festzustellen.*

*(5) Falls A allerdings ein Arbeitnehmer der C ist, so wird bis zum Beweis des Gegenteils vermutet, dass A eine Person ist, die Dienste für und im Namen von C ausübt.*

*1. „Täter"*

Wie bereits beschrieben, kommt als „Täter" nur eine juristische Person in Betracht. Bei dieser muss es sich um ein „handeltreibendes Unternehmen" handeln. Welche Arten von juristischen Personen unter diesen Begriff subsumierbar sind, macht § 7 Abs. 5 BB 2009 klar. Hiernach sind letztlich drei Formen juristischer Personen potentiell tatgeeignet:
Hierunter fallen zum einen Gesellschaften, die unter dem Recht von England und Wales oder Nordirland eingetragen sind und ihre Geschäfte dort oder anderswo ausführen.
Zum anderen werden solche Personengesellschaften erfasst, die unter englischem, walisischem oder nordirischem Recht gegründet wurden und in England, Wales, Nordirland oder anderorts ihre Geschäfte betreiben.
Außerdem können auch solche juristische Personen oder Personengesellschaften Täter sein, die, unabhängig davon, unter welchem Recht (weltweit) sie eingetragen bzw. gegründet wurden, ihre Geschäfte in irgendeinem Teil des United Kingdom ausüben.
Dies bedeutet, dass letztlich eines von zwei Merkmalen erfüllt sein muss:
Entweder muss es sich um eine juristische Person oder Personengesellschaft handeln, die nach englischem Recht[644] gegründet bzw. eingetragen ist. In diesem Fall ist es ohne Bedeutung, wo diese letztlich ihren Geschäften nachgeht.
Oder es ist belanglos, wo die jeweilige juristische Person oder Personengesellschaft eingetragen bzw. gegründet wurde, wobei dann in einem Teil des United Kingdom zumindest Teile der Geschäfte abgewickelt werden müssen.
Folglich ist die Täterschaft dann begründet, wenn ein Bezug zum United Kingdom besteht, sei es in rechtlicher Form oder sei es in tatsächlicher Art und Weise.

644 Gemeint ist das United Kingdom.

*2. „Tathandlung"*

Bereits der Wortlaut der Vorschrift macht klar, dass diese lediglich Fälle der aktiven Bestechung und nicht solche der Bestechlichkeit erfasst, da ausschließlich der Fall des Bestechens ausdrücklich genannt wird. Dies wird damit begründet, dass es nicht im Sinne des Gesetzgebers sei, die Unternehmen dazu zu animieren, die Mitarbeiter derer von einer eigennützigen Bestechungsmittelannahme abzuhalten, sondern, wie oben ausgeführt, u.a. andere Unternehmen vor der unlauteren Einflussnahme zu schützen.[645]

Die „Tathandlung" besteht gemäß § 7 BB 2009 darin, dass eine mit dem Unternehmen verbundene Person eine andere Person gemäß § 1 BB 2009[646] besticht und damit das Erhalten oder Beibehalten von Geschäften oder eine Bevorzugung des Unternehmens beabsichtigt.
Ausreichend ist es aber auch, wenn diese Person bei einer Tat nach § 1 BB 2009 lediglich Beteiligte ist und sich aufgrund ihrer Beteiligungshandlung strafbar macht.[647]
Dabei macht § 7 Abs. 3 BB 2009 klar, dass es für die Straftat nach § 7 Abs. 1 BB 2009 ohne Bedeutung ist, ob diese Person selbst strafrechtlich verfolgt wird. Es genügt, wenn bewiesen wird, dass diese Person sich einer Bestechung strafbar gemacht hat. Darüber hinaus ist es auch nicht von Belang, in welcher Verbindung diese Person zu dem United Kingdom steht, § 7 Abs. 3 b) BB 2009 i.V.m. § 11 Abs. 2 c) und 4 BB 2009. Dies hat zur Folge, dass eine Person, die überhaupt nicht verfolgt werden könnte, da sie nicht unter § 11 BB 2009 fällt, dennoch die Strafbarkeit des Unternehmens begründen kann. Ferner macht § 11 Abs. 5 BB 2009 ausdrücklich klar, dass es ohne Bedeutung ist, ob die ausgeübte Straftat teilweise oder auch vollumfänglich im United Kingdom oder außerhalb dessen ausgeübt wurde. Folglich ist letztlich nur erforderlich, dass es sich bei dem Unternehmen um ein wie oben beschriebenes handelt und zudem eine Bestechung im Sinne des § 1 BB 2009 verübt wurde.

Wie die Verbindung zwischen der Person und dem Unternehmen beschaffen sein muss, erklärt § 8 BB 2009.
Gemäß § 8 Abs. 1 BB 2009 liegt eine Verbindung vor, wenn die Person Tätigkeiten für das Unternehmen oder im Namen dessen ausführt. Bei der Bewertung, ob eine solche Ausführung von Tätigkeiten gegeben ist, kommt es vor allem da-

645 Vgl. Law Com No 313, 6.5.

646 Als Alternative ist in § 7 Abs. 3 BB 2009 auch die Bestechung eines ausländischen Amtsträgers genannt, welche hier nicht näher beleuchtet werden soll.

647 Vgl. Ex Notes Rn 50.

rauf an, welche Tätigkeiten A tatsächlich ausübt und nicht auf die rechtliche Ausgestaltung des Verhältnisses zu dem Unternehmen.
Zu beachten ist die Beweislastumkehr in § 8 Abs. 5 BB 2009, wonach vermutet wird, dass Arbeitnehmer stets Tätigkeiten in dem genannten Sinn für das Unternehmen ausüben.

Wie sich aus § 8 Abs. 3 Alt. 3 BB 2009 ergibt, kann der Täter nicht nur eine natürliche Person, sondern auch eine juristische Person, wie insbesondere ein Tochterunternehmen des „Hauptunternehmens", sein.

In der ersten Fassung des Bribery Bill war weitere Voraussetzung, dass eine für die Überwachung verantwortliche Person, die Verhinderung der Bestechung fahrlässig versäumt hat.[648] Nach Kritik durch das Joint Committee[649] wurde hiervon jedoch abgesehen[650], da dies eine zu komplexe und enge Lösung gewesen wäre, welche eine effektive Strafverfolgung unnötigerweise erschwert hätte. Stattdessen hat man sich für eine Lösung des Problems im Rahmen der Rechtfertigung entschieden, auf welche im Folgenden einzugehen sein wird.

*3. „Defence"*

In § 7 Abs. 2 BB 2009 ist als Rechtfertigungsgrund vorgesehen, dass das Unternehmen den Beweis erbringen kann, dass es angemessene Vorkehrungen getroffen hatte, um Bestechungsfälle in dem hier einschlägigen Sinne zu verhindern.
Sofern dieser Beweis gelingt, liegt eine Strafbarkeit des Unternehmens nicht vor.
Ursprünglich sollte sich das Unternehmen auf diesen Rechtfertigungsgrund nicht berufen können, wenn derjenige, der für die Unterbindung von Bestechung verantwortlich ist, ein Direktor, Manager, Geschäftsführer oder eine gleichwertige Person ist.[651] Allerdings hat man auf diese Einschränkung zugunsten der leichter anzuwendenden jetzigen Form verzichtet.[652] Begründet wurde dies damit, dass derartige Umstände im Rahmen des Merkmals „angemessene Vorkehrungen" berücksichtigt werden können und diese Einschränkung nur für Probleme bei der Anwendung sorgt.[653]

648 Vgl. § 5 Abs. 1 c) BB 2009 1. Fassung.
649 Vgl. Joint Committee on Draft Bill, Vol. 1, S. 31 ff.
650 Vgl. Ausführungen der Regierung in: Government Response Rn 9.
651 Vgl. § 5 Abs. 5 BB 2009 1. Fassung.
652 Vgl. Ausführungen der Regierung in: Government Response Rn 12.
653 So Joint Committee on Draft Bill, Vol. 1, 37 ff.

Was unter „angemessenen Vorkehrungen" zu verstehen ist, ergibt sich nicht aus dem Bribery Bill 2009. Es besteht aber Einigkeit darin, dass dieses Tatbestandsmerkmal flexibel und in einer der Größe und den Ressourcen des jeweiligen Unternehmens angepassten Art und Weise gehandhabt werden muss.[654] Auch sollen die mit der jeweiligen Industrie, der geografischen Lage und der Art der Geschäftsabwicklung verbundenen ethischen Umstände berücksichtigt werden.[655]

Zudem soll es ausschließlich darauf ankommen, was durch das jeweilige Unternehmen tatsächlich gegen derartige Bestechungen unternommen wird.[656]

Demzufolge hat hier eine breite Einzelfallanalyse zu erfolgen, welche sich nicht pauschalisieren lässt, um so eine hohe Einzelfallgerechtigkeit zu gewährleisten.

Das Joint Committee hatte angeregt, eine weitere Klausel in den Bribery Bill aufzunehmen, welche Leitlinien beinhalten sollten, die Aufschluss über die wesentlichen Schlüsselstellen des neuen Bribery Bill geben.[657] Dabei sollte als Minimum eine Erläuterung über die erforderlichen „angemessenen Vorkehrungen" im Rahmen des § 7 Abs. 2 BB 2009 erfolgen.[658]

Der Vorschlag, eine derartige Klausel zu integrieren, wurde zunächst abgelehnt.[659] Allerdings wurde angekündigt, umfassende nichtgesetzliche Leitlinien noch vor in Kraft treten des Bribery Bill 2009 zu veröffentlichen, um so allen potentiell Betroffenen Zeit zu geben, sich an die neue Rechtslage anzupassen.[660] Dabei sollten insbesondere weitreichende Prinzipien und illustrative Beispiele für das Tatbestandsmerkmal „angemessene Vorkehrungen" gegeben werden.[661] Exakt diesen Gedanken aufgreifend, wurde im Rahmen der zweiten Lesung[662] des Gesetzesentwurfes vor dem House of Lords beschlossen, weitere Absätze in den Bribery Bill einzufügen[663], welche zwar keine konkreten Richtlinien enthalten, aber eine Verpflichtung aussprechen, solche zu veröffentlichen. Diese Richtlinien sollen aber lediglich grundsätzliche Prinzipien enthalten und auch

654 Vgl. Joint Committee on Draft Bill, Vol. 1, S. 36 sowie die Bestätigung der Regierung in: Government Response Rn 11.

655 Vgl. Joint Committee on Draft Bill, Vol. 1, S. 36 sowie die Bestätigung der Regierung in: Government Response Rn 11.

656 Vgl. Joint Committee on Draft Bill, Vol. 1, S. 36 sowie die Bestätigung der Regierung in: Government Response Rn 11.

657 Vgl. Joint Committee on Draft Bill, Vol. 1, S. 44.

658 Vgl. Joint Committee on Draft Bill, Vol. 1, S. 45.

659 Vgl. Government Response, Rn 14, 15, 16.

660 Vgl. Government Response, Rn 14, 15 16.

661 Vgl. Government Response, Rn 14, 15 16.

662 Diese fand am 09.12.2009 statt. Die vorgeschlagenen Änderungen wurden 14.12.2009 veröffentlicht.

663 Diese sollen in die §§ 7 und 8 BB 2009 eingefügt werden.

Größe und Ressourcen der Unternehmen beachten. Ferner ist die Einrichtung einer Beratungsstelle vorgesehen, welche Unternehmen darüber Auskunft geben soll, ob getroffene Maßnahmen „angemessene Vorkehrungen" im Sinne des § 7 Abs. 2 BB 2009 sind. Es wird aber zudem klar gemacht, dass eine derartige Auskunft rechtlich unverbindlich ist und demzufolge der Zustimmung seitens des jeweiligen Direktors zur Strafverfolgung nicht entgegensteht.

*4. Strafe*

Wie sich aus § 10 Abs. 3 BB 2009 ergibt, kann ein Unternehmen in dem Sinn von § 7 BB 2009 mit einer in der Höhe unbegrenzten Geldstrafe belegt werden.[664]

*5. Strafverfolgung*

Selbstverständlich gilt auch hier, dass für eine Strafverfolgung die Zustimmung von dem Direktor einer der drei Hauptstrafverfolgungsbehörden erforderlich ist.[665]
Zudem regelt § 14 BB 2009, dass Personengesellschaften im Namen der Personengesellschaft und nicht in dem Namen der einzelnen Partner anzuklagen sind.

664 Vgl. auch Ex Notes Rn 54.
665 Vgl. hierzu oben.

# Kapitel 2: Vergleichender Ausblick

## A. Die Tatbestände der Bestechung und Bestechlichkeit

### I. Schutzumfang

Die Rechtsgüter, die bisher von beiden Normen geschützt worden sind, bleiben auch nach der Reform von dem Schutzumfang dieser umfasst. Denn die neuen Tatbestände des Bribery Bill 2009 umfassen jedenfalls auch die „alten Deliktsstrukturen". Ferner soll, wie bereits mehrfach erwähnt, die Reform eine Erweiterung des Anwendungsbereiches ermöglichen, sodass die Umsetzung dieses Zieles mindestens die Beibehaltung der geschützten Rechtsgüter erfordert.
Durch die Regelungen in §§ 1 Abs. 3 und 2 Abs. 3 BB 2009 werden nun aber auch „arbeitsrechtliche interne Verstöße" in England kriminalisiert und damit der Geschäftsherr ausdrücklich in den Schutzumfang der Bestechungsdelikte mit einbezogen, wovon in Deutschland bisher abgesehen worden ist.[666]
Damit wird der Schutzbereich gegenüber dem des § 299 StGB erweitert, da jener jedenfalls keine internen Pflichtverletzungen in dem genannten Sinn sanktioniert, sondern ausschließlich in einer Wettbewerbssituation zur Anwendung kommen kann.

### II. Täter und Tathandlung

#### *1. Täter*

Auch im Rahmen der potentiellen Täter wird durch die Einführung des Bribery Bill 2009 die Kluft zwischen der englischen und deutschen Sanktionierung korrupten Handelns weiter vergrößert werden.
Dass nun alle anstelle von lediglich einigen Beamten von §§ 1 und 2 BB 2009 erfasst werden und damit eine Differenzierung, wie sie noch nach dem 1889 und 1906 Act erforderlich war, obsolet wird, ist noch ein weniger gravierender Unterschied, da auch nach dem 1906 Act die Anwendung auf Amtsträger grundsätzlich möglich gewesen ist und die deutsche und die englische Regelung in diesem Punkt schon immer verschieden waren.
Dagegen ist die durch den sehr offenen Tatbestand zur Verfügung gestellte Möglichkeit in England, den Geschäftsherren in einem Prinzipal-Angestellten-Verhältnis selbst als Täter zu verfolgen, eine entscheidende Erweiterung gegenüber der deutschen Regelung.

---

666 In Deutschland ist, wie bereits geschildert, das sogenannte „Wettbewerbsmodell" Grundlage der Norm.

Denn gerade dieser ist in Deutschland kein tauglicher Täter, da eine derartige Auslegung nur schwer bzw. gar nicht mit dem Wortlaut des § 299 StGB vereinbar wäre.

Überhaupt wird durch die Abkehr vom Prinzipal-Angestellten-Verhältnis der Täterkreis logischerweise erweitert, da eben keine Begrenzung durch dieses mehr erfolgt.

Damit sind die neuen Regelungen des Bribery Bill 2009 auch hinsichtlich des potentiellen Täterkreises deutlich weiter als § 299 StGB.

*2. Tathandlung*

Die potentiellen Tathandlungen bleiben identisch. Denn nach beiden Rechtsordnungen manifestiert sich ein tatbestandliches Handeln durch das Anbieten, das Versprechen oder das Geben eines Vorteils bzw. durch das Fordern, die Zustimmung zur Annahme oder die Annahme eines solchen.

Unverändert bleibt die Situation im Bereich des Tatbestandsmerkmals *geschäftlicher Verkehr*. Denn die bisherige Formulierung des 1906 Act, *Angelegenheiten oder Geschäfte des Dienstherren,* wurde durch den Bribery Bill 2009 ersetzt durch *Funktion oder Tätigkeit im Sinne des Absatzes 3 b* , welcher unter anderem auch Tätigkeiten im geschäftlichen Verkehr[667] erfasst.
Dass die englische Regelung aber nun auch Bereiche weit über den des geschäftlichen Verkehrs hinaus erfasst und damit wesentlich weitreichender ist als § 299 StGB, wurde bereits mehrfach erörtert.

Auch wenn man der englischen Regelung einen Fall, welcher in einem Prinzipal-Angestellten-Verhältnis stattfindet, zugrunde legt, ist weiterhin der Wettbewerb kein Tatbestandsmerkmal nach englischem Recht. Demnach sind in England Schmiergeldzahlungen, welche außerhalb eines Wettbewerbs erfolgen, von §§ 1 und 2 BB 2009 erfasst, während es über § 299 StGB keine Möglichkeit gibt, derartige zu sanktionieren.

*3. Vorteilsbegriff und Drittzuwendung*

Hinsichtlich des Vorteilsbegriffs kann auf die schon gemachten Ausführungen verwiesen werden. Denn die bloße Änderung des Wortlautes in dem Bribery Bill 2009 gegenüber dem 1906 Act wird sicherlich keine materiell-rechtlichen Kon-

667 § 3 Abs. 1 b BB 2009.

sequenzen haben, sodass die bisherigen Vorteile weiterhin als solche anzusehen sein werden und damit der Vorteilsbegriff in England und Deutschland weiterhin als quasi identisch einzustufen ist.

Die bisher in England bestehende Strafbarkeitslücke im Falle einer Drittzuwendung im Rahmen einer Bestechung wird durch den Bribery Bill 2009 geschlossen werden, wobei zugleich, selbstverständlicher Weise, die Drittzuwendung bei Bestechlichkeit erhalten bleibt.
Die Normen sind nun also hinsichtlich dieses Punktes identisch.

*4. Gegenleistung und Unrechtsvereinbarung*

Die bereits beschriebenen Gegensätze im Rahmen der Gegenleistung und der Unrechtsvereinbarung werden auch nach der Gesetzesreform weiterbestehen.
Die Regelungen nach dem BB 2009 entfernen sich letztlich sogar noch weiter von dem Erfordernis eines Gegenleistungsverhältnisses und einer Unrechtsvereinbarung im Sinne des § 299 StGB, da der gesamte Tatbestand offener wird.

Zwar genügt nach beiden Normen bereits das Inaussichtstellen einer unlauteren Handlung als Gegenleistung für einen Vorteil, sodass es nicht zu dieser unlauteren Handlung kommen muss. Auch ist es nach wie vor unerheblich, ob durch eine vorgenommene Gegenleistung ein Schaden bei dem Geschäftsherren oder einem Konkurrenten eingetreten ist, sodass in diesem Fall die deutsche und die englische Regelung identisch sind.
Deutlich verschieden sind die Regelungen aber im Hinblick auf die Bestrafung nachträglicher Belohnungen. Denn während in Deutschland aufgrund der erforderlichen Unrechtsvereinbarung lediglich in Zukunft liegende Vorteile von § 299 StGB erfasst werden können, ist eine solche nach englischem Recht gerade nicht erforderlich und sanktioniert so auch nachträgliche Zuwendungen.

Auch hinsichtlich einer etwaigen Unrechtsvereinbarung wird sich in rechtsvergleichender Hinsicht durch den Bribery Bill 2009 nichts ändern. Dies liegt daran, dass nach der englischen Regelung eine Absprache dahingehend nicht erforderlich ist, dass die Vorteilsgewährung aufgrund einer konkreten in der Zukunft liegenden Gegenleistung zu erfolgen hat. Demnach ist auch in Zukunft die Feststellung einer Unrechtsvereinbarung nicht erforderlich.
Dass eine solche dagegen nach § 299 StGB von Nöten ist, wurde bereits dargestellt. Demzufolge liegt hierin ein großer Unterschied zwischen der deutschen und der englischen Rechtslage, da es gerade aus strafverfolgender Sicht ein zusätzliches Problem darstellt, eine solche Unrechtsvereinbarung nachzuweisen.

In England kommt es dagegen auf das objektive Bild von außen an, ohne dass etwaige Absprachen in dem genannten Sinne bewiesen werden müssen. So genügt es beispielsweise im Falle einer Bestechlichkeit bereits, wenn der Bestochene einen etwaigen Geldbetrag, den er von jemanden für eine unlautere Handlung erhält, auf seinem Konto eingezahlt hat. Spätestens der Einzahlungsakt wird als vollendete Verwirklichung des Tatbestandes angesehen.[668] Ohne Bedeutung ist, ob überhaupt eine Absprache oder ähnliches stattfand, da hier ein Fall der nachträglichen Belohnung vorliegt. Ebenfalls unbeachtlich ist, dass der Bestechende überhaupt keinen Nutzen von der Tat hatte. Die objektiv unlautere Handlung und die Belohnung dieser sind tatbestandsverwirklichend.

Im Ergebnis kann daher festgestellt werden, dass zwar häufig ein Gegenleistungsverhältnis aufgrund der natürlichen Erscheinung von Bestechungsvorgängen, also das Anbieten von Vorteilen für eine unlautere Bevorzugung, vorliegen wird, ein solches aber in England nicht zwingend notwendig ist, um zu einer Tatbestandsverwirklichung zu gelangen. Darüber hinaus wird dieses auch anders bestimmt, als es in Deutschland der Fall ist, da eine Unrechtsvereinbarung im Rahmen des Gegenleistungsverhältnisses in dem Sinne des § 299 StGB nie erforderlich ist.

Selbstverständlich ist im Falle der Pflichtverletzung gegenüber dem Geschäftsherren nach § 1 Abs. 3 BB 2009 und § 2 Abs. 3 BB 2009 ein auf einer Unrechtsvereinbarung basierendes Gegenleistungsverhältnis ebenfalls nicht erforderlich, da es hier überhaupt nicht auf die Beziehung zwischen Täter und Angestelltem, sondern nur auf die zwischen Angestelltem und Geschäftsherren ankommt. Denn sofern, beispielsweise, die Annahme von Geldern seitens des Angestellten bereits ein unlauteres Handeln im Sinne des Bribery Bill gegenüber seinem Geschäftsherren darstellt, ist der Tatbestand der Bestechlichkeit erfüllt, völlig unabhängig von der Frage, ob und gegebenenfalls was der Angestellte mit dem Dritten vereinbart hat. Ein Gegenleistungsverhältnis ist jedenfalls nicht erforderlich.

Diese Umstände führen zu einem um vielfach umfangreicheren Anwendungsbereich der §§ 1 ff. BB 2009 gegenüber § 299 StGB und zu einer für die Strafverfolgungsbehörden leichteren Beweisbarkeit des Deliktes.

---

668 Vgl. Law Com No 313, 3.83.

*5. Unlauterkeit*

Die deutsche und die englische Rechtslage werden künftig auch im Hinblick auf das Merkmal *„unlauter"* sehr unterschiedlich sein. Während die bisherigen Rechtslagen letztlich fast identisch waren, wurde nun eine völlig neue Definition dieses Merkmals im Rahmen des Bribery Bill 2009 vorgenommen, wobei klar gemacht wurde, dass *„improper"* das Merkmal *„corruptly"* ersetzen soll. Da nun eine ausführliche Definition in § 3 Abs. 6 BB 2009 erfolgt, kommt diesem Merkmal nicht mehr eine nur deskriptive, sondern eine eigenständige Bedeutung zu.
Demzufolge wird künftig stets der Nachweis eines unlauteren Handelns in dem in § 3 Abs. 6 BB 2009 bestimmten Sinn erforderlich sein, welches im Rahmen des sogenannten *„expectation test"* nachzuweisen sein wird.
Dagegen ist nach § 299 StGB der Nachweis der Unlauterkeit gerade nicht erforderlich, sondern ist nur bei der Auslegung des Tatbestandes zu beachten.
Folglich wurde durch die Einführung des Merkmals *„improper"* eine weitere Voraussetzung geschaffen, deren Nachweis ein zusätzliches Hindernis gegenüber § 299 StGB darstellt.

*6. Subjektiver Tatbestand*

Im Falle der Bestechung ist nach § 1 Abs. 2 BB 2009 keine Wettbewerbsabsicht wie nach § 299 Abs. 2 StGB erforderlich.
Dagegen muss es dem Täter darauf ankommen und demzufolge muss er mit Absicht dahingehend handeln, mit dem angebotenen Vorteil den zu Bestechenden zu einer unlauteren Handlung zu bewegen, bzw. diesen für eine solche zu belohnen. Es ist also eine „Beeinflussungsabsicht" bzw. eine „Belohnungsabsicht" erforderlich.
Eine solche ist in Deutschland nur in der Tatvariante des Anbietens notwendig, da es dem Täter in dieser darauf ankommen muss, dass der andere den Vorteil als Gegenleistung für eine Bevorzugung und damit letztlich als Beeinflussung versteht. Ansonsten ist bedingter Vorsatz ausreichend.
Demzufolge hat § 1 Abs. 2 BB 2009 in dieser Hinsicht höhere Anforderungen, da in allen Tatvarianten Absicht im oben genannten Sinne von Nöten ist.
Ein Vergleich von § 1 Abs. 3 BB 2009 scheitert, da es schon an einer entsprechenden Regelung in Deutschland fehlt.

Das Delikt der Bestechlichkeit erfordert in allen Grundvarianten des § 2 Abs. 2 BB 2009 ein absichtliches Handeln in der Art und Weise, dass der Täter darauf abzielt, künftig eine Tätigkeit unlauter auszuüben. Allerdings wird durch § 2

Abs. 7 BB 2009 eine Tatbestandsverwirklichung auch dann ermöglicht, wenn der Täter keine Kenntnis davon hat, dass seine Handlung eine unlautere im Sinne des § 3 Abs. 6 BB 2009 ist.

Dagegen muss es nach § 299 Abs.1 StGB dem Täter ausschließlich in der Variante des Forderns darauf ankommen, dass der andere den erstrebten Vorteil als Gegenleistung für eine Bevorzugung versteht, während in allen anderen Fällen Kenntnis von der Unrechtsvereinbarung ausreicht.
Hierin liegt ein massiver Unterschied zwischen der englischen und deutschen Regelung. Nach deutschem Strafrecht kommt eine Bestrafung ohne die Verwirklichung des subjektiven Tatbestandes nicht in Betracht. Gerade der Umstand der unlauteren Handlung stellt einen elementaren Bestandteil im Rahmen einer normativen Auslegung des objektiven Tatbestandes dar, welcher nach deutschem Strafrecht vom Vorsatz umfasst sein muss, sofern man diese als Bestandteil des objektiven Tatbestandes versteht. Billigkeitserwägungen wären keine geeignete Grundlage für einen derart massiven Bruch der grundlegenden Strafrechtsdogmatik.

Der Fall der nachträglichen Bestechlichkeit gemäß § 2 Abs. 4 BB 2009 sowie der in § 2 Abs. 3 BB 2009 geregelte Fall sind mangels einer vergleichbaren deutschen Regelung einer Gegenüberstellung nicht zugänglich.

*7. Auslandstaten*

Die neu geschaffene Regelung hinsichtlich der Anwendbarkeit der §§ 1 und 2 BB 2009 auf im Ausland begangene Taten wird sich im Ergebnis dem deutschen Strafrecht etwas annähern.
Zwar ist der personelle Anwendungsbereich noch weiter, da künftig auch Bewohner Englands[669], die eine Bestechung bzw. Bestechlichkeit begehen, strafrechtlich verfolgt werden können, während in Deutschland die Eigenschaft Deutscher[670] für die Strafverfolgung im Ausland maßgebend ist.[671]
Dagegen ist nun aber gemäß § 5 Abs. 2 und 3 BB 2009 unter den dort normierten und bereits erläuterten Voraussetzungen ausländisches Recht zu beachten, sodass hier eine mit § 7 StGB zu vergleichende Rechtslage kreiert worden ist. Zwar geht die englische Norm von einem anderen Ansatz aus. Denn nach dieser ist im Rahmen der Frage, ob das Verhalten des potentiellen Täters unlauter war,

669 § 11 Abs. 4 g) BB 2009.
670 § 7 Abs. 2 Nr. 1 StGB i.V.m. Art. 116 Abs. 1 GG.
671 Auf den in § 7 Abs.2 Nr. 2 StGB normierten Sonderfall soll hier nicht näher eingegangen werden.

auf die ausländischen Gepflogenheiten einzugehen. Im Ergebnis läuft es aber darauf hinaus, dass ein ausschließlich nach englischen „Gepflogenheiten" bewertetes Verhalten, welches hiernach unlauter und damit strafbar wäre, unter dem Aspekt ausländischen Rechts „gerechtfertigt" ist.
Demgegenüber fordert § 7 StGB zunächst, dass die in Deutschland zu verfolgende Tat auch am Tatort mit Strafe bedroht ist. Hierbei wird noch nichts über etwaige Rechtfertigungs- und Entschuldigungsgründe ausgesagt. Dennoch ist es anerkannt, dass etwaige Rechtfertigungsgründe letztlich auch hier Beachtung finden müssen.[672]
Daher wird nach beiden Normen ein im Ausland gerechtfertigtes Verhalten auch bei einer Strafverfolgung in dem jeweiligen Land als solches anerkannt.
Der Bribery Bill stellt allerdings engere Voraussetzungen für eine etwaige Berücksichtigung derartiger Rechtfertigungen auf, da diese stets in Verfassungen, Gesetzen oder Richtersprüchen schriftlich niedergelegt sein müssen, während § 7 StGB hierüber schweigt.
Im deutschen Recht muss dagegen die Tat im Ausland mit Strafe bedroht sein, was nach dem Bribery Bill nicht erforderlich ist.
Demnach spielt das Tatortrecht nur in Hinsicht auf etwaige „Rechtfertigungsgründe" eine Rolle, während es ansonsten unbeachtlich ist.

### *8. Tatbeteiligte*

Eine mit § 13 BB 2009 vergleichbare Vorschrift existiert im Strafgesetzbuch nicht. Dies muss schon deshalb so sein, da das deutsche Strafrecht, wie gesagt, die Ausübung von Straftaten durch juristische Personen nicht kennt, eine solche aber Grundlage des § 13 BB 2009 ist.
Aber auch in dem Ordnungswidrigkeitengesetz, welches in § 30 OWiG auch juristische Personen im weiteren Sinne sanktioniert, findet sich keine dementsprechende Vorschrift. Einzig § 130 OWiG kann herangezogen werden, wonach ein Inhaber eines Betriebs, also eine mit einem *„senior officer"* zu vergleichende Person, Aufsichtsmaßnahmen vorsätzlich oder fahrlässig verletzt und es deshalb zu Zuwiderhandlungen gegen Pflichten, die den Inhaber treffen und deren Verletzung mit Strafe bedroht ist, kommt.
Jedenfalls dürfte § 130 OWiG in den von § 13 BB 2009 geschilderten Fällen, in welchen der Betriebsinhaber einer Bestechung bzw. Bestechlichkeit zustimmt oder mit einer solchen einverstanden ist, erfüllt sein. Der entscheidende Unterschied ist aber der, dass nicht die Tat der juristischen Person, welche über § 30

---

672 Vgl. oben.

OWiG sanktioniert werden kann, sondern die einer natürlichen Person Anknüpfungstat für § 130 OWiG ist.
Demnach ist die Konstellation, dass eine juristische Person eine Straftat im Sinne des § 299 StGB begeht und eine Bestrafung einer Führungsperson des Unternehmens wegen Kenntnis oder Duldung in Betracht kommt, nicht nach deutschem Strafrecht erfasst und kann auch im Rahmen des Ordnungswidrigkeitenrechts nicht sanktioniert werden.

Im Rahmen der sonstigen Beteiligungsformen bleibt es bei der bisherigen Rechtslage, da durch die Aufnahme des § 13 in den Bribery Bill 2009 nicht von der sonst üblichen Strafbarkeit bei Beteiligungen an einer Straftat abgesehen, sondern diese vielmehr ergänzt werden sollte.

*9. Rechtfertigung*

Hinsichtlich der Rechtfertigung werden sich im Hinblick auf die §§ 1 und 2 BB 2009 im Vergleich mit § 299 StGB bis auf den Spezialtatbestand gemäß § 12 BB 2009 keine Veränderungen ergeben, sodass auf die bereits gemachten Ausführungen verwiesen wird.

*10. Strafmaß und sonstige Sanktionen*

Der bereits bestehende Unterschied hinsichtlich der Sanktionierung von Bestechungsdelikten wird durch den Bribery Bill 2009 weiter vergrößert werden, da die maximale Freiheitsstrafe auf 10 Jahre angehoben wird.
Die sonstigen bereits oben angesprochenen Sanktionen bleiben von den Änderungen durch den Bribery Bill 2009 unberührt, sodass hierauf verwiesen werden kann.

*11. Begleitdelikte*

Auch hinsichtlich der Begleitdelikte bleibt es bei den bisherigen Ausführungen.

*12. Strafverfolgung*

Ebenfalls hinsichtlich der Strafverfolgung bleibt aus vergleichender Sicht trotz des Bribery Bill 2009 alles unverändert, da es aus deutscher Sicht keinen Unterschied macht, ob nun die Zustimmung des Attorney General oder die eines Behördenleiters zum Beginn einer Strafverfolgung erforderlich ist.

# B. Nichtverhinderung einer Bestechung

Das deutsche Strafrecht beinhaltet keine mit § 7 BB 2009 vergleichbare Norm, wonach sich eine juristische Person einer Straftat schuldig macht, wenn diese eine Bestechungshandlung seitens einer ihrer Angestellten nicht verhindert. Dies ist rein dogmatisch schon nicht möglich, da in Deutschland keine Kriminalstrafen gegenüber juristischen Personen ausgesprochen werden können.[673]
Allerdings gibt es nach § 30 OWiG, wie bereits beschrieben, die Möglichkeit eine juristische Person zu sanktionieren. Demzufolge ist diese Vorschrift vergleichend heranzuziehen.
Damit ist auch schon der erste Unterschied festgemacht, da die englische Regelung eine Strafvorschrift ist, während in Deutschland bloß eine Ordnungswidrigkeit sanktioniert wird.

## I. „Täter“

Nach beiden Rechtslagen kann der zu sanktionierende „Täter“ eine juristische Person oder eine Personengesellschaft im Sinne der jeweiligen Rechtsordnung sein.
Aber auch in dem Fall, dass ein ausländisches Unternehmen zu sanktionieren wäre, so ist dies beiderseits möglich. Allerdings ist es dann nach dem Bribery Bill erforderlich, dass diese auch zumindest teilweise Geschäfte in England ausübt.
Dies ist nach § 30 OWiG nicht erforderlich. Allerdings muss nach jenem die Anknüpfungstat nach den §§ 3 ff. StGB strafbar sein, sodass hierüber ein Bezug zu Deutschland hergestellt wird, wobei dieser sich gerade nicht an dem Unternehmen orientiert.
Demzufolge ist es nach letzterem möglich, ein ausländisches Unternehmen, sofern es von der Typologie mit einer juristischen Person oder einer Personengesellschaft nach deutschem Recht vergleichbar ist, das an sich keinerlei Bezug zu Deutschland hat, zu sanktionieren, während in England die Minimalvoraussetzung ein teilweises Handel treiben in dem United Kingdom ist. Allerdings ist zu bemerken, dass es in der Praxis wohl nur dann in Deutschland zu einem Verfahren kommen wird, wenn der Verband eine Niederlassung oder Vermögen in Deutschland aufweist.
Daher decken sich die Anforderungen an den potentiellen „Täter“ weitgehend.

---

673 Vgl. oben.

## II. Tathandlung

Grundsätzlich knüpfen beide Regelungen an der Straftat einer Person an.
Allerdings unterscheiden sich die Normen bereits darin deutlich, dass nach dem Bibery Bill nur eine aktive Bestechung geeignete Anknüpfungstat ist, während nach § 30 OWiG sowohl die aktive als auch die passive Bestechung als solche herangezogen werden können. Demnach geht die deutsche Regelung in diesem Punkt weiter.

Hinsichtlich des Täters der Anknüpfungstat genügt es in England, wenn dieser in Verbindung zu dem Unternehmen steht, wobei hier eine weite Auslegung erfolgt. Ferner kommt als solcher auch eine juristische Person in Betracht.
Dagegen ist der Anwendungsbereich der deutschen Norm stark begrenzt, da es sich nach dieser um einen Repräsentanten im Sinne des § 30 Abs. 1 OWiG handeln muss.
Aus englischer Sicht ist es aber gerade notwendig auf eine Einschränkung in dieser Form zu verzichten, da diese nichts anderes als eine normierte Identifikationstheorie darstellt, welche in England stets Anwendung findet, um eine „Zurechnung" zu Lasten einer juristischen Person zu bewerkstelligen. Wie beschrieben, wurde aber eben diese Theorie als nicht mehr zeitgemäß empfunden und war mit ursächlich für die Schaffung dieses neuen Tatbestandes.
Daher muss § 30 OWiG auch dahingehend hinterfragt werden, ob dieser vor dem Hintergrund der dezentralisierten Entscheidungsfindung und Handlungsabläufe als noch effektives Sanktionsinstrument angesehen werden kann.
Beide Normen erfordern, dass der Täter vollumfänglich deliktisch gehandelt hat. Allerdings ist es nach englischem Recht gerade nicht notwendig, dass die Tat auch tatsächlich verfolgbar wäre. Es reicht eine sozusagen hypothetische Strafbarkeit gemäß § 1 BB 2009 aus, wobei es auf die tatsächliche Verfolgbarkeit des Täters nicht ankommt.
Dagegen setzt § 30 OWiG eine unter den §§ 3 ff StGB sanktionsfähige Tat voraus, sodass eine in Deutschland nicht zu bestrafende Tat auch keine geeignete Anknüpfungstat sein kann.
Demnach fordert die englische Norm zwar, dass ein Bezug des Unternehmens zum Land besteht, die Anknüpfungstat einen solchen aber nicht benötigt, während in Deutschland ein ausländisches Unternehmen unter § 30 OWiG fallen kann, die Anknüpfungstat aber über die §§ 3 ff StGB einen entsprechenden Bezug aufweisen muss.
Das Ergebnis hiervon ist ein wieder weiterer Anwendungsbereich von § 7 BB 2009, da es, wie bereits gesagt, in der Praxis in der Regel so sein wird, dass eine Verbindung des Unternehmens zu Deutschland besteht.

Identisch ist die Anforderung, dass zumindest eine Bevorteiligung des Unternehmens beabsichtigt gewesen sein muss, wobei es auf den tatsächlichen Eintritt einer solchen nicht ankommt. Auch der Grad des subjektiven Tatbestandes ist derselbe, da dolus directus 1. Grades notwendig ist. Eine nur aus eigenen Interessen heraus begangene Bestechung ist nie tatbestandsmäßig.

## III. Defence

Eine mit § 7 Abs. 2 BB 2009 vergleichbare Rechtfertigung existiert im Rahmen des § 30 OWiG nicht.
Allerdings ist zu beachten, dass im Falle einer Bestechung auch häufig § 130 OWiG in Betracht zu ziehen ist, in welchem die zumindest fahrlässige Aufsichtspflichtverletzung eines Inhabers eines Unternehmen oder Betriebes sanktioniert wird und diese Anknüpfungstat nach § 30 OWiG sein kann. In diesem Fall muss, dies ist ein entscheidender Unterschied, die Staatsanwaltschaft nachweisen, dass Aufsichtspflichten verletzt wurden und die Einhaltung dieser eine Erschwerung der Tat zur Folge gehabt hätte. Selbstverständlich ist es der Verteidigung möglich einen Beweis dahingehend zu führen, dass geeignete Maßnahmen zur Aufsicht getroffen und diese nicht verletzt wurden. Dies würde nicht zu einer Rechtfertigung führen, sondern es wäre vielmehr § 130 OWiG tatbestandsmäßig nicht erfüllt.
Auswirkungen auf eine etwaige Strafbarkeit bezüglich § 30 OWiG hat dieser Umstand aber nicht.

Auf das Tatbestandsmerkmal der Begehung der Anknüpfungstat bei gleichzeitiger fahrlässiger Nichtverhinderung dieser wurde im englischen Recht bewusst verzichtet, wie ein Vergleich mit der ursprünglichen Form des Tatbestandes der Nichtverhinderung einer Bestechung zeigt, wonach es noch darauf ankommen sollte, dass ein wie in § 30 OWiG genannter Repräsentant die geforderte Verhinderung fahrlässig unterließ.[674]
Demzufolge ist die nun vorgesehene Variante strenger gegenüber dem Unternehmen, da ausschließlich dieses beweisbelastet ist, während zuvor die Strafverfolgungsbehörde zunächst den Beweis der fahrlässigen Nichtverhinderung hätte erbringen müssen.

674 Vgl. § 5 Abs. 1, 3 b), 7 BB 2009 a.F.

### IV. Strafmaß

Als Sanktion kommt stets nur eine Geldstrafe bzw. Geldbuße in Betracht. Diese ist in England in der Höhe unbeschränkt,[675] während in Deutschland die Geldbuße maximal eine Million Euro beträgt.[676] Allerdings kann nach deutschem Recht eine Erhöhung dann erfolgen, wenn der wirtschaftliche Vorteil der juristischen Person höher als dieses Höchstmaß gewesen ist. Dies ist gegenüber der englischen Regelung aber nachteilig, da erst wieder ein Beweis dahingehend geführt werden muss, dass der Vorteil tatsächlich höher gewesen ist und auf welchen Betrag sich dieser letztlich beläuft.
Sofern es zu keiner Bereicherung des Unternehmens kam, ist eine Bebußung, die eine Million Euro übersteigt, nicht möglich.
Der Bribery Bill ist an dieser Stelle wieder deutlich schärfer.

## C. Zusammenfassung

Zusammenfassend kann festgestellt werden, dass durch die Neuschaffung des Bribery Bill 2009 ein Strafrecht zur Verfügung gestellt wird, welches ein Vorgehen gegen Korruption weit über den Bereich des Wettbewerbs hinaus und jenseits der Grenzen von Angestellten- bzw. Auftragsverhältnissen ermöglicht. Allerdings wird hierbei teilweise die Grenze zur Rechtsstaatlichkeit überschritten.
Der Gesetzesentwurf genügt aber in jedem Falle den selbst vorgegeben Anforderungen und schafft ein neues Recht, welches alle aufgeworfenen Probleme der alten Rechtslage beseitigt. So wird insbesondere ein einheitlicher Wortlaut verwendet, das stark kritisierte Angestellten-Prinzipal-Verhältnis aufgeben, der undurchsichtige und Gegenstand vieler divergierender Gerichtsentscheidungen über Jahrzehnte hinweg verwendete Begriff *„corrutply"* durch ein umfänglich definiertes *„improper"* ersetzt, ein sowohl auf Amtsträger wie auch „Privatpersonen" anwendbarer Tatbestand geschaffen, die Bestrafung auf Bewohner des United Kingdom erweitert sowie eine eigenständige Norm zur bislang als unzureichend empfundenen Sanktionierung von juristischen Personen eingeführt.
Demzufolge muss anerkannt werden, dass die kritische Auseinandersetzung mit dem eigenen Recht hier weitreichend Früchte getragen hat und Mut zu radikalen Änderungen, wo solche als notwendig empfunden werden, gezeigt wird.

---

675 § 10 Abs. 3 BB 2009.
676 § 30 Abs. 2 OWiG.

In direktem Vergleich bleibt die deutsche Regelung in Form des § 299 StGB dahinter weit zurück. Fraglich ist aber, ob in Deutschland überhaupt eine derart weite Regelung von Nöten ist.
Den grundsätzlich wichtigsten Fall der Bestechung, nämlich den im geschäftlichen Verkehr im Rahmen eines Wettbewerbs, erfasst die deutsche Regelung. Hierbei handelt es sich deshalb um den wichtigsten Fall, da das Korruptionsdelikt von seiner Natur aus ein typisch wirtschaftliches ist und gerade bei der Vergabe von großen Wirtschaftsaufträgen zum Schutz des Wettbewerbs ein wirksames Strafrecht erforderlich ist.
Sofern aber Fälle außerhalb des Wettbewerbs vorliegen, wie beispielsweise die unlautere Handlung des Angestellten gegenüber dem Prinzipal, verfügt das deutsche Strafrecht zum einen über andere Normen, wie beispielsweise die der Untreue nach § 266 StGB, wodurch entsprechendes Verhalten gegenüber einem Arbeitgeber geahndet werden kann. Für Fälle, welche hiervon nicht erfasst sind, ist fraglich, ob diese überhaupt strafrechtlich sanktioniert werden sollen. Denn es kann nicht Aufgabe des Strafrechts sein, arbeitsrechtliche Verstöße mit dem als ultima ratio vorgesehenen Strafrecht zu regulieren. Vielmehr hat die Lösung solcher Probleme vor einem Zivilgericht stattzufinden. Ansonsten läuft das Strafrecht Gefahr zu einem moralisierenden Gesinnungsstrafrecht zu werden.

# Teil 3: Vergleich der künftigen Rechtslagen in Deutschland und in England/Wales

Abschließend soll noch ein kurzer Überblick dahingehend gegeben werden, wie eine hypothetische Rechtslage in Deutschland gegenüber der künftigen Rechtslage in England zu sehen wäre. Ein solcher Vergleich ist aber keinesfalls völlig aus der Luft gegriffen, da es bereits im Jahr 2007 Reformüberlegungen bezüglich des § 299 StGB in Deutschland gegeben hat, die in dem Entwurf eines Strafänderungsgesetzes mündeten. Zwar ist diese Reform bisher nicht weiterverfolgt worden,[677] doch kann man anhand dieser möglicherweise eine Tendenz feststellen, in welche Richtung sich das deutsche Recht bezüglich der Korruption entwickeln und wie sich dieses im Vergleich zum englischen Recht darstellen würde.

## Kapitel 1: Die bevorstehende Reform im deutschen Recht

### A. Der neue Tatbestand

Der Entwurf eines Strafänderungsgesetzes vom 04.10.2007 sieht eine inhaltliche Änderung und Tatbestandsausweitung des § 299 StGB vor.
Diese Maßnahmen beruhen auf den Art. 7 und 8 des Strafrechtsübereinkommens des Europarates über Korruption vom 27.01.1999[678], Art. 21 des Übereinkommens der Vereinten Nationen gegen Korruption vom 31.10.2003[679] sowie Art. 2 des EU-Rahmenbeschlusses vom 22.07.2003 zur Bekämpfung der Korruption[680], wonach im Ergebnis den Mitgliedstaaten auferlegt wird, die Vorteilsgewährung bzw. Vorteilsannahme generell unter Strafe zu stellen, wenn die für das Unternehmen tätige Person „unter Verletzung ihrer Pflichten eine Handlung vornimmt oder unterlässt" und hierfür der Vorteil gewährt wird.

---

677 Nach Auskunft des Bundesjustizministeriums wurde der Entwurf eines Strafrechtsänderungsgesetzes (BT-Drs. 16/6558) vom 16. Deutschen Bundestag nicht verabschiedet und ist deshalb der Diskontinuität anheimgefallen.

678 ETS Nr. 173.

679 Resolution 58/4.

680 ABlEG Nr. L 192, S. 54.

Der Tatbestand soll künftig wie folgt lauten[681]:

*(I) Wer als Angestellter oder Beauftragter eines Unternehmens im geschäftlichen Verkehr einen Vorteil für sich oder einen Dritten als Gegenleistung dafür fordert, sich versprechen lässt oder annimmt, dass er bei dem Bezug von Waren oder Dienstleistungen*

*1. einen anderen im inländischen oder ausländischen Wettbewerb in unlauterer Weise bevorzuge oder*
*2. seine Pflichten gegenüber dem Unternehmen verletze,*

*wird mit Freiheitsstrafe bis zu drei Jahren oder mit Geldstrafe bestraft.*

*(II) Ebenso wird bestraft, wer im geschäftlichen Verkehr einem Angestellten oder Beauftragten eines Unternehmens einen Vorteil für diesen oder einem Dritten als Gegenleistung dafür anbietet, verspricht oder gewährt, dass er bei dem Bezug von Waren oder Dienstleistungen*

*1. ihn oder einen anderen im inländischen oder ausländischen Wettbewerb in unlauterer Weise bevorzuge oder*
*2. seine Pflichten gegenüber dem Unternehmen verletze.*

Die bisherige Unterteilung in der spiegelbildlich geregelten Form in Bestechlichkeit (Abs. 1) und Bestechung (Abs. 2) bleibt bestehen.

In der Neufassung soll ferner der Begriff des „geschäftlichen Betriebes“ durch den des *„Unternehmens“* und der der „gewerblichen Leistung“ durch den der *„Dienstleistungen“* ersetzt werden. Eine derartige Änderung macht auch durchaus Sinn, da die bisherige Auslegung des § 299 StGB zuweilen sehr hart an der Grenze zur Verfassungsmäßigkeit war.[682]

Vergleicht man den noch geltenden § 299 StGB mit dem Gesetzesentwurf wird deutlich, dass der bisherige Inhalt dem Grunde nach in beiden Absätzen je in Nr. 1 geregelt ist. Hierbei wurde § 299 Abs. 3 StGB integriert, da nun von *„im inländischen oder ausländischen Wettbewerb“* die Rede ist.

681 Reformvorhaben BT-Drs. 16/6558 vom 04.10.2007.

Daneben ist je in Nr. 2 vorgesehen, die Pflichtverletzung des Angestellten oder Beauftragten *„gegenüber dem Unternehmen“* unter Strafe zu stellen.
Damit soll nun, neben dem in Nr. 1 weitergeltenden „Wettbewerbsmodell“, auch das sogenannte „Geschäftsherrenmodell“ Einzug in das „Korruptionsrecht“ erhalten. Letzteres erfasst eben solche Fälle, in denen die Gegenleistung für die Vorteilsgewährung in einer Pflichtverletzung gegenüber dem Geschäftsherren besteht.[683] Auf die nach dem anderen Modell erforderliche Bevorzugung des Vorteilsgebers und die damit verbundene Gefahr einer Wettbewerbsverzerrung kommt es gerade nicht mehr an.

Daneben ist vorgesehen, das Strafantragserfordernis nach § 301 StGB an die Neufassung anzupassen[684] und die banden- oder gewerbsmäßig begangene Angestelltenbestechung in den Vortatenkatalog der Geldwäsche gemäß (§ 261 StGB) aufzunehmen.[685]

## B. Kritik an der geplanten Neuregelung

Dieser Entwurf des Strafänderungsgesetzes ist allerdings zu recht nicht unkritisiert geblieben:

Eine zwingende Notwendigkeit für eine Neuregelung ergibt sich jedenfalls nicht aus den oben genannten Übereinkommen. Denn Art. 37 des Europarats-Übereinkommen sieht eine unbeschränkte Vorbehaltsmöglichkeit vor.[686] Das Übereinkommen der Vereinten Nationen ist an sich unverbindlich.[687] Und auch Art. 2 Abs. 3 des EU-Rahmenbeschlusses sieht die Möglichkeit vor, dass ein Mitgliedsstaat „ den Geltungsbereich von Abs. 1 auf Handlungen…, die im Zusammenhang mit der Beschaffung von Waren oder gewerblichen Leistungen eine Wettbewerbsverzerrung zur Folge haben oder haben könnten“, beschränke. Zwar ist diese Beschränkungserklärung nur bis zum 22.07.2010 gültig, doch kann diese nicht nur durch einen neuen Ratsbeschluss verlängert werden, wie

---

682 Beispielsweise sei die Subsumtion freier Berufe unter den Begriff der „gewerblichen Leistung“ genannt.

683 Vgl. zu diesem von Vogel als „Arbeitsstrafrechtliches Regelungsmodell“ bezeichnetes Modell Vogel, in: Weber-FS, S. 395, 402 ff.

684 Vgl. im Einzelnen BR-Drs. 548/07, S. 4 , 25 f.

685 Vgl. BR-Drs. 548/07, S. 2 f., 21.

686 Vgl. BR-Drs. 548/07, S. 12.

687 Vgl. BR-Drs. 548/07, S. 21.

aber von der Entwurfsbegründung behauptet. Denn nach dieser Vorschrift bedarf es lediglich einer „Erklärung" des betreffenden Mitgliedstaates, um eine Verlängerung zu erreichen.
Es besteht aber keine ersichtliche Notwendigkeit ein dann erforderliches Verhalten bereits jetzt vorwegzunehmen.[688]

In der geplanten Fassung würde der Straftatbestand zwei unterschiedliche Rechtsgüter schützen. Zum einen den „lauteren Wettbewerb" nach § 299 Abs. 1 und 2 je Ziff. 1 StGB und zum anderen die „arbeitsrechtsinternen Loyalitätsinteressen" je nach Ziffer 2. Dies mag dem Grunde nach noch kein Problem darstellen. Doch verwundert es in systematischer Hinsicht dann schon sehr, wenn diese Vorschrift so in dem mit „Straftaten gegen den Wettbewerb" überschriebenen 26. Abschnitt des Strafgesetzbuches steht.[689]

Der Gesetzgeber führt als Argument für die Notwendigkeit der Einführung der Ziffer 2 u.a. an, dass die derzeitige Regelung „die strafbedürftigen Fälle der mit Schmiergeldzahlungen erkauften Verletzung von Pflichten durch Angestellte [...] außerhalb von Wettbewerbslagen" nicht erfasse.[690]
Dem Gesetzgeber ist insoweit Recht zu geben, dass die genannte Konstellation tatsächlich momentan nicht von § 299 StGB erfasst wird. Ihm ist jedoch im Hinblick auf die „Notwendigkeit" nicht zuzustimmen.
Denn die hier ins Auge gefassten Fälle werden bisher grundsätzlich anhand von § 266 StGB auf ihre Strafwürdigkeit hin geprüft.[691]
Entscheidender Unterschied der Neufassung von § 299 StGB gegenüber § 266 StGB ist, dass nach letzterem zumindest eine konkrete Vermögensgefährdung erforderlich ist. Ein Vermögensnachteil des Geschäftsherren kann aber „entweder in der Ungleichwertigkeit von Leistung und Gegenleistung,... oder aber bei wirtschaftlich ausgeglichenen Leistungen in der Bereitschaft des Bestechenden, seine Leistung zu einem um die Bestechungsleistung verringerten Betrag zu erbringen, und damit in dem Verlust einer vermögenswerten Exspektanz, liegen."[692]
In diesem Fall wären folglich beide Vorschriften einschlägig, wobei § 266 StGB als die speziellere, eben auf „Untreue" im eigentlichen Sinne gemünzte Vor-

688 So auch i. E. Lüderssen, in: Tiedemann-FS, S. 889, 896.
689 So auch Rönnau/Golombek, ZRP 2007, S. 193, 194.
690 Vgl. BR-Drs. 548/07, S. 23.
691 Vgl. Rönnau/Golombek, ZRP 2007, S. 193, 194.
692 Koepsel, S. 73.

schrift, anzusehen wäre.[693] § 299 in der beabsichtigen Fassung würde leer laufen.
Demnach kann § 299 StGB n.F. nur dann Bedeutung haben, wenn kein Vermögensschaden eintritt, eine Loyalitätsverletzung gegenüber dem Prinzipal gegeben ist und ein solcher Fall auch strafrechtlich erfasst werden soll.
Gerade aber wiederum durch den nach § 266 StGB erforderlichen Vermögensnachteil macht das Gesetz momentan deutlich, dass lediglich eine abstrakte Gefährdung etwaiger Interessen durch eine reine Pflichtverletzung noch nicht zur Strafbarkeit genügen soll.[694] Diese wäre aber nach der Neufassung des § 299 StGB ausreichend.
Dies stellt letztlich einen dogmatischen Bruch innerhalb des Strafgesetzbuches dar.

Hieran anknüpfend kann auch die Frage aufgeworfen werden, inwiefern hier eine zivilrechtliche Vertragspflichtverletzung eine strafrechtliche Verfolgung nach sich ziehen können soll. Denn grundsätzlich ist die Verletzung derartiger Pflichten als nicht strafbar einzustufen, da diesen über zivilrechtliche und –prozessuale Behelfe beizukommen ist.[695]
Ebenfalls nicht unproblematisch erscheint die täterschaftliche Strafbarkeit des Vorteilsgebers, der in keinem Loyalitätsverhältnis zum Prinzipal steht und folglich vielmehr als Teilnehmer der Tat in Betracht zu ziehen wäre.[696]
Paradox wird das Ergebnis dann, wenn dem Angestellten zwar ein Vorteil angeboten wurde, dieser sich aber nicht darauf eingelassen und ihn abgelehnt hat. Denn trotz loyalen Verhaltens seitens des Angestellten liegt Tatvollendung nach § 299 Abs. 2 Nr. 2 StGB n.F. vor.[697]

Das letztgenannte Beispiel aufgreifend, muss zudem festgestellt werden, dass in diesem Fall die versuchte Anstiftung zur „Untreue“ vor dem Hintergrund der straflosen, versuchten Untreue i.S. des § 266 StGB und der Regelung des § 30 StGB, wonach nur die versuchte Anstiftung zu einem Verbrechen strafbar ist, dann doch über § 299 Abs. 2 Nr. 2 StGB n.F. strafrechtlich zu fassen wäre.[698] Ob diese Konsequenz tatsächlich bisher bedacht wurde, erscheint angesichts der massiven Widersprüche fraglich.

---

693 So im Ergebnis auch Lüderssen, in: Tiedemann-FS, S. 889, 893 f.

694 Vgl. Rönnau/Golombek, ZRP 2007, S. 193, 194.

695 Vgl. Roxin, AT, Bd. I, 3. Aufl. 1997, § 2 Rn 39.

696 So auch Vogel, in: Weber-FS, S. 395, 410.

697 Vgl. hierzu Vogel, in: Weber-FS, S. 395, 410.

698 Vgl. Rönnau/Golombek, ZRP 2007, S. 193, 194 f.

Damit wird deutlich, dass der neue Tatbestand, wie er momentan vorgesehen ist, in den Bereich des moralisierenden Gesinnungsstrafrechts ausgreift[699] und man so in einen uferlosen Kriminalisierungsprozess gerät.[700]

Daneben sei noch bemerkt, dass dieser Gesetzesentwurf die von vielen als Strafbarkeitslücke empfundene grundsätzlich straffreie Bestechung durch den Geschäftsinhaber weiterhin bestehen ließe.[701]

699 Vgl. Vogel, in: Weber-FS, S. 395, 411.

700 Vgl. Lüderssen, in: Tiedemann-FS, S. 889, 897.

701 Vgl. Büger, wistra 2003, 130, 134 ff.; Schaupensteiner, Kriminalistik 2003, 9, 12f; Volk, Referat 61. DJT, L 47 f.; Volk, in: Zipf-GS S. 419, 427; Satzger, ZStW 2003, S. 469, 488.

# Kapitel 2: Rechtsvergleichender Ausblick

Da die neue Fassung des § 299 StGB in Absatz 1 Nr. 1 und Absatz 2 Nr. 1 den bisherigen Tatbestand lediglich unter Änderung des Wortlautes wiedergibt, müssen hierzu keine Ausführungen gemacht werden, da es bei den bereits geschilderten Ergebnissen bleibt.

Betrachtet man die neue Regelung in § 299 Abs. 1 Nr. 2 und Abs. 2 Nr. 2 StGB n.F. so stellt man fest, dass diese mit §§ 1 Abs. 3; 2 Abs. 3 BB 2009 zu vergleichen ist. Zwar ist die englische Regelung nicht auf dieses Angestellten-Prinzipal-Verhältnis begrenzt, allerdings umfasst diese insbesondere auch den Fall des „illoyalen Verhaltens" Angestellten gegenüber dem Geschäftsherren.
Klar ist, dass die deutsche Regelung grundsätzlich wesentlich enger ist, da hiernach die Pflichtverletzung bei dem Bezug von Waren oder Dienstleistungen zu erfolgen hat. Demgegenüber ist die englische Regelung, wie bereits dargelegt, völlig offen. Eine Einschränkung erfolgt lediglich über den erforderlichen Zusammenhang mit der ausgeübten Funktion oder Tätigkeit. Dieses Merkmal schließt aber vor allem rein private Tätigkeiten von dem Tatbestand aus.

Allerdings sind sich die beiden Normen im Übrigen sehr ähnlich, da die in Aussicht gestellte Verletzung von Dienstpflichten bei Anbieten bzw. Fordern eines Vorteils tatbestandlich ist.

Sofern eine Bestechung im Raum steht, wird ebenfalls nach der deutschen Regelung erforderlich sein, dass der Täter zumindest mit dolus eventualis hinsichtlich der Dienstpflichtverletzung handelte. Dies entspricht der allgemeinen Grundsystematik des Strafrechts, dass sich objektiver und subjektiver Tatbestand decken müssen.
Demzufolge sind sich die englische und deutsche Regelung bis auf die Grundunterschiede, welche aus den unterschiedlichen Regelungsmodellen herrühren, sehr ähnlich.

Etwas anders stellt sich die Situation im Rahmen einer Bestechlichkeit dar. Nach deutscher Rechtslage muss der Täter der Bestechlichkeit ebenfalls mit mindestens dolus eventualis hinsichtlich der Pflichtverletzung handeln. Etwas anderes lässt sich dem Gesetzesentwurf jedenfalls nicht entnehmen.
Dagegen kommt es nach dem Birbery Bill gerade nicht darauf an, ob sich der Täter der Pflichtwidrigkeit seines Handelns bewusst gewesen ist.[702]

702 So ausdrücklich § 2 Abs. 7 BB 2009.

Hierin ist ein massiver Unterschied zur deutschen Rechtslage zu sehen, nach welcher eine derartige Strafbarkeit nicht ohne weiteres möglich wäre.

Der Gesetzesentwurf sieht die Aufnahme der Bestechungsdelikte in den Vortatenkatalog der Geldwäsche vor. Hiermit wäre die Rechtslage diesbezüglich an die englische angepasst.

Betrachtet man nun die Tendenz der deutschen Regelung vor dem Hintergrund des Bribery Bill 2009, so gelangt man zu dem Ergebnis, dass es aufgrund der Aufnahme des Geschäftsherrenmodells in die neue Fassung des § 299 StGB zu einer Annäherung der beiden Rechtsnormen kommen würde, auch wenn die englische Norm weiterhin viel weitreichender wäre.
Ob eine derartig weitreichende Norm aber überhaupt in Deutschland gewollt ist, ist eine andere Frage. Denn feststeht, dass die bisherige Regelung in Verbindung mit dem Tatbestand der Untreue für eine umfassende Erfassung von Straftaten, die nun allesamt unter den Bribery Bill subsumierbar sind, gesorgt hat. Sicherlich ist die deutsche Regelung in mancherlei Hinsicht reformbedürftig, wie beispielsweise dahingehend, dass auch Geschäftsherren selbst den Tatbestand verwirklichen können sollten, allerdings geht die neu geschaffene englische Norm schon sehr weit, bis - meiner Ansicht nach - in den Bereich des moralisierenden Gesinnungsstrafrechts, wodurch zwar der Korruption der Kampf angesagt wird, dies aber zu Lasten eines in sich dogmatisch sauberen Strafrechts.

# Literaturverzeichnis

A

*Achenbach, Hans*, Obligatorische Zurückgewinnhilfe?, NStZ 2001, 401 ff.

*Achenbach, Hans/ Ransiek,* Andreas, Handbuch Wirtschafsstrafrecht, 2. Auflage, 2007, zitiert: Bearbeiter, in: Achenbach/Ransiek.

*Androulakis, Ioannis N.,* Die Globalisierung der Korruptionsbekämpfung, 2007.

*Archbold*, Criminal Pleading, Evidence and Practice, 2008.

*Arzt, Gunther,* Zur identischen Strafnorm beim Personalitätsprinzip und beider Rechtshilfe, in: Die Schweizerische Rechtsordnung in ihren internationalen Bezügen, Festgabe für den Schweizer Juristentag, 1988, 417 ff.

*Arzt, Gunther/Weber, Ulrich,* Strafrecht, Besonderer Teil, 2000.

B

*Bannenberg, Britta,* Korruption in Deutschland und ihre strafrechtliche Kontrol le, Eine kriminologisch-strafrechtliche Analyse, BKA-Reihe Polizei und Forschung, Bd.18, 2002.

*Baumbach, Wolfgang/Hefermehl, Adolf,* Wettbewerbsrecht Kommentar, 19. Auflage, 1996, 22. Auflage, 2001, zitiert: Baumbach/Hefermehl.

*Behr, Volker,* Wer gut schmiert, der gut fährt?, Rechtsvergleichende Überlegungen zur Behandlung von Schmiergeldzahlungen im transnationalen Wirtschaftsverkehr, in: Festschrift für Klaus Offerhaus, 1999, 345 ff.

*Beulke, Werner,* Strafprozessrecht, 10. Auflage, 2008.

*Blackstone,* POCA 2002.

*Böse, Martin/Mölders, Simone,* Die Durchführung sog. Anwendungsbeobachtungen durch den Kassenarzt als Korruption im Geschäftsverkehr (§ 299 StGB), MedR 2008, 585 ff.

*Brenner,Karl,* Gewinnabschöpfung, das unbekannte Wesen im Ordnungswidrigkeitenrecht, NStZ 1998, 557 ff.

*Bundeskriminalamt,* Lagebericht 2007,

*Das.*, Lagebericht 2008.

*Bürger, Sebastian,* § 299 StGB – eine Straftat gegen den Wettbewerb?, wistra 2003, 130 ff.

C

*Canaris, Claus-Wilhelm,* Handelsrecht, 24. Auflage, 2006.

D

*Demuth, Hennrich/Schneider, Tilmann,* Die besondere Bedeutung des Gesetzes über Ordnungswidrigkeiten für Betrieb und Unternehmen, BB 1970, 642 ff.

*Döllel, Heinz,* Anmerkung zu OLG Schleswig vom 17.9.1997 – 3 Ws 284/97, wistra 1998, 70 f.

*Dölling, Dieter,* Empfehlen sich Änderungen des Straf- und Strafprozessrechts, um der Gefahr von Korruption in Staat, Wirtschaft und Gesellschaft wirksam zu begegnen?, in: Verhandlungen des Einundsechzigsten Deutschen Juristentages, München 1996, Band I, Gutachten C, 1 ff.

*Ders.,* Handbuch der Korruptionsprävention für Wirtschaftsunternehmen und öffentliche Verwaltung, 2007, zitiert: Bearbeiter, in: Dölling.

E

*Eidam, Gerd,* Die Verbandsgeldbuße des § 30 Abs. 4 OWiG – eine Bestandsaufnahme, wistra 2003, 447 ff.

*Ekey, Friedrich, L./Meckel, Astrid,* Wettbewerbsrecht, 2. Auflage, 2005, zitiert: Ekey/Meckel, WettbewR.

*Erbs, Georg/Kohlhaas, Max,* Strafrechtliche Nebengesetze, Band 4 (Stand: 01.04.1997), zitiert: Bearbeiter, in: Erbs/Kohlhaas.

*Eser, Albin,* Grundlagen und Grenzen „stellvertretender Strafrechtspflege" (§ 7 Abs. 2 Nr. 2 StGB), JZ 1993, 875 ff.

*Ders.,* Neue Wege der Gewinnabschöpfung im Kampf gegen die organisierte Kriminalität? Kritische Bemerkungen zu aktuellen Reformbemühungen, in: Festschrift für Walter Stree und Johannes Wessels zum 70. Geburtstag, 1993, 833 ff.

F

*Fennel, Phil/Thomas, Philip A.,* Corruption in England and Wales: An Historical Analysis, International Journal of the Sociology of Law 1983, 11, 167-189, zitiert: Fennel/Thomas.

*Fezer, Karl-Heinz,* Die wettbewerbsrechtliche Beurteilung des Einsatzes von Industriekäufern im Einzelhandel, BB 1971, 806 ff.

*Fletscher, George,* Rethinking Criminal Law, 2000.

*Fischer, Thomas,* Kommentar zum Strafgesetzbuch und Nebengesetze, 56. Auflage, 2009, zitiert: Fischer.

G

*Geibel, Stephan/Süßmann, Rainer,* Wertpapiererwerbs- und Übernahmegesetz (WpÜG), 2. Auflage, 2008.

*Geis, Mark,* Tatbestandsüberdehnung im Arztstrafrecht am Beispiel der „Beauftragtenbestechung" des Kassenarztes nach § 299 StGB, wistra 2005, S. 369 ff.

*Gloy, Wolfgang/Loschelder, Michael,* Handbuch des Wettbewerbsrechts, 3. Auflage, 2005.

*Gorden, Gerald H Sir,* Criminal Law MGA Christie (ed), 3rd edn, 2001.

*Gotzens, Markus,* Nützliche Aufwendungen und das Abzugsverbot nach § 4 Abs. 5 Nr. 10 EStG, DStR, 2005, 673 ff.

*Gower, L.C.B.,* Principles of Modern Company Law, 1992.

*Gössel, Karl-Heinz/Dölling Dieter,* Strafrecht Besonderer Teil 1, 2. Auflage, 2004.

*Gribbohm, Günter,* Strafrechtsgeltung und Teilnahme – Zur Akzessorietät der Teilnahme im internationalen Strafrecht –, JR, 1998, 177 ff.

H

*Haft, Fritjof/Schwoerer, Max,* Bestechung im internationalen Geschäftsverkehr, in: Festschrift für Ulrich Weber, 2004, 367 ff.

*Halsbury's Statutes Criminal Law,* 4th edn. Vol 12 (1).

*Heine, Günter,* Kollektive Verantwortlichkeit als neue Aufgabe im Spiegel der aktuellen europäischen Entwicklung, in: Festschrift für Ernst-Joachim Lampe zum 70. Geburtstag, 2003, 577 ff.

*Heine, Günter/Huber, Barbara/Rose, Thomas O.,* Private Commercial Bribery, A Comparison National Supranational Legal Structures, 2003, zitiert: Autor, in: Commercial Bribery.

*Heinrich, Bernd,* Der Amtsträgerbegriff im Strafrecht, 1. Auflage, 2001.

*Hellmann, Uwe /Beckempter, Katharina,* Wirtschaftsstrafrecht, 1.Auflage, 2004, zitiert: Hellmann/Beckempter, WiStrR.

*Herring, Jonathan*, Criminal Law, Second Edition, 2006.

*Hiersemann, Walter,* Verkäuferprämien, WRP 1964, 222 ff.

*Hirschenkrämer, Klaus,* Fallen „entschleierte Schmiergelder“ unter § 12 UWG, WRP 1965, 130 ff.

*Holtz, Uwe/Kulessa, Manfred (Hrsg.),* Korruption als Entwicklungshindernis. Läßt sich Korruption durch rechtliche Rahmen in Deutschland unterbinden?, Band 1, 1995, zitiert: Bearbeiter, in: Holtz/Kulessa.

*House of Lords,* Explanatory Notes, Bribery Bill [HL], zitiert: Ex Notes.

*Hoyer, Andreas,* Die Rechtsnatur des Verfalls angesichts des neuen Verfallsrechts, GA 1993, 406 ff.

J

*Jacobs, Rainer/Lindacher, Walter F./Teplitzky, Otto,* UWG Großkommentar zum Gesetz gegen den unlauteren Wettbewerb mit Nebengesetzen (Loseblatt), (Stand: 2007), zitiert: Bearbeiter, in: GK-UWG.

*Jaques, Henning,* Die Bestechungstatbestände unter besonderer Berücksichtigung des Verhältnisses der §§ 331 ff. StGB zu § 12 UWG, 1996, zitiert: Jaques, Bestechungstatbestände.

*Jefferson, Michael*, Criminal Law, 8th Edition, 2007, zitiert: Jefferson, CL.

*Julius, Karl-Peter,* Einziehung, Verfall und Art. 14 GG, ZStW 109 (1997), 58 ff.

K

*Karlsruher Kommentar,* Ordnungswidrigkeitengesetz, 3. Auflage, 2006, zitiert: Bearbeiter, in: KK-OWiG.

*Kienle, Florian/Kappel, Jan,* Korruption im Bau – Ein Schlaglicht auf Bestechlichkeit und Bestechung im geschäftlichen Verkehr, NJW 2007, 3530 ff.

*Kiesel, Hanno,* Die Zuwendung an Angestellte und Beauftragte im Ausland und das Abzugsverbot des § 4 Abs. 5 Nr. 10 EStG, DStR 2000, 949 ff.

*Kiethe, Kurt/Hohmann, Olaf,* Das Spannungsverhältnis von Verfall und Rechten Verletzter (§ 73 I 2 StGB) - Zur Notwendigkeit der effektiven Abschöpfung von Vermögensvorteilen aus Wirtschaftsstraftaten -, NStZ 2003, 505 ff.

*Klötzer, Antje,* Ist der niedergelassene Vertragsarzt tatsächlich tauglicher Täter der §§ 299, 331 StGB?, NStZ 2008, 12 ff.

*Köbler, Gerhard,* Rechtsenglisch, 7. Auflage, 2007.

*Köhler, Helmut/Piper, Henning,* Gesetz gegen den unlauteren Wettbewerb, Piper, Henning, 1. Auflage, 1995, 3. Auflage, 2002, zitiert: Köhler/Piper, 1. Aufl. bzw. Köhler/Piper, 3. Aufl.

*Koepsel, Anne K.,* Bestechlichkeit und Bestechung im geschäftlichen Verkehr (§299 StGB), Eine Fallanalyse zur Ermittlung von Anwendungsbereich und Grenzen der Norm, 2006.

*Krack, Ralf,* Die Tätige Reue im Wirtschaftsstrafrecht, NStZ 2001, 505 ff.

L

*Lackner, Karl/Kühl, Kristian,* Strafgesetzbuch, 26. Auflage, 2007, zitiert: Lackner/Kühl.

*Lampe, Ernst-Joachim,* Die strafrechtliche Bewertung des „Anzapfens“ nach § 240 StGB und § 12 UWG, in: Festschrift für Walter Stree und Johannes Wessels zum 70. Geburtstag, 1993, 449 ff.

*Lanham, David,* Bribery and Corruption, Essays in Honour of J.C. Smith, Criminal Law 1987, S. 92 ff.

*Lanham, David/Weinberg, Mark/Brown, Kenneth E./Ryan, Georg W.,* Criminal Fraud, 1987, zitiert: D. Lanham, Criminal Fraud.

*Law Commission,* Law Commission Consultation Paper No 145, zitiert: Law Com No 145.

*Dies.*, Reforming Bribery, A Consultation Paper No 185, zitiert: Law Com No 185.

*Dies.*, Legislating The Criminal Code: Corruption No 248, zitiert: Law Com No 248.

*Dies.*, Reforming Bribery, No 313, zitiert: Law Com No 313.

*Leipziger Kommentar,* Strafgesetzbuch, Band 10, §§ 284-305a, 12. Auflage, 2008, zitiert: Bearbeiter, in: LK.

*Lemke, Michael/Mosbacher, Andreas,* Ordnungswidrigkeitengesetz, 2. Auflage, 2005, zitiert: Lemke/Mosbacher.

*Leo, Hans-Christoph,* Die Gewährung von sogenannten Verkäuferprämien – eine Methode der Absatzförderung, WRP 1966, 153 ff.

*Lesch, Heiko,* Anwaltliche Akquisition, AnwBl. 2003, 261 ff.

*Lüderssen, Klaus,* Der Angestellte im Unternehmen – quasi ein Amtsträger? Der Verzicht auf die Gefährdung des Wettbewerbs in der geplanten Strafvorschrift des § 299 Abs. 1 Ziff. 2 StGB, in: Festschrift für Klaus Tiedemann zum 70. Geburtstag, 2008, 889 ff.

M

*Meier, Bernd-Dieter,* Strafrechtliche Sanktionen, 2. Auflage, 2006.

*Meyer, Klaus/Möhrenschlager, Manfred,* Möglichkeiten des Straf- und Ordnungswidrigkeitenrechts zur Bekämpfung unlauteren Wettbewerbs, WiVerw 1982, 21 ff.

*Mitsch, Wolfgang,* Strafrecht Besonderer Teil II/2, 2001.

*Möllering, Jürgen,* Prävention oder Strafe – Eine kritische Würdigung aktueller Gesetzentwürfe zur Bekämpfung der Korruption, WRP 1997, 933 ff.

*Müller-Gugenberger, Christian/Bierneck, Klaus,* Wirtschaftsstrafrecht, Handbuch des Wirtschaftsstraf- und - ordnungswidrigkeitenrechts, 4. Auflage, 2006, zitiert: Bearbeiter, in: MG.

*Münchener Kommentar,* Strafgesetzbuch, Band 4, §§ 263-358 StGB, §§ 1-8, 105, 106 JGG, 2006, zitiert: Bearbeiter, in: MK.

N

*Nicholls, Colin/Daniel, Tim/Polaine, Martin/Hatchard, John,* Corruption And Misuse Of Public Office, 2006, zitiert: Nicholls/Daniel/Polaine/Hatchard.

*Niemöller, Martin,* Zur Geltung des inländischen Strafrechts für Auslandstaten Deutscher, NStZ 1993, 171 ff.

*Nomos Kommentar,* Strafgesetzbuch, 2. Auflage, 2005, Band 2, Bearbeiter, in: NK.

*Nowakowski, Friedrich,* Anwendung des inländischen Strafrechts und außerstrafrechtliche Rechtssätze, JZ 1971, 633 ff.

O

*Odenthal, Hans-Jörg,* Der „geschäftliche Betrieb" als Leistungsempfänger nach § 299 StGB, wistra 2005, 170 ff.

*Otto, Harro,* Grundkurs Strafrecht, 7. Auflage 2005, zitiert: Otto, GK.

P

*Perron, Walter,* Vermögensstrafe und Erweiterter Verfall – Im Spannungsfeld zwischen öffentlichen Strafverfolgungsinteressen und privaten Eigentumsrechten, JZ 1993, 918 ff.

*Pelz, Christian,* Die Bekämpfung der Korruption im Auslandsgeschäft, StraFo 2000, 300 ff.

*Pfeiffer, Gerd,* Das strafrechtliche Schmiergeldverbot nach § 12 UWG, in: Festschrift für Otto-Friedrich Frhr. v. Gamm, 1990, 129 ff.

*Pieth, Marc/Low, Lucinca A./Cullen, Peter J. (Hrsg.),* The OECD Convention on Bribery – A Commentary, 2007, zitiert: Bearbeiter, in: Pieth/Low/Cullen.

*Pohl-Sichtermann, Rotraut,* Geldbuße gegen Verbände: § 26 OWiG, 1974.

*Pragal, Oliver,* „Die Korruption innerhalb des privaten Sektors und ihre strafrechtliche Kontrolle durch § 299 StGB – Erscheinungsformen, Rechtsgut, Tatbestandsauslegung und ein Reformvorschlag", 2006.

*Ders.,* § 299 – keine Straftat gegen den Wettbewerb!, ZIS 2006, 63 ff.

*Ders.,* Das Pharma-„Marketing" um die niedergelassenen Kassenärzte: „Beauftragtenbestechung" gemäß § 299 StGB!, NStZ 2005, 133 ff.

*Pragal, Oliver/Apfel, Henner,* Bestechlichkeit und Bestechung von Leistungserbringern im Gesundheitswesen, A&R 2007, 10 ff.

*Preising, Tobias/Kiesel, Hanno,* Korruptionsbekämpfung durch das Steuerrecht? – Zu dem Problem des Abzugsverbots und der Mitteilungspflicht gemäß § 4 Abs. 5 Nr. 10 EStG, DStR 2006, 118 ff.

R

*Radtke, Henning,* Der strafrechtliche Amtsträgerbegriff und neue Kooperationsformen zwischen der öffentlichen Hand und Privaten (Public Private Partnership) im Bereich der Daseinsvorsorge, NStZ 2007, 57 ff.

*Randt, Karsten,* Schmiergeldzahlungen bei Auslandssachverhalten, BB 2000, 1006 ff.

*Ders.,* Abermals Neues zur Korruptionsbekämpfung: Die Ausdehnung der Angestelltenbestechung des § 299 StGB auf den Weltmarkt, BB 2002, 2252 ff.

*Rogall, Klaus,* Dogmatische und kriminalpolitische Probleme der Aufsichtspflichtverletzung in Betrieben und Unternehmen (§130 OWiG), ZStW 98 (1986), 573 ff.

*Rosenthal, Alfred/Leffmann, Ernst,* Gesetz gegen den unlauteren Wettbewerb, 9.Auflage,1969.

*Roxin, Claus,* Strafrecht Allgemeiner Teil, Band I, 3. Auflage, 1997.

*Rönnau, Thomas,* Zeitliche Grenzen der Aufrechterhaltung von Maßnahmen zur Sicherung von Ansprüchen Tatgeschädigter – zugleich Besprechung der Beschlüsse des OLG Düsseldorf vom 20.2.2002 (2 Ws 375-377/01) und des OLG Hamm vom 25.1.2002 (2 Ws 312/01), StV 2003, 581 ff.

*Ders.,* „Angestelltenbestechung" in Fällen mit Auslandsbezug, JZ 2007, 1084 ff.

*Rönnau, Thomas/ Golombek, Tine,* Die Aufnahme des „Geschäftsherrenmodells" in den Tatbestand des § 299 – ein Systembruch im deutschen StGB, ZRP 2007, 193 ff.

*Russel, William/Oldwell Sir (Turner ed)/Turner, J.W. Cecil,* Russel on Crime, Volume 1, 12th Edition, 1964.

S

*Sagan, Carl,* Billions and Billions: Thoughts on Life and Death at the Brink of the Millennium,1997, zitiert: Sagan, Billions and Billions.

*Sahan, Oliver,* Ist der Vertragsarzt tauglicher Täter der Bestechlichkeit im geschäftlichen Verkehr gemäß § 299 Abs. 1 StGB?, ZIS 2007, S. 69 ff.

*Saliger, Frank,* Kick-Back, „PPP", Verfall – Korruptionsbekämpfung im „Kölner Müllfall", NJW 2006, 3377 ff.

*Satzger, Helmut,* Bestechungsdelikte und Sponsoring, ZStW 115 (2003), 469 ff.

*Simester A.P./Sullivan G.R.,* Criminal Law: Theory and Doctrine, 2000.

*Schaupensteiner, Wolfgang,* Wachstumsbranche Korruption, Lagebildbeschreibung – Korruption in Deutschland, Kriminalistik 2003, 9 ff.

*Schönke, Adolf/Schröder, Horst,* Strafgesetzbuch, 27. Auflage, 2006, zitiert: Bearbeiter, in: Schönke/Schröder.

*Schmidl, Michael,* Der Fluch der bösen Tat – Finder´s Fees und Bestechlichkeit von Beratern, wistra 2006, 286 ff.

*Schmidt, Karsten,* Handelsrecht, 5. Auflage, 1999.

*Schmidt, Ludwig,* Einkommensteuergesetz Kommentar, 24. Auflage, 2005, zitiert: Schmidt, EStG.

*Schmitz, Alexandra,* Auslandsgeschäfte unter Berücksichtigung des Korruptionsstrafrechts, RIW 2003, 189 ff.

*Schmitz-Elvenich, Olaf,* Bestechlichkeit und Bestechung von niedergelassenen Ärzten, Die Krankenversicherung 2007, 240 ff.

*Scholten, Hans J.,* Das Erfordernis der Tatortstrafbarkeit in § 7 StGB, 1995.

*Schramm, Edward,* Die Amtsträgerschaft eines freiberuflichen Planungsingenieurs – BGHSt 43, 96; BGH, NJW 1998, 2373, JuS 1999, 333 ff.

*Smith, A.T.H.,* Property Offences, 1994, zitiert: ATH Smith.

*Spatscheck, Rainer,* Die Rolle des Steuer(straf)rechts bei der Korruptionsbekämpfung, NJW 2006, 641 ff.

*Sprack, John,* Criminal Procedure, 12th Edition, 2008.

*Sullivan, G. R.,* „Reforming the Law of Bribery: Bribery outside England and Wales; Corporate Liabilitiy; Defences; Consent to Prosecution", Criminal Law Review 2008, 687.

*Systematischer Kommentar Zum Strafgesetzbuch,* Rudolphi, Hans-Joachim/Horn, Eckhard/Günther Hans-Ludwig (Hrsg.), Band 2: Besonderer Teil, §§ 80-358, 111. Lieferung (November 2007; Stand: April 2000), zitiert: Bearbeiter, in: SK.

*Szebrowski, Nickel,* Kick-Back, 2005.

T

*Taschke, Jürgen,* Die Strafbarkeit des Vertragsarztes bei der Verordnung von Rezepten, StV 2005, 406 ff.

*Tiedemann, Klaus,* Wirtschaftsstrafrecht, Besonderer Teil mit wichtigen Gesetzes- und Verordnungstexten, 1. Auflage, 2006.

*Ders.,* Nebenstrafrecht einschließlich Ordnungswidrigkeiten- recht (Wettbewerbsrecht), ZStW 86 (1974), 990 ff.

V

*Vogel, Joachim,* Wirtschaftskorruption und Strafrecht - Ein Beitrag zu Regelungsmodellen im Wirtschaftsstrafrecht -, in: Festschrift für Ulrich Weber, 2004, S. 395 ff.

*Volk, Klaus,* Grundkurs StPO, 6. Auflage, 2008.

*Ders.*, Die Merkmale der Korruption und die Fehler bei ihrer Bekämpfung, in: Gedächtnisschrift für Heinz Zipf, 1999, 419 ff.

*Ders.,* Empfehlen sich Änderungen des Straf- und Strafprozessrechts, um der Gefahr von Korruption in Staat, Wirtschaft und Gesellschaft wirksam zu begegnen?, in: Verhandlungen des Einundsechzigsten Deutschen Juristentages, München 1996, Band II/1, L, S. 35 ff.

*Ders. (Hrsg.),* Verteidigung in Wirtschafts- und Steuerstrafsachen, Münchener Anwaltshandbuch, 2006, zitiert: Bearbeiter, in: Volk.

*Vorbaum, Thomas ,* Probleme der Korruption im geschäftlichen Verkehr. Zur Auslegung des § 299 StGB, in: Festschrift Friedrich-Christian Schroeder zum 70.Geburtstag, 2006, 649 ff.

W

*Wabnitz, Heinz-Bernd/Janovsky, Thomas,* Handbuch des Wirtschafts- und Steuerstrafrechts, 3. Auflage, 2007, zitiert: Bearbeiter, in: Wabnitz/Janovsky.

*Walter, Tonio,* Angestelltenbestechung, internationales Strafrecht und Steuerstrafrecht - Entgegnung auf Randt, BB 2000, 1006, wistra 2001, 321 ff.

*Weidemann, Jürgen,* Zum Abzugsverbot des § 4 V Satz 1 Nr. 10 EStG: Erfasst § 299 II StGB auch „Auslandssachverhalte"?, DStZ 2002, 329 ff.

*Wells, Celia,* Die strafrechtliche Verantwortlichkeit von Unternehmen in England und Wales – Sich wandelnde Vorstellungen und Gesetzesreform, ZStW 107 [1995] 676 ff.

*Dies.,* Corporation and Criminal Responsibility, 2. Auflage 2001.

*Wessels, Johnannes/Beulke, Werner,* Strafrecht, Allgemeiner Teil, 39.Aufage, 2009, zitiert: Wessels/Beulke, AT.

*Wessels, Johannes/Hillenkamp, Thomas,* Strafrecht, Besonderer Teil/2, 31. Auflage, 2008, zitiert: Wessels/Hillenkamp.

*Weßlau, Edda,* Neue Methoden der Gewinnabschöpfung? -Vermögensstrafe, Beweislastumkehr -, StV 1991, 229 ff.

*Williams, Glanville L.,* Criminal Law, The General Part, 2nd Edition, 1961, zitiert: Williams, CL.

*Ders.,* Venue and the Ambit of Criminal Law, LQR 81, 1965, 276 ff, 395 ff, 518 ff.

*Wilson, William,* Criminal Law, Doctrine and Theory, 3rd Edition, 2008.

*Winkelbauer, Wolfgang,* Ketzerische Gedanken zum Tatbestand der Angestelltenbestechlichkeit (§ 299 Abs. 1 StGB), in: Festschrift für Ulrich Weber, 2004, 386 ff.

*Wittig, Petra,* § 299 StGB durch Einschaltung von Vermittlerfirmen bei Schmiergeldzahlungen, wistra, 1998, 7 ff.

*Wolters, Gereon,* Die Änderung des StGB durch das Gesetz zur Bekämpfung der Korruption, JuS 1998, 1100 ff.

**Criminalia**

Herausgegeben von Klaus Volk

Band 24 Malte Merz: "Bewußte Selbstschädigung" und die Betrugsstrafbarkeit nach § 263 StGB. Zugleich ein Beitrag zur Zweckverfehlungslehre. 1999.

Band 25 Marc Tully: Poena sine Culpa? *Strict-Liability*-Sanktionen und Europäisches Gemeinschaftsrecht. 2000.

Band 26 Susanne Götting: Beweisverwertungsverbote in Fällen gesetzlich nicht geregelter Ermittlungstätigkeit. Durch V-Leute, Scheinaufkäufer und Privatleute. 2001.

Band 27 Christiane Hölscher: Der Rechtsschutz und die Mitteilungspflichten bei heimlichen strafprozessualen Zwangsmaßnahmen. 2001.

Band 28 Tobias Windhorst: Der Rechtsbegriff der "schweren Gesundheitsschädigung". Zugleich ein Beitrag zum 6. StrRG. 2001.

Band 29 Andrea Schmucker: Die "Dogmatik" einer strafrechtlichen Produktverantwortung. Das fahrlässige Unterlassen als Institut der Produktkriminalität. 2001.

Band 30 Stephan Beukelmann: Prävention von Computerkriminalität. Sicherheit in der Informationstechnologie. 2001.

Band 31 Markus B. Alder: Die Strafzumessungsrichtlinie der USA in ihrem Kontext mit Plea Bargaining. 2001.

Band 32 Tobias Brandis: Beweisverbote als Belastungsverbote aus Sicht des Beschuldigten? 2001.

Band 33 Britta Wolff: Begünstigung, Strafvereitelung und Hehlerei. Geschichtliche Entwicklung und Abgrenzung zur Beihilfe. 2002.

Band 34 Angelika Laitenberger: Die Strafbarkeit der Verbreitung rassistischer, rechtsextremistischer und neonazistischer Inhalte. Unter besonderer Berücksichtigung der Verbreitung über Netzwerke. Ein Rechtsvergleich. 2003.

Band 35 Antonia Seitz: *Die Todesstrafe ist keine Strafe.* Von der Beteiligung bedeutender Mediziner an Fragestellungen um Verbrechen und Strafe, unter besonderer Berücksichtigung der Todesstrafe 1865 bis 1933 im deutsch-italienischen Vergleich. 2003.

Band 36 Ro-Seop Park: Die Wahrheitsfindung im Ermittlungsverfahren. 2003.

Band 37 Ingo Jeckel: Schadenswiedergutmachung gem. § 46a Nr. 2 StGB über anwaltliche Schlichtungsstellen. Schlichtungsablauf und Auswirkungen auf das Strafverfahren. 2003.

Band 38 Katja Kassing: Ehrverletzende Personalsatire in Deutschland, Österreich, der Schweiz und England. 2004.

Band 39 Stefan Poller: Verbandsgeldbuße und Steueranspruch. 2004.

Band 40 Anna Trüstedt: Das Verbot von Börsenkursmanipulationen. 2004.

Band 41 Marialena Papachristou: Die strafrechtliche Behandlung von Börsen- und Marktpreismanipulationen. 2006.

Band 42 Verena Käbisch: Markenschutz im Strafrecht. Die Rechtslage in Deutschland und den USA. 2006.

Band 43 Dominik Härtl: Wahlstraftaten. Die §§ 107 ff. StGB im System des Rechts. 2006.

Band 44 Erick Gatgens: Ermessen und Willkür im Straf- und Strafverfahrensrecht. Eine dogmatische und rechtstheoretische Untersuchung zu den Grundlagen strafjuristischer Entscheidungsfindung. 2007.

Band 45 Christian A. Sirch: Die Strafbarkeit der Parteispendenakquisition. Ein Beitrag zum Tatbestand der Vorteilsannahme. 2008.

Band 46 Brigitte Bauer: Untreue durch Cash-Pooling im Konzern. 2008.

Band 47 Meng Yang: Die Strafbarkeit der Vorbereitungshandlung des Delikts nach dem deutschen und chinesischen StGB. 2009.

Band 48 Martin Patz: Die Effektivität der Strafrechtspflege. 2009.

Band 49 Maren Stölting: Das Tatbestandsmerkmal des fremden Vermögens bei der Untreue zum Nachteil von Personengesellschaften am Beispiel der GmbH & Co. KG. 2010.

Band 50 Seong Jin Choi: Patientenverfügung und Patientenautonomie zwischen Rechtsdogmatik und Rechtswirklichkeit. 2010.

Band 51 Nikolaus Föbus: Die Insuffizienz des strafrechtlichen Schutzes von Geschäfts- und Betriebsgeheimnissen nach § 17 UWG. 2011.

Band 52 Maximilian Heiß: Bestechung und Bestechlichkeit im geschäftlichen Verkehr. Die strafrechtliche Erfassung in Deutschland und England. Ein Vergleich. 2011.

www.peterlang.de